SV

Tim Henning

Wissenschaftsfreiheit und Moral

Suhrkamp

Klimaneutral
Druckprodukt
ClimatePartner.com/14438-2110-1001

Erste Auflage 2024
Originalausgabe

Umschlaggestaltung: Rothfos & Gabler, Hamburg
Satz: Satz-Offizin Hümmer GmbH, Waldbüttelbrunn
Druck: Pustet, Regensburg
Printed in Germany
ISBN 978-3-518-58810-9

www.suhrkamp.de

Inhalt

Vorwort

Aufklärung verlangt, so Immanuel Kants bekannte Formel, »sich seines Verstandes ohne Leitung eines anderen zu bedienen«.[1] Sie lässt also nur die eigenen Kriterien des Verstandes gelten – gute Gründe und Argumente, keine fremde Autorität.

Hinter diesen Grundgedanken der Aufklärung gibt es kein Zurück. Doch er wirft zugleich Fragen auf, nicht zuletzt: Wo verläuft die Grenze zwischen »guten«, verstandesgemäßen Gründen und fremder Autorität?

Einen wichtigen Teil der Antwort gibt Johann Gottlieb Fichte in der Nachfolge Kants: Der aufklärerische Antiautoritarismus dürfe, so Fichte, auch vor *der Moral* nicht haltmachen. Weder die herrschenden Moralvorstellungen der Zeit noch die eigene moralische Überzeugung dürften sich anmaßen, der Erkenntnis inhaltliche Vorgaben zu machen. »Materiale Subordination« der Intelligenz unter die Moral lehnt Fichte ab. In seinem *System der Sittenlehre* von 1798 heißt es: »Ich muss nicht einiges nicht erkennen wollen, nur weil es gegen meine Pflicht laufen möchte.«[2]

Auch Fichtes Plädoyer hat große Überzeugungskraft. Aber sollten wir wirklich sagen, wissenschaftliche Thesen

1 Immanuel Kant, »Beantwortung der Frage: Was ist Aufklärung?«, in: ders., *Werke. Ausgabe der Königlich Preussischen Akademie*, Berlin 1903ff., Band VIII, S. 35.

2 Johann Gottlieb Fichte, *System der Sittenlehre*, in: ders., *Johann Gottlieb Fichtes Sämmtliche Werke*, Bd. IV, *Zur Rechts- und Sittenlehre 2*, Berlin 1845, S. 217.

und Behauptungen stünden jenseits der Moral? Warum würde ich dann – um mit einem überdeutlichen Beispiel zu beginnen – Anstoß nehmen, wenn eine Historiker:in behauptete, der Holocaust habe nie stattgefunden? Ich würde *moralisch* reagieren: mit Empörung. Aber wie könnte ich empört sein, wenn ich Fichte zustimme, der doch bestreitet, dass die Moral der Forschung inhaltliche Schranken setzen darf?

Damit ist das Problem umrissen, das dieses Buch lösen soll. Ich bin vielen Menschen Dank schuldig für ihre Unterstützung bei dieser Arbeit. Den Anstoß zu einer Ausarbeitung meiner Ideen gab eine Einladung, einen Vortrag auf dem Kongress der Gesellschaft für analytische Philosophie (GAP) im Herbst 2022 in Berlin zu halten. Mein erster Dank gilt daher Geert Keil und Romy Jaster, die die Einladung ausgesprochen haben und die meine Überlegungen in verschiedenen Stadien mit viel wohlwollender Kritik begleitet haben.

Weiter bedanke ich mich bei den Kolleg:innen, deren Arbeiten mein Interesse an Fragen der Wissenschaftsfreiheit zuerst geweckt haben, unter ihnen Torsten Wilholt und Elif Özmen. Elif Özmen und Julian F. Müller bin ich außerdem dankbar für eine spannende und erhellende Podiumsdiskussion auf dem besagten Kongress der GAP. Und natürlich danke ich allen dort Anwesenden für kritische und konstruktive Fragen, Einwände und Ideen. Ich erinnere mich ganz besonders an hilfreiche Kritik von und Diskussionen mit Daniel James Țurcaș.

Dank gebührt schließlich allen Kolleg:innen und Studierenden, die das Manuskript oder Teile desselben mit mir diskutiert haben. Das gilt vor allem für Christian Nimtz, mit dem ich mich oft über das gesamte Material habe austauschen können. Auch Stephanie Elsen, Samuel Ulbricht und Henning Kirschbaum haben den gesamten

Text gelesen und ausführlich kommentiert. Mit Maike Albertzart, Dominik Balg, Ralf Busse, Nick Haverkamp, Jan Barbanus, Timo Meier, Hauke Behrendt sowie vielen weiteren Teilnehmer:innen an Forschungskolloquia an der JGU Mainz und an der HU Berlin habe ich ebenfalls Teile des Textes besprechen dürfen. Ihnen allen verdanke ich unzählige Anregungen und Korrekturen. Natürlich bin dennoch ich allein verantwortlich für alle Fehler und Irrtümer in diesem Buch.

Noch bevor die Ideen dieses Buches Gestalt angenommen hatten, habe ich mit Kolleg:innen im Kolloquium des Instituts für Philosophie der Universität Stuttgart an einem Runder-Tisch-Gespräch über Wissenschaftsfreiheit teilgenommen. Ich danke Dirk Lenz, Sebastian Ostritsch und Jakob Steinbrenner, die ebenfalls beteiligt waren. Der Austausch mit ihnen allen hat nicht nur große Freude gemacht, sondern nun schließlich auch Früchte getragen – wenn auch solche, die vielleicht nicht allen von ihnen gleichermaßen schmecken werden.

Neben diesen Dankesworten seien noch einige Bemerkungen zur sprachlichen Form vorangeschickt, speziell zu meinen Versuchen, eine respektvolle Sprache zu finden. Ich gendere Substantive mit dem Doppelpunkt, schreibe also »Philosoph:innen« statt »Philosophen«. Bei Artikeln, Pronomina etc. verwende ich nur die weibliche Form, schreibe also »die Philosoph:in«. Dass diese Eingriffe in gewohnte sprachliche Regeln den Lesefluss stören, wie oft bemängelt wird, und dass ich in vielerlei Hinsicht inkonsequent (ich schreibe nicht: »die Mensch:in«) und anderweitig anfechtbar verfahre, sei hiermit offen zugestanden. Es sollte auch nicht verwundern. Unsere Sprache ist ein Teil einer langen Geschichte, die von Unterdrückung geprägt ist. Es ist nicht zu erwarten, dass sie immer elegante Lösungen anzubieten hat.

Des Weiteren habe ich mich entschieden, »Schwarze Menschen« und »*weiße* Menschen« zu schreiben. Zu den Gründen für diese terminologische, orthographische und typographische Konvention verweise ich auf Kristina Lepolds und Marina Martinez Mateos Stellungnahme in ihrem Band zur *critical race theory*.[3] Ein weiterer Entschluss, den ich in diesem Kontext getroffen habe, muss in besonderem Maße als eine Verlegenheitslösung gelten. Dort, wo im Englischen in unkontroverser Weise von verschiedenen *races* gesprochen wird, spreche ich von »Hautfarben«. Dieser Ausdruck hat zwar den Vorteil, die direkte Assoziation mit angeblichen »tiefen« biologischen Unterschieden zu vermeiden. Doch zugleich betont er nicht genug, dass Schwarz oder *weiß* zu sein sehr viel mehr umfasst als die Farbe der Haut, nämlich vielfältige soziale und historische Tatsachen, Erfahrungen von Rassismus, von Privilegien usw. Es wollte mir nicht gelingen (insbesondere, weil es nicht um eine Übersetzung aus dem Englischen geht, die das Wort *race* unübersetzt übernehmen könnte), einen geeigneteren Ausdruck zu finden.

Die Unzulänglichkeiten all dieser Entscheidungen liegen klar zutage. Das ist mir nicht unrecht, denn ich möchte keineswegs großes Vertrauen in sie demonstrieren. Ich bin unsicher, welche sprachlichen Neuerungen dem moralischen Zustand der Gegenwart gerecht werden, und ob solche Eingriffe überhaupt sinnvolle Maßnahmen sind. Diese Unsicherheit ist aber kein Grund, es nicht auf einige Versuche ankommen zu lassen. Ein selbstsicherer sprachlicher Konservatismus ist nicht das kleinere Übel, schon gar nicht, wenn er kontingente Regeln der Sprache mit

3 Kristina Lepold und Marina Martinez Mateo (Hrsg.), *Critical Philosophy of Race. Ein Reader*, Berlin 2022, S. 32f.

schützenswerten Kulturgütern oder moralischen Autoritäten verwechselt.

Und so mute ich uns, mir und der Leser:in, diese sprachlichen Versuche zu – selbst auf die Gefahr hin, dass, mit einer Formulierung von Walter Benjamin, mitunter »der Gedanke […] in ihnen daherstolpert«.[4]

4 Walter Benjamin, »Robert Walser«, in: ders., *Gesammelte Schriften Band II.1: Literarische und ästhetische Essays*, Frankfurt a. M. 1977, S. 326.

1. Einleitung

Kann es berechtigt sein, wissenschaftliche Thesen aus moralischen Gründen abzulehnen? Sind Konflikte möglich zwischen dem, was wissenschaftlich gut bestätigt erscheint, und dem, was zu behaupten moralisch zulässig wäre? Und wenn ja, kann es dann alles in allem richtig sein, der Moral den Vorrang vor der Wissenschaft zu geben?

In diesen Fragen begegnen sich Forderungen, die unvereinbar wirken können. Für den kleinen Mönch, eine Figur in Bertolt Brechts *Leben des Galilei*, verdichten sie sich sogar zu einer existenziellen Krise. Einerseits verschafft Galileos Fernrohr ihm direkte Evidenz für das heliozentrische Weltbild. Andererseits erklärt ein vatikanisches Dekret dieses Weltbild für »töricht, absurd und ketzerisch im Glauben«.[5] Nach schlaflosen Nächten entscheidet der Mönch, dem obrigkeitlichen Verdikt Folge zu leisten. Aber, so bekundet er, er beuge sich der Autorität keineswegs blind, sondern er sehe »Gründe«, die ihn von der »Weisheit« jenes Dekrets überzeugen.[6] Diese Gründe, die er Galileo darlegt, sind moralischer Art. Sie ergeben sich aus der Sorge um den Lebenssinn der Menschen, besonders seiner bäuerlichen Eltern:

> Es ist ihnen versichert worden, daß das Auge der Gottheit auf ihnen liegt […], daß das ganze Welttheater um sie aufgebaut ist, damit sie, die Agierenden, in ihren großen

5 Bertolt Brecht, *Leben des Galilei*, Frankfurt a.M. 1963, S. 69.
6 Ebd., S. 74f.

oder kleinen Rollen sich bewähren können. Was würden meine Leute sagen, wenn sie von mir erführen, daß sie sich auf einem kleinen Steinklumpen befinden, der sich unaufhörlich drehend im leeren Raum um ein anderes Gestirn bewegt, einer unter sehr vielen, ein ziemlich unbedeutender.[7]

Begeht der Mönch einen Fehler, indem er sich aus moralischen Gründen von Galileos Thesen distanziert, indem er also die Erkenntnis der Ethik, das Wissen dem Gewissen unterordnet? Zugegeben, die moralischen Gründe sind in diesem Falle nicht besonders überzeugend. (Brecht lässt seinen Galileo sogleich anmerken, dass es geeignetere Wege gibt, das Los der Landbevölkerung zu verbessern.) Aber dürfen wir davon ausgehen, dass Konflikte zwischen Moral und Wissenschaft sich immer derart leicht auflösen lassen?

Dieses Buch argumentiert, dass solche Konflikte echt sein können. Das führt auf die Frage des Vorrangs, speziell auf die Eingangsfrage: Können moralische Gründe es rechtfertigen, ein wissenschaftlich gewonnenes Resultat zurückzuweisen?

Dies ist die Frage, die dieses Buch verhandelt. Sie ist zu unterscheiden von anderen Fragen nach »moralischen Grenzen der Wissenschaft« – etwa von derjenigen, welche moralischen Vorschriften für die *Verfahren* der Wissenschaft (etwa für Tierversuche oder für die Behandlung von Kontrollgruppen mit Placebos) gelten. Ebenfalls unterscheidet sie sich von der Frage, ob die wissenschaftliche Entwicklung bestimmter gefährlicher Technologien oder Geschöpfe (etwa Forschung zur allgemeinen künstlichen Intelligenz oder *gain-of-function*-Forschung in der Viro-

7 Ebd., S. 75 f.

logie) moralisch vertretbar ist. Unsere Frage betrifft *Inhalte*, also Überzeugungen und Behauptungen und ihre gerechtfertigte Akzeptanz. Damit wirft sie offensichtliche philosophische Schwierigkeiten auf: Kann eine Überzeugung oder Behauptung, die das Resultat einer systematischen Wahrheitssuche ist und sich nur auf Daten und Argumente stützt, überhaupt eine moralische Verfehlung sein? Und wenn ja, sollten wir dies bei ihrer kritischen Beurteilung berücksichtigen? Hieße das im Umkehrschluss womöglich, dass es legitim ist, Thesen in den Wissenschaften auf moralischer Basis zu *befürworten*? Und käme das nicht schierem Wunschdenken gleich?

Unverkennbar ist, dass sich wissenschaftliche Positionen *de facto* immer öfter moralischer Kritik ausgesetzt sehen. »Wir beobachten, dass die verfassungsrechtlich verbürgte Freiheit von Forschung und Lehre zunehmend unter moralischen und politischen Vorbehalt gestellt werden soll«, so schreibt das *Netzwerk Wissenschaftsfreiheit* in seinem Gründungsmanifest vom Februar 2021.[8] Und tatsächlich haben zahlreiche Wissenschaftler:innen für ihre Behauptungen jüngst nicht nur moralische Kritik erfahren, sondern wurden sogar Opfer von Störaktionen, Drohungen und Handgreiflichkeiten.

Drei Fälle solcher Übergriffe sollen schon an dieser Stelle kurz geschildert werden. Dieses Buch illustriert seine Argumente nämlich vor allem anhand dreier Beispiele für kontroverse wissenschaftliche Positionen, und es spricht sich dafür aus, dass moralische Kritik an diesen Positionen gerechtfertigt ist. Es erscheint daher geboten, deutlich zu machen, dass auch und gerade die Wissenschaftler:innen,

8 Netzwerk Wissenschaftsfreiheit, »Manifest« (2021), ⟨https://www.netzwerk-wissenschaftsfreiheit.de/ueber-uns/manifest/⟩ (letzter Zugriff: 10. 11. 2023).

deren Positionen hier diskutiert und kritisiert werden, Zielscheibe teils massiver Proteste und physischer Bedrohungen geworden sind. Das erinnert uns gleich zu Beginn daran, dass neben der Legitimität moralischer Kritik auch die Grenzen derselben geprüft werden müssen.

Charles Murray, ein US-amerikanischer Politologe, hat im Jahr 1994 gemeinsam mit dem verstorbenen Psychologen Richard Herrnstein das Buch *The Bell Curve* veröffentlicht, das unter anderem die These vertritt, Schwarze Menschen hätten genetisch bedingt einen geringeren durchschnittlichen IQ als *weiße*.[9] Murray war eingeladen, am 2. März 2017 einen Vortrag am Middlebury College in Vermont zu halten. Wegen der besagten These seines Buches wurde der geplante Vortrag von hunderten Anwesenden gestört, so dass die Veranstaltung in einen anderen Raum verlegt und in Form eines Interviews per Bildschirm übertragen werden musste. Nach Ende des Interviews wurden Murray und weitere Personen physisch bedrängt. Protestierende sprangen auf die Motorhaube ihres Autos, und eine der Veranstalterinnen wurde an den Haaren gepackt und dabei leicht verletzt.[10]

Die britische Philosophin Kathleen Stock vertritt in ihren Veröffentlichungen und medialen Äußerungen die Ansicht, der Begriff der Frau treffe ausschließlich auf Erwachsene mit biologisch weiblichem Geschlecht zu.[11] Studierende ihrer Universität in Sussex haben deshalb in Plakat- und Graffiti-Kampagnen sowie in Online-Protesten

9 Richard J. Herrnstein und Charles Murray, *The Bell Curve. Intelligence and Class Structure in American Life*, New York 1994.

10 Dokumentiert wird dieser Fall in der *New York Times* vom 4. März 2017: »Talk by ›Bell Curve‹ Author Prompts Outcry in Vermont«, S. A. 17.

11 Siehe insbesondere Kathleen Stock, *Material Girls. Why Reality Matters for Feminism*, London 2021.

die Entfernung Stocks aus den Diensten der Universität gefordert. Berichten zufolge hat die Polizei Stock in Anbetracht der aufgeheizten Stimmung zeitweise empfohlen, zu ihrer eigenen Sicherheit dem Campus fernzubleiben. Stock hat mit Verweis auf diese Umstände im Oktober 2021 ihre Professur aufgegeben. Von Protestierenden wurde dieser Schritt auf Instagram mit dem Titel des Songs »Ding-Dong! The Witch is Dead« aus *Wizard of Oz* kommentiert.[12]

Ein dritter bekannter Fall ist der australisch-amerikanische Philosoph Peter Singer. Wegen seiner Verteidigung der Euthanasie an Neugeborenen mit schweren Behinderungen war er schon seit den achtziger Jahren unzählige Male Opfer von Protesten, besonders im deutschsprachigen Raum. Die zweite Ausgabe der Monographie *Practical Ethics* dokumentiert dies in einem mehr als zwanzigseitigen Appendix mit dem Titel »On Being Silenced in Germany« (übersetzt etwa: »Wie ich in Deutschland mundtot gemacht wurde«).[13] Das vielleicht eindrücklichste unter vielen Beispielen ist ein Protest gegen einen Vortrag in Zürich im Jahr 1991, bei dem ein Protestierender die Bühne stürmte, Singer die Brille vom Gesicht riss und sie zertrat, während dieser, weil er sich wegen der lautstarken Proteste mündlich kein Gehör verschaffen konnte, gerade versuchte, seine Position schriftlich auf einem Tageslichtprojektor darzulegen.

Solche Angriffe auf Wissenschaftler:innen erregen großes Aufsehen. Doch gerade wegen ihrer exzessiven Natur

12 Zur Dokumentation dieses Falles siehe unter anderem *The Guardian*, 28. Oktober 2021, »Sussex professor resigns after transgender rights row«, und *The Daily Mail*, 29. Oktober 2021, »Trans Activists celebrate after feminist professor Kathleen Stock quits her University of Sussex job [...]«.

13 Peter Singer, *Practical Ethics*, Cambridge ^{2}1993.

sind die theoretischen Fragen, die sie aufwerfen, nicht sonderlich brennend. Das gilt etwa für ihre rechtliche Einordnung: Nötigung und Bedrohung sind Straftatbestände, und in Deutschland garantiert die Verfassung, in Art. 5 Abs. 3 GG, die Freiheit der Forschung und Lehre in Form eines Abwehrrechts gegen Eingriffe (zumindest solche der staatlichen Obrigkeit). Die moralische Beurteilung fällt womöglich nicht so unmittelbar eindeutig aus; aber dieses Buch wird argumentieren, dass alle beschriebenen Angriffe moralisch ungerechtfertigt sind.

Doch Vorfälle wie diese sind womöglich bloß die sprichwörtliche Spitze eines Eisbergs, der viel größere Dimensionen hat. Viele der öffentlichen Reaktionen machen deutlich, dass sie nur als besonders dramatische Auswüchse einer viel umfassenderen Tendenz angesehen werden, einer Tendenz, die in ihrer Gesamtgestalt als ungemein bedrohlich empfunden wird.[14] Auch jenseits rechtswidriger Eingriffe, so lautet die verbreitete Diagnose, werde die Wissenschaft von einem *Klima des Moralismus* eingeschränkt – von einer, wie es aktuell oft heißt, »woken« Weltanschauung, die die Wissenschaftsfreiheit mit Denk- und Redeverboten von informeller, ideologischer Art bedrohe.

Auch das bereits zitierte Manifest des *Netzwerk Wissenschaftsfreiheit* kritisiert eine solche Entwicklung zum Moralismus: »Einzelne beanspruchen vor dem Hintergrund ihrer Weltanschauung und ihrer politischen Ziele, festlegen zu können, welche Fragestellungen, Themen und Argumente verwerflich sind. […] Wer nicht mitspielt, muss damit rechnen, diskreditiert zu werden. Auf diese Weise

14 Zahlreiche Beiträge aus der öffentlichen Debatte im deutschsprachigen Raum, die diese Position vertreten, sind unter dem Abschnitt »Presse und Beiträge« gesammelt zu finden auf der Homepage des *Netzwerks Wissenschaftsfreiheit*, ⟨https://www.netzwerk-wissenschaftsfreiheit.de/presse/⟩ (letzter Zugriff 10.11.2023).

wird ein Konformitätsdruck erzeugt, der immer häufiger dazu führt, wissenschaftliche Debatten im Keim zu ersticken.«[15]

Woher rührt dieser Eindruck einer Einschränkung des wissenschaftlichen Diskurses durch die Moral? Zweifellos gibt es mehr als einen Faktor, der ihn erklärt. Aber dieses Buch wird argumentieren, dass – neben vielerlei kontingenten Ursachen – die *moralische Kritik selbst* Teil des Problems ist. Und damit sind nicht etwa spezielle Weisen gemeint, diese Kritik zu äußern, sondern moralische Einwände als solche. Denn zumindest auf den ersten Blick müssen solche Einwände als sachfremd erscheinen. So nachvollziehbar die Ablehnung sein mag, welche die Thesen Murrays, Stocks und Singers hervorrufen, so wenig ist sie ein Argument gegen die Wahrheit oder Wahrscheinlichkeit dieser Thesen. Es scheint sogar eine Art *Unabhängigkeit der Maßstäbe* zu bestehen: Nichts gibt uns Gewähr, dass deskriptive Thesen, etwa über Genetik, IQ und Hautfarbe, nur dann wahr sein können, wenn sie zu unseren moralischen Überzeugungen passen. Wahrheit aber ist, so soll hier argumentiert werden, die zentrale normative Vorgabe der Wissenschaft. Wenn wir also moralische Einwände gegen wissenschaftliche Thesen vorbringen, muss das wie ein Kategorienfehler anmuten – oder schlimmer: wie eine Bevormundung. Denn wenn Wissenschaftler:innen sich nach moralischer Kritik zu richten hätten, müssten sie sich dann nicht Erwartungen beugen, die der zentralen Zielsetzung ihrer Forschung äußerlich und potenziell hinderlich sind?

Wenn diese Diagnose richtig ist, dann hat die Unversöhnlichkeit in der Debatte nicht nur soziale und kulturelle Ursachen, sondern auch ein Fundament in der Sache. Es

15 Netzwerk Wissenschaftsfreiheit, »Manifest«.

prallen Anforderungen der Wahrheit einerseits und der Konformität mit unseren moralischen Idealen andererseits aufeinander, die als inkommensurabel erscheinen. Das weckt den Anschein, wir müssten uns in einem blinden Akt der Entscheidung unmittelbar entweder auf die Seite der Wahrheit oder auf die Seite der Moral schlagen. In der *Frankfurter Allgemeinen Zeitung* vom 26. Januar 2022 verdichtet Autor Axel Meyer diese schlechte Alternative zu der provokanten Überschrift: »Wokeness oder Wahrheit, das ist hier die Frage«.[16]

Wenn Wissenschaft und Moral dergestalt in eine unvermittelte Frontstellung geraten, können beide in ihrer Rolle im öffentlichen Diskurs nur Schaden nehmen. Moral, die dem Anspruch nach (besonders in unserer kantisch geprägten Tradition) als die Stimme der unparteiischen Vernunft auftritt, gerät in den Ruf subjektiver Weltanschauung. Wer stattdessen die Wissenschaftsfreiheit gegen moralische Kritik verteidigt, zieht sich den Vorwurf zu, mit Verächter:innen der Moral gemeinsame Sache zu machen.

Ein Ziel dieses Buches ist es, die beteiligten Positionen dieser Debatte besser verstehen zu lernen. Einerseits spricht es sich für eine sehr starke Auslegung der Wissenschaftsfreiheit aus und stützt damit die Vorbehalte gegenüber bestimmten Formen des Moralismus. Meiner Auffassung zufolge sind nicht nur äußere Beschränkungen oder Übergriffe verfehlt, sondern oftmals schon die moralische Kritik an wissenschaftlichen Thesen als solche. Die Begründung, die ich vorschlage, liegt in einer Idee der *Autonomie der Wissenschaft*: Die Wissenschaft ist dieser Idee zufolge ausschließlich an denjenigen Maßstäben zu messen, die

16 Axel Meyer, »Wokeness oder Wahrheit, das ist hier die Frage«, *Frankfurter Allgemeine Zeitung* vom 26. Januar 2022, Seite N4 (Forschung und Lehre).

sich aus ihrer eigenen Natur als systematische, um Rechtfertigung bemühte Wahrheitssuche ergeben. Pointiert: In der Kritik der Wissenschaft darf es, wie in der Wissenschaft selbst, nur um wahr oder falsch und um Belege dafür gehen. Ein etwaiger Konflikt mit moralischen Ideen, so zeige ich weiter, ist für diese Kriterien irrelevant. Dies erklärt, worin die sachliche Grundlage für die Moralismus-Debatte besteht: Die Idee der Autonomie der Wissenschaft lässt scheinbar tatsächlich wenig Raum für legitime moralische Kritik.

Vermutlich muss der erste Eindruck sogar sein, dass gar kein solcher Raum bleibt. Wenn es nur um Belege für Wahrheit gehen darf, und wenn diese Belege so restriktiv verstanden werden, dass moralische Vorbehalte nicht zählen – dann scheint die Sache klar. Dies, so denke ich, erklärt zumindest zum Teil, warum die Debatte derart unversöhnlich und polarisiert ist. Wenn es eine echte Unvereinbarkeit zwischen moralischen Einwänden und der Autonomie der Wissenschaft gibt, bleibt Menschen wirklich keine Wahl, als sich durch die schieren intuitiven Anziehungskräfte der beteiligten Ideen in Lager ziehen zu lassen.

Dieses Buch soll zeigen, dass dieser Widerspruch nur scheinbar ist. Obgleich es sich rückhaltlos für die Autonomie der Wissenschaft ausspricht, zeigt es, dass die Unmöglichkeit moralischer Kritik damit nicht besiegelt ist. Tatsächlich argumentiere ich für Folgendes: Es kann legitim sein, Wissenschaftler:innen für ihre Behauptungen mit moralischen Gründen zu kritisieren, sie aus diesen Gründen nicht zu Veranstaltungen einzuladen und unter Umständen auch ihre Artikel, Drittmittelanträge u. a. abzulehnen.

Wie können diese beiden Standpunkte vereinbar sein? Meine generelle Strategie besteht darin, den Zusammenhang zwischen dem wissenschaftlichen Status und dem moralischen Status einer These zu überdenken. Wie verhalten sich *moralische Haltbarkeit* und *wissenschaftliche Haltbarkeit* zueinander? In der Schilderung der Problemlage bin ich bisher von der erwähnten Unabhängigkeit der Maßstäbe ausgegangen – davon also, dass die Moral sich an Kriterien orientiert, die den Kriterien des Wissens und der Wissenschaft äußerlich sind. Die Auffassung, der zufolge diese Unabhängigkeit vollständig ist, möchte ich hier als eine *externe Konzeption* moralischer Kritik bezeichnen.

Dieses Buch vertritt eine andere, *interne* Konzeption moralischer Kritik.[17] Ihr zufolge gibt es Punkte, an denen die Kriterien der Moral und der wissenschaftlichen Geltung koinzidieren. Es gibt also eine Form moralischer Kritik, die sich nur auf Faktoren beruft, die bereits für die erkenntnistheoretische Bewertung einer These einschlägig sind – oder kürzer: für ihren *epistemischen* Status (vom griechischen ἐπιστήμη, Wissen).

Auf dem Weg zu einer solchen Konzeption wird dieses Buch einige mitunter recht abstrakte Überlegungen anstellen, die in die Epistemologie, Sprachphilosophie und Logik führen. Grundsätzliche Fragen moralischen Begründens werden dabei ebenso berührt wie einige generelle

17 Die Terminologie ist inspiriert von Bernard Williams, vgl. »Internal and External Reasons«, in: ders., *Moral Luck*, Cambridge 1981, S. 101-113. Williams' »interne Konzeption« hat freilich einen anderen Gegenstand, nämlich normative Handlungsgründe. Sie besagt, dass eine Akteur:in nur dann einen Grund hat, etwas zu tun, wenn dieser Grund eine Verankerung in der Menge der gegebenen motivationalen Zustände dieser Akteur:in findet. Normative Kritik kann demnach nicht gänzlich von außen an sie herangetragen werden. Analog dazu behauptet meine interne Konzeption, dass eine berechtigte moralische Kritik an wissenschaftlichen Thesen eine Verankerung im Inneren der epistemischen Kriterien der Wissenschaft finden muss.

Strukturmerkmale der theoretischen Vernunft. Speziell, so wird sich zeigen, haben wir Bedingungen für *epistemische Rechtfertigung* zu analysieren. Dies ist diejenige Form rationaler Rechtfertigung, die Wahrheitsansprüche stützen kann und die nötig ist, wenn eine Überzeugung eben ein Wissen darstellen soll. Die Bedingungen der epistemischen Rechtfertigung, so zeige ich, umfassen Faktoren, die gleichzeitig moralisches Gewicht haben. Wir können eine These unter Berufung auf diese Faktoren daher zugleich epistemisch *und* moralisch kritisieren.

Wenn sich solch eine interne Konzeption moralischer Kritik formulieren und verteidigen lässt, winkt mehr als nur philosophische Einsicht. Die vermeintliche Unvereinbarkeit, die den Streit bestimmt, wäre aufgelöst. Wir wüssten: Wer bestimmte Formen moralischer Kritik an der Wissenschaft ablehnt, muss kein Feind der Moral sein. Und wer moralische Kritik übt, kann doch die Eigengesetzlichkeit der Wissenschaft achten.

Die Idee, die hier verteidigt wird, ist einfach. Epistemische Rechtfertigung kann als ein Produkt zweier Faktoren verstanden werden. Erstens benötigt sie *Belege* – also Daten oder Argumente, die für die Wahrheit einer Behauptung oder Überzeugung sprechen. Zweitens benötigt epistemische Rechtfertigung einen *Standard* – also ein Kriterium dafür, *wie stark* unsere Belege sein müssen, damit sie die These rechtfertigen.

Dieser Standard allerdings, so wird sich herausstellen, ergibt sich nicht allein aus wahrheitsbezogenen Kriterien. Ich werde eine Auffassung verfechten, die in der aktuellen Erkenntnistheorie viel diskutiert wird – die Auffassung, dass es ein »Einschleichen« praktischer Erwägungen in das Hoheitsgebiet der theoretischen Vernunft gibt, ein sogenanntes *pragmatic encroachment*. Genauer lautet die Idee, dass die epistemische Bewertung einer Überzeugung auch *praktische Kosten eines Irrtums* berücksichtigt. Nicht von ungefähr verlangen wir besonders belastbare Daten, bevor wir uns ein finales Urteil über Kernreaktoren, Impfstoffe oder *weapons of mass destruction* erlauben.

So lässt sich auch die Moral ins Spiel bringen. Denn die Kosten, die den Standard für Rechtfertigung beeinflussen, sind oft auch moralisch bedeutsam. Eine These zu vertreten, die in Anbetracht der Kosten im Irrtumsfalle nicht gut genug gestützt ist, kann *zugleich* eine wissenschaftliche und eine moralische Fahrlässigkeit sein.

Diese Skizze meiner Überlegungen kann deutlich machen, wie sich die beiden oben charakterisierten Positionen vereinen und die zentrale Unklarheit ausräumen lässt: Das Ideal der Autonomie der Wissenschaft verwahrt sich mit Recht dagegen, dass moralische Einwände die Rolle von *Belegen* gegen die Wahrheit deskriptiver Thesen beanspruchen. (Kapitel 5 erläutert, warum ihnen diese Rolle nicht zusteht.) Wann immer wir argumentieren, dass etwas nicht wahr sein könne, weil es nicht wahr sein dürfe, setzen wir uns daher dem Vorwurf des Moralismus aus. Allerdings, und dies ist die Kehrseite, sagt die Autonomie-Idee auch nur dies: dass moralische Überlegungen nicht als Belege behandelt werden dürfen. Zugleich appelliert sie selbst an die Idee, dass Belege als hinreichend beurteilt werden müssen, und sie lässt offen, was die Schwelle für hinreichende Belege definiert.

Moralische Kritik ist also legitim, wenn Belege als hinreichend behandelt werden, die es angesichts der praktischen Tragweite der These nicht sind. Diese Kritik ist intern. Sie misst die Wissenschaft an ihrem eigenen Maßstab: Sprechen die Daten und Argumente für die Wahrheit dieser These, und tun sie es in einem Maße, das die These insgesamt rechtfertigt? Da Rechtfertigung jedoch von praktischen Kosten abhängt, ist diese Frage neben dem epistemischen

Status auch für den moralischen Status der These relevant. Wir können demnach, so die Pointe, Wissenschaft zugleich *als Wissenschaft* und *moralisch* hinterfragen. Noch pointierter: Es gibt einen systematischen Zusammenhang zwischen moralisch kritikwürdiger und minderwertiger Wissenschaft.

Diese Idee hat Vorläufer in der Wissenschaftstheorie, speziell bei Richard Rudner und in nachfolgenden Arbeiten.[18] Auch könnten Leser:innen sich an Diskussionen über die Rolle und die Determinanten eines Signifikanzniveaus in der statistischen Hypothesenprüfung erinnert fühlen. Wie Kapitel 9 jedoch darstellen wird, sind die bestehenden Verteidigungen dieser Ideen in grundsätzlichen Punkten defizitär. Insbesondere genügen sie nicht den Anforderungen an eine interne Konzeption moralischer Kritik, wie sie hier verstanden wird. Sie gehen, kurz gesagt, davon aus, dass wissenschaftliche Kriterien eine Art von Unvollständigkeit aufweisen, die es möglich und richtig macht, *zusätzlich* moralische Erwägungen heranzuziehen. Meine Ansicht ist eine andere. Eine Analyse epistemischer Rationalität und epistemischer Gründe wird nicht etwa auf Lücken führen, die die Moral besetzen kann, sondern auf positive Faktoren, die sich rein epistemologisch als relevant erweisen lassen, die aber *auch* in der Moral zählen.

Illustriert wird die Idee dann an den erwähnten Beispielen: kontroversen Thesen aus der Intelligenzforschung (u. a. von Arthur Jensen oder Richard Herrnstein und Charles Murray), aus der Diskussion um die Natur der Geschlechter (u. a. von Kathleen Stock) und aus der ethischen Dis-

18 Vgl. Richard Rudner, »The scientist *qua* scientist makes value judgments«, in: *Philosophy of Science* 20 (1953), S. 1-6, und Heather E. Douglas, *Science, Policy, and the Value-Free Ideal*, Pittsburgh 2009.

kussion des Infantizids bei schweren Behinderungen (von Peter Singer).

Abschließend wird sich zeigen, dass eine interne Konzeption moralischer Kritik eine überraschende Stärke aufweist, wenn es um die Frage geht, welche praktischen Konsequenzen aus der Kritik gezogen werden dürfen. Zunächst beschränkt eine interne Konzeption ja, welche Art moralischer Kritik berechtigt und mit dem Respekt vor der Autonomie der Wissenschaft vereinbar ist. Aber weil sich eine Kritik, die dieser Konzeption entspricht, auf Faktoren beschränkt, die zugleich über die epistemische Güte der These mitbestimmen, kann sie in praktischer Hinsicht größere Tragweite beanspruchen.

Denn: Dass Wissenschaftler:innen »nicht alles sagen dürfen«, wie aktuell oft lamentiert wird, ist in Wahrheit gar nichts Neues. Ein Unterschreiten epistemischer Standards wird seit jeher und mit guten Gründen sanktioniert. Wenn Wissenschaftler:innen Behauptungen aufstellen, die sie nur ungenügend belegen können, drohen ihnen nicht nur Kritik, sondern auch eine beschädigte akademische Reputation sowie die Ablehnung von Artikeln und Projektanträgen. Das ist ein legitimer, gut begründeter Verlust an *standing* im wissenschaftlichen Diskurs. Dieses Buch zeigt, dass die Wissenschaft, die moralische Kritik hervorruft, mitunter zugleich in genau diesem Sinne mangelhaft ist und dass es in diesen Fällen keine illegitime *Cancel Culture* ist, Wissenschaftler:innen eine Plattform zu verweigern.

Welches Urteil ergibt sich daraus über Brechts Figur des kleinen Mönchs? In einigen Punkten geht er wirklich fehl. Seine Skrupel sind, wie gesagt, nicht sehr überzeugend; wir sind sicher nicht verpflichtet, Illusionen unangetastet zu lassen, die die Menschen mit ausbeuterischen Verhältnissen vorliebnehmen lassen. Zudem ist die Stärke der Belege, die Galileo anbietet, außerordentlich. Schließlich und vor allem *verneint* oder *bestreitet* der Mönch eine wissenschaftliche These aus moralischen Gründen, und dies ist – wie mein Argument ebenfalls zeigt – ein prinzipieller Fehler. Zulässig ist es allenfalls, bei ungenügender Rechtfertigung die Zustimmung zu verweigern. *Einen* Vorwurf aber können wir dem kleinen Mönch ersparen: Moralische Einwände gegen wissenschaftliche Thesen sind nicht prinzipiell illegitim, und sie müssen keine Missachtung der Autonomie der Wissenschaft bedeuten.

I. KONFLIKTE

2. Wie sind Konflikte von Wissenschaft und Moral überhaupt möglich?

Konflikte zwischen Moral und Wissenschaft *scheinen* möglich zu sein, so viel dokumentieren die einleitend genannten Fälle. Wir haben also allemal den Eindruck, dass manche wissenschaftlichen Positionen, wie Elif Özmen schreibt, »im Widerspruch zu bestimmten ›richtigen‹ politischen und moralischen Normen« stehen.[19]

Doch es ist nicht offensichtlich, dass es sich wirklich so verhalten kann. Wissenschaftler:innen treffen Aussagen über Tatsachen oder vermeinte Tatsachen auf der Basis von Belegen. Wie könnte darin eine moralische Verfehlung liegen? Wie könnte es also dazu kommen, dass eine wissenschaftliche Position in Widerspruch zu einer moralischen Norm gerät?

Die Analyse solcher Konflikte und ihrer Möglichkeit wird weite Teile dieses Buches in Anspruch nehmen. Aber es wird der Klarheit und dem Überblick dienen, die Frage an dieser Stelle vorbereitend in schematischer Form zu erörtern. Ich beschreibe im Folgenden also, wie es sein kann, dass rein deskriptive, also Tatsachen beschreibende Aussagen in Konflikt mit moralischen Normen geraten. Einige Möglichkeiten solcher Konflikte werden anhand vereinfachter Beispiele aus alltäglichen Kontexten typologisiert. Das wird es uns unten erleichtern, die realen Beispiele aus der Wissenschaft zu analysieren.

19 Elif Özmen, »Einleitung«, in: Elif Özmen (Hrsg.), *Wissenschaftsfreiheit im Konflikt*, Stuttgart 2021, S. IX.

Schon zu Beginn erweist sich dabei eine erste Differenzierung als notwendig. *Eine* berechtigte Frage ist, wie gesagt, ob und wie eine Behauptung deskriptiven Inhalts *überhaupt* eine moralische Verfehlung sein kann. Eine *zweite*, für unsere Zusammenhänge noch wichtigere Frage lautet: Kann auch eine deskriptive Behauptung, die sich unserer theoretischen Vernunft als *prima facie begründet* präsentiert, gleichwohl unmoralisch sein?

Erforderlich ist diese Unterscheidung wegen einiger Fälle, in denen deskriptive Behauptungen ganz offenkundig moralisch problematisch sind: *Lügen*, in denen eine Sprecher:in etwas behauptet, das sie für falsch hält, mit der Absicht, ihre Hörer:innen zu täuschen, und *Bullshit*, der Harry Frankfurt zufolge geäußert wird, ohne der Wahrheit *irgendeine* Orientierungsfunktion zu geben. Dass es sich in diesen Fällen um moralische Verfehlungen handeln kann, ist, wie gesagt, unkontrovers. Zwar wird um die Erklärung ihres unmoralischen Charakters in der Philosophie gestritten.[20] Einigkeit besteht aber darüber, dass die moralische Falschheit wesentlich mit dem Mangel an Wahrhaftigkeit (und im Falle des Bullshits der Orientierung an der Wahrheit) zu tun hat. Damit sind diese Fälle, unerachtet ihrer moralischen und philosophischen Relevanz im Allgemeinen, für dieses Buch aber nicht zentral. Denn hier

20 Zur aktuellen Debatte um die Natur und die Ethik der Lüge siehe z. B. Jennifer Saul, *Lying, Misleading, and What Is Said*, Oxford 2012; Andreas Stokke, *Lying and Insincerity*, Oxford 2018 und Emanuel Viebahn, *Lying & Misleading. On the Language and Ethics of Insincere Communication*, bislang unveröffentlicht. Zum Phänomen Bullshit vgl. Harry G. Frankfurt, *On Bullshit*, Princeton 2005; Romy Jaster und David Lanius, »Wenn Wahrheit wertlos wird: Demonstrativer Bullshit in der digitalisierten Öffentlichkeit«, in: Manuel Hubacher und Monika Waldis (Hrsg.), *Politische Bildung für die »neue« Öffentlichkeit?*, Wiesbaden 2021, S. 175-195.

handelt es sich natürlich nicht um Fälle, in denen die Forderungen der theoretischen und der praktischen Vernunft in Konflikt geraten könnten. Im Gegenteil besteht die moralische Verfehlung gerade darin, dass auch die Forderungen der theoretischen Vernunft, die (wie ich hier vorläufig unterstelle) auf Wahrheit zielen, ignoriert werden.

Wir konzentrieren uns daher nun auf Fälle, in denen zumindest *prima facie* die Möglichkeit eines tieferen Konflikts besteht – Fälle, in denen eine Behauptung einerseits gute Belege für sich zu haben und andererseits *dennoch* mit der Moral in Konflikt zu geraten scheint. Ich beschränke mich dabei auf *inhaltsbasierte* Konflikte, also auf solche, in denen nicht bereits jeder beliebige Akt des Behauptens moralisch problematisch ist (weil er etwa ein Schweigegelübde bricht oder eine Beerdigung stört), sondern in denen eine Behauptung aufgrund des behaupteten Inhalts mit den Forderungen der Moral konfligiert. Ich unterscheide dabei *kausale*, *symbolische*, *logische* und *epistemische* inhaltsbasierte Konflikte. Die zwei ersten Varianten (kausal, symbolisch) werden besonders kurz und summarisch abgehandelt, da ihre Rolle im Zusammenhang meiner Argumentation keine bedeutende ist.

Zunächst zu Konflikten kausaler (gemeint ist: *rein* kausaler, oder: *bloß* kausaler) Natur. Hier hat eine Behauptung wegen ihres Inhalts absehbar Effekte, die sie moralisch problematisch machen, ohne dass diese Effekte allerdings in einer Beziehung der rationalen Begründung zum behaupteten Inhalt stehen. Angenommen, ein Lehrer erinnert die Schüler:innen direkt vor der Mathearbeit eigens daran, dass laut der PISA-Studie von 2018 »Jungen weiterhin eine deutlich höhere mathematische Kompetenz als Mädchen« zeigen.[21] Viele bekannte Studien dokumentie-

21 Vgl. Kristina Reiss et al., *PISA 2018. Grundbildung im internatio-*

ren, dass solche Äußerungen einen messbaren nachteiligen Effekt (der den Titel *stereotype threat* trägt) auf die Leistungen von Schülerinnen haben, indem sie ein gesellschaftliches Stereotyp aufrufen, was dazu führt, dass die Betroffenen ihm stärker entsprechen.[22] Dies macht die Äußerung der Lehrkraft, unerachtet ihrer Korrektheit, offenkundig moralisch kritikwürdig.

Ein inhaltsbasierter Konflikt *symbolischer* Art liegt vor, wenn eine Behauptung neben ihrem Inhalt eine weitere Bedeutung trägt, weil sie z.B. in einem bestimmten historischen Kontext eine charakteristische Rolle gespielt hat. Neben einigen Beispielen, die unten genannt werden, genügt hier vielleicht folgender Fall: In einem Interview berichtet Jan Müller von der Band Tocotronic von einer CD-Kompilation aus dem Jahr 2002, die deutschsprachige Künstle-r:innen und Songs versammelte und einen Werbesticker mit dem Aufdruck »Deutschland ist erwacht« trug.[23] Dabei ging es keineswegs um rechtsradikale Bands oder einen entsprechenden Musikverlag, sondern, so Müller, um einen ahnungslosen Mitarbeiter in der Werbeabteilung. Der Punkt: Auch dann, wenn wir mit Müller davon ausgehen, dass hier keine fragwürdige bewusste Absicht vorlag, bleibt der Sticker anstößig.

nalen Vergleich. Zusammenfassung, Münster, New York 2019, ⟨www.kmk.org/fileadmin/Dateien/pdf/PresseUndAktuelles/2019/Zusammenfassung_PISA2018.pdf⟩.

22 Claude M. Steele, »A threat in the air: How stereotypes shape intellectual identity and performance«, in: *American Psychologist* 52 (1997), S. 613-629. Johannes Keller und Dirk Dauenheimer, »Stereotype threat in the classroom: Dejection mediates the disrupting threat effect on women's math performance«, in: *Personality and Social Psychology Bulletin* 29 (2003), S. 371-381.

23 Radiointerview 27. Januar 2018, ⟨https://www.radioq.de/2018/01/interview-mit-tocotronic/⟩ (letzter Zugriff am 30.10.2023).

Diese beiden Konflikt-Typen sind in einer Reflexion über die Wissenschaftsfreiheit keineswegs unwichtig, und sie sollen in diesem Buch Berücksichtigung finden. Trotzdem sind sie für meine Argumentation nicht zentral. Der Grund dafür lautet, dass es kontingente äußere Umstände (in unseren Beispielen etwa die psychischen Auswirkungen sozialer Stereotype, die Verbrechen der deutschen Geschichte) sind, die diese Äußerungen unmoralisch machen. Nicht, dass solche exogenen Merkmale *per se* irrelevant wären. Aber ich werde argumentieren, dass zumindest der wissenschaftliche Diskurs (als unser Hauptgegenstand) sich mit einiger Plausibilität das Recht nehmen darf, frei von Rücksicht auf solche Umstände zu agieren.

Anders verhalten sich die Formen des Konflikts, auf die ich mich konzentrieren will. Zunächst geht es dabei um Konflikte *logischer* Art – um solche also, die nicht nur deshalb bestehen, weil eine Behauptung bestimmte kausale Konsequenzen oder eine bestimmte symbolische Dimension hat, sondern rein aufgrund der *Implikationen* des Inhalts. Es ist also der behauptete Inhalt selbst, der »im Widerspruch zu bestimmten ›richtigen‹ politischen und sozialen Normen« steht (um erneut Özmen zu zitieren). Es geht nun darum, genauer zu verstehen, wie diese Art von Konflikt eigentlich möglich sein soll.

Einfach gesagt, bestehen solche Konflikte darin, dass der Inhalt einer Behauptung einer moralischen Überzeugung widerspricht, die wir für wahr halten. Diese Charakterisierung wirft aber Fragen auf. Erstens fragt sich, inwiefern deskriptive Aussagen *überhaupt* in Widerspruch zu moralischen Überzeugungen geraten können. Zweitens ist zu klären, warum ein solcher logischer Widerspruch die deskriptive Aussage nicht nur als zweifelhaft oder vielleicht falsch erscheinen lässt, sondern eben als eine *moralische Verfehlung*.

Zum ersten Punkt: Es zählt zu den frühen Lektionen eines Studiums der Ethik, dass es keinen direkten logischen Schritt gibt von Aussagen darüber, wie die Welt *ist*, zu Aussagen darüber, ob die Welt auch so sein *soll*. Diese logische Lücke zwischen »Sein« und »Sollen«, zwischen Beschreiben und Vorschreiben, erweist sich zwar bei näherem Studium als überraschend diffizile Angelegenheit.[24] Aber die generelle Unabhängigkeitserklärung genießt spätestens seit David Humes wortmächtigem Plädoyer den Status eines Axioms: Es ist eines, die Tatsachen zu schildern, ein anderes, sie als richtig oder falsch zu bewerten. Wer diese Differenz übergeht, zieht sich den Vorwurf des naturalistischen Fehlschlusses zu.[25]

Aus diesem Grund ist die Idee, eine Behauptung könnte auf der Basis ihres Inhalts mit moralischen Überzeugungen kollidieren, so erläuterungsbedürftig. Ähnlich verhält es sich mit dem zweiten Punkt: Sogar dann, wenn Behauptungen über deskriptive Tatsachen mit unseren moralischen Überzeugungen in Konflikt geraten können – wieso sollte so ein Konflikt *selbst* moralische Signifikanz haben? *Wenn* ein deskriptiver und ein moralischer Satz sich widersprechen, heißt das, dass mindestens einer von beiden unwahr ist. Aber warum sollte die deskriptive Behauptung nicht nur den Vorwurf der *Unwahrheit*, sondern den der *Unmoral* verdienen (wie es eben in den Fällen geschieht, die unser Thema sind)?

Ich beginne mit der ersten Frage: Ich stimme zu, dass

24 Gerhard Schurz, *The Is-Ought Problem: An Investigation in Philosophical Logic*, Dordrecht 1997.

25 Vgl. David Hume, *Ein Traktat über die menschliche Vernunft*, 2 Bände, übers. v. Theodor Lipps, Hamburg 2013, S. 547ff. Der Terminus »naturalistischer Fehlschluss« stammt nicht von Hume, sondern von George E. Moore, in: ders., *Principia Ethica*, Cambridge 1903.

eine deskriptive Aussage nicht in Widerspruch zu einem rein moralischen Grundsatz stehen kann. Aber viele unserer moralischen Überzeugungen haben keine ersten Grundsätze zum Inhalt, sondern basieren auf einer Kombination aus moralischen und deskriptiven Prämissen. Wenn zum Beispiel eine Sprecher:in mir den Vorwurf der Lüge macht, so beruft sie sich einerseits auf bestimmte deskriptive Tatsachen (etwa: ich habe mit einer Täuschungsabsicht etwas gesagt, das ich für falsch hielt), und andererseits auf moralische Prämissen, die solche Handlungen verurteilen.

In vielen solcher Fälle verhält es sich so, dass wir die relevanten moralischen Prämissen als geteilte Annahmen im Hintergrund voraussetzen. Und wenn dies der Fall ist, dann können rein deskriptive Aussagen vor diesem impliziten Hintergrund eben zugleich moralische Bedeutung haben. Aussagen darüber, ob ich jemanden getäuscht oder verletzt habe, erhalten so eine vermeintlich unmittelbare moralische Signifikanz, denn in Kombination mit den moralischen Prinzipien im Konversationshintergrund haben sie klare Implikationen für die Frage, welche Ansprüche ich habe und welche nicht, und dafür, welche Behandlung mir geschuldet ist und welche nicht. (Im Vorgriff auf unsere Beispiele sei angemerkt, dass etwa Aussagen darüber, wer genetisch bedingt weniger intelligent ist oder wer als Frau gelten darf, Implikationen dafür hat, was jenen Personen geschuldet wird.)

Damit komme ich zur zweiten Frage: Es sind diese moralischen Implikationen, die deskriptive Aussagen zum Gegenstand einer moralischen Verurteilung machen können. Um das zu erkennen, betrachten wir ein weiteres simples Beispiel: Sie vermissen Ihre Geldbörse. Eine anwesende Person zeigt auf mich und behauptet: »Tim hat sie genommen.« Angenommen, die Aussage ist unwahr. Wenn dem so ist, dann werde ich sie nicht nur korrigieren wollen, so wie andere faktische Irrtümer. Denn es geht hier um eine moralische *Anschuldigung*, gegen die ich *protestieren* werde und die mich *empören* wird.

Wieso es sich trotz des deskriptiven wörtlichen Inhalts um eine moralisch gehaltvolle Anschuldigung handelt, wurde schon erklärt: Vor dem Hintergrund unserer geteilten moralischen Überzeugungen hätte ich, *wenn* ich die Börse genommen *hätte*, falsch gehandelt. Und das hat eben weitere Implikationen: Es bestimmt darüber, welche Handlungen und Einstellungen mir gegenüber angemessen sind. (Ich verdiene Groll und womöglich Strafe.)

Warum aber werde ich die Behauptung und ihre Implikationen nicht nur korrigieren, sondern empört verurteilen – also eine wesentlich moralische Reaktion zeigen? Diese Frage erfährt in der Literatur nicht das Maß an Aufmerksamkeit, das sie verdient. Wir beobachten immerhin oft, dass Diskussionen mit moralischem *Thema* auch leicht einen moralischen *Ton* bekommen. (Stellen Sie sich eine Person vor, die die Todesstrafe an Menschen mit schweren kognitiven Behinderungen für zulässig hält. Wenn es Ihnen geht wie mir, würden Sie dies nicht wie einen gewöhnlichen Irrtum behandeln, sondern wie etwas moralisch Abstoßendes.) Warum? Wie gesagt, es gibt zu dieser Frage nach meinem Wissen keine eigene metaethische Debatte. Wir könnten uns freilich einfach damit begnügen, dass moralische Überzeugungen und moralische Implikationen deskriptiver Aussagen eben offenbar selbst moralisch zu bewerten sind. Doch es ist durchaus möglich, hier eine weitere Erklärung zu geben. Ich für meinen Teil sehe mindestens zwei Gründe, warum eine Aussage mit verfehlten moralischen Implikationen unmoralisch sein kann.

Der *erste Grund* wird von einer Position erfasst, die in der aktuellen Metaethik unter dem Titel *motivationaler In-*

ternalismus firmiert.[26] Sie besagt, dass jedes aufrichtige moralische Urteil mit einer passenden motivationalen Komponente einhergeht. Wenn wir zum Beispiel etwas aufrichtig als falsch beurteilen, dieses Urteil also kein leeres Gerede und kein bloßes Lippenbekenntnis ist, dann *empfinden* wir es auch als falsch – wir sind abgestoßen und fühlen uns angehalten, uns zu distanzieren oder Kritik zu üben. Da der Internalismus etwas Entsprechendes für *jedes* aufrichtige moralische Urteil behauptet, ist er nicht unkontrovers. Und obwohl ich selbst ihn für plausibel halte, können wir uns hier mit der schwächeren Ansicht begnügen, dass eine solche motivationale Komponente zumindest so typisch ist, dass wir sie *prima facie* in jedem Falle unterstellen dürfen. Auch diese schwächere These kann erklären, warum ich mich (im Beispiel) empöre: Nicht nur impliziert das, was jene Person über mich und ihre Geldbörse sagt, dass ich falsch gehandelt habe, Groll verdiene etc. Sondern ich darf unterstellen, dass die Sprecher:in und alle, die ihren Sprechakt akzeptieren, entsprechende Wünsche (etwa nach Bestrafung) und Gefühle (etwa Groll) hegen. *Wünsche* und *Gefühle* aber sind allemal legitime Gegenstände moralischer Bewertung. Und da ich in Wahrheit keine solchen negativen Reaktionen verdiene, kann ich sie als unvereinbar mit meiner Würde und mit meinem Status als unschuldige Person verurteilen.

Der *zweite Grund* liegt im *präskriptiven*, auffordernden Charakter moralischer Aussagen. Kant beispielsweise nennt moralische Aussagen deshalb »Imperative«, weil sie, wie er sagt, den Charakter einer »praktischen Notwendig-

26 Eine einflussreiche Verteidigung findet der motivationale Internalismus bei Richard M. Hare, vgl. Richard M. Hare, *Die Sprache der Moral*, Frankfurt a. M. 1983, ders., *Freiheit und Vernunft*, Frankfurt a. M. 1983.

keit« oder einer »Nöthigung« tragen – weil sie uns also etwas abverlangen, das wir als unvollkommene Wesen nicht ohnehin und mit Notwendigkeit wollen.[27] Ebendieser auffordernde Charakter kommt aber natürlich auch in interpersoneller Kommunikation zur Geltung. Wir müssen auch hier keine starke These vertreten – etwa R. Hares Ansicht, dass moralische Aussagen Imperative *logisch implizieren.*[28] Es genügt vollauf, davon auszugehen, dass dieser Charakter pragmatisch übermittelt ist. Dies erklärt bereits, warum ich eine falsche Anschuldigung als unmoralisch kritisiere. Denn Aufforderungen, ob explizit oder implizit, sind moralisch bewertbar. Und jene Anschuldigung impliziert ja, dass ich bestimmte Formen der Behandlung verdiene und bestimmte moralische Immunitäten nicht genieße, und diese Implikationen haben präskriptiven Charakter. Natürlich werde ich protestieren, wenn zu einer Behandlung aufgefordert wird, die ich nicht verdiene.

Somit haben wir zwei Weisen kennengelernt, wie eine deskriptive Behauptung (etwa darüber, dass ich eine bestimmte Geldbörse genommen habe) moralisch kritikwürdig werden kann. Sie kann in Kombination mit geteilten Hintergrundannahmen moralische Implikationen haben, die a) wegen ihrer Verknüpfung mit Motiven und b) wegen ihres auffordernden Charakters selbst einen moralischen Status haben können. Diese Form des Konflikts ist weit verbreitet. Denken Sie daran, wie schwierig es wäre, eine Diskussion über die empirische Frage zu führen, ob nicht-

27 Kant, *Werke*, Bd. IV S. 413.

28 Vgl. Hare, *Sprache der Moral.* Ähnlich enge Verknüpfungen zwischen Imperativen und normativen Aussagen sieht z.B. David Lewis, der freilich umgekehrt Imperative als deontische Modalaussagen analysiert. Siehe David Lewis, »General Semantics«, in: *Synthèse* 22 (1970), S. 18-67. Auch auf diese weitreichende These müssen wir uns hier selbstverständlich nicht festlegen.

menschliche Tiere Schmerzen, Angst und Einsamkeit empfinden, ohne dass diese Diskussion nach Inhalt und Tonfall moralisch wäre.

Auch für die Beispiele wissenschaftlicher Thesen, auf die ich mich hier konzentriere, liegt die Diagnose eines solchen Konflikts (i. e. inhaltsbasiert und logisch) nahe, wie wir sehen werden. Allerdings zeigt Kapitel 4 dieses Buches, dass *diese* Art des Konflikts dann, wenn es um Wissenschaft geht, *keine* legitime Grundlage für Kritik oder gar Protest ist. Wenn wir gegen eine wissenschaftliche These protestieren, weil sie in Konflikt mit unseren moralischen Überzeugungen gerät, dann droht etwas, das ich unten einen *moralistischen Fehlschluss* (eine Art Gegenstück zum erwähnten naturalistischen Fehlschluss) nennen werde. Und im Kontext der Kritik an der Wissenschaft wäre ein solcher Fehlschluss ein Mangel an Respekt für das, was in Kapitel 8 das Gebot der *Autonomie der Wissenschaft* genannt werden wird.

Im Hauptteil des Buches werde ich dann dafür argumentieren, dass es noch eine vierte Form des (inhaltsbasierten) Konflikts zwischen Wissenschaft und Moral geben kann. Dabei handelt es sich um die Variante, die oben *epistemisch* genannt wurde. Sie hat es mit den Bedingungen zu tun, die darüber entscheiden, ob eine Behauptung *Wissen* ausdrückt, speziell mit der Bedingung der *epistemischen Rechtfertigung*. Indem ich etwas behaupte, erhebe ich ja bestimmte Rechtfertigungsansprüche – ich beziehe eine Position der epistemischen Autorität als jemand, der das, was er da behauptet, weiß oder zumindest mit Belegen als hinreichend wahrscheinlich ausweisen kann. Konflikte des vierten Typs resultieren daraus, dass dieser epistemische Anspruch eine moralische Dimension hat. Eine Information als gesichert und zuverlässig zu präsentieren, die es nicht ist, kann mit unserer Pflicht kollidieren.

Diese überaus knappen Bemerkungen werden im Hauptteil des Buches erläutert. Hier kann ich sie vorläufig an unserem Beispiel veranschaulichen: Wenn die fragliche Person behauptet, ich hätte ihre Geldbörse genommen, so ist dies eine Behauptung von erheblicher praktischer Tragweite – wie gesagt, bis hin zu einer möglichen Strafe. Mein Argument wird zeigen, dass die Bedingungen für epistemische Rechtfertigung diese Tragweite reflektieren. Jene Person sollte es ziemlich genau wissen, bevor sie eine solche Anschuldigung äußert, eben *weil* für mich so viel daran hängt. Vernachlässigt sie dies und tätigt ihre Aussage leichtfertig ohne gute Belege, nimmt sie nicht nur die Forderungen der theoretischen Vernunft zu leicht. Sondern sie ignoriert auch die gravierenden Kosten, die die Aussage für mich haben kann. Sie handelt *moralisch fahrlässig*.

Nach dieser vorbereitenden Typologie ist es Zeit, uns dem Hauptthema zuzuwenden.

3. Steine des Anstosses

Mein Argument wird sich, wie bereits erwähnt, vor allem auf drei Beispiele wissenschaftlicher Thesen[29] konzentrieren und mit ihrer Hilfe die Möglichkeiten und Grenzen moralischer Kritik bestimmen. Bevor ich sie präsentiere, sind einige kurze Bemerkungen angezeigt:

Erstens gebe ich warnend zu bedenken, dass diese Thesen eigens so gewählt sind, dass sie vielen Leser:innen als anstößig erscheinen werden. Zweitens werde ich diese Thesen in einer Weise diskutieren, die ihren Anspruch, seriöse Forschungsbeiträge darzustellen, ernst nimmt. Es wird eine der Pointen meines Arguments sein, dass moralische Kritik auch dann möglich ist, wenn sie sich zugleich ganz auf die engen Standards für Korrektheit beschränkt, die sich aus der Natur wissenschaftlicher Forschung ergeben. Mit dieser Herangehensweise sind aber Probleme verbunden. Schon indem ich jene Thesen als *prima facie* legitime Gegenstände der Forschung behandele, lege ich pragmatisch nahe, dass sie eine gewisse Ausgangsplausibilität besitzen. Und allein dies kann in einigen Fällen durchaus anstößig sein. Ich habe keinen Weg gesehen, diesen Nachteil meiner Methode ganz zu vermeiden.

Schließlich sollte das Offensichtliche angesprochen werden: Alle Beispiele – und das ist natürlich kein Zufall – betreffen sozial marginalisierte Gruppen; ich selbst aber, der

29 »Wissenschaftlich« ist hier in einem weiten, aber m. E. nicht ungebräuchlichen Sinne zu verstehen.

Autor dieses Buches, bin in meinen verschiedenen sozialen Status so weit entfernt von sozialer Marginalisierung, wie es wohl nur geht. Und es stellt keine starke Form einer sogenannten *standpoint epistemology* dar, zu glauben, dass ich nicht der beste Kandidat bin, um einzuschätzen, wie der verletzende oder zum Schweigen bringende Charakter vieler der Phänomene, um die es hier gehen wird, von Betroffenen erfahren wird.[30] Ich gestehe das sofort zu und hoffe auf kritische Diskussionen, die deutlich machen, wo meine Perspektive unzulänglich bleibt – etwa zu *weiß*, zu männlich, zu privilegiert ist (oder auch übereifrig im Versuch, all dies zu kompensieren!). Gleichzeitig wäre es aber ein Fehler, wenn Menschen wie ich es deshalb gar nicht erst versuchen würden, Marginalisierung zu verstehen.

In jedem Falle lässt sich unser Thema ohne solche Beispiele schwerlich fruchtbar diskutieren. Hier ist daher ein erstes Beispiel einer kontroversen wissenschaftlichen Position:

(1) Schwarze Menschen haben genetisch bedingt durchschnittlich einen geringeren IQ.

Diese These wird unter anderem von Arthur Jensen und von Richard Herrnstein und Charles Murray vertreten.[31] Zum Hintergrund: Die Autoren berufen sich erstens auf

30 Zentrale Texte der feministischen *standpoint theory* versammelt Sandra Harding (Hrsg.), *The Feminist Standpoint Theory Reader*, New York, London 2004.

31 Vgl. Arthur R. Jensen, »How Much Can We Boost IQ and Scholastic Achievement?«, in: *Harvard Educational Review* 39 (1969), S. 1-123; Herrnstein und Murray, *The Bell Curve*. Vergleichbare Thesen vertritt im deutschsprachigen Raum Thilo Sarrazin, *Deutschland schafft sich ab. Wie wir unser Land aufs Spiel setzen*, München 2010. Für ausführliche Diskussion siehe Kapitel 19.

die Tatsache, dass zahlreiche Studien eine Differenz im Durchschnitts-IQ zwischen Schwarzen Menschen und *weißen* Menschen belegen; in *The Bell Curve* veranschlagen Herrnstein und Murray eine Differenz von 15 IQ-Punkten. Zweitens basiert die These auf dem Umstand, dass die Heritabilität des IQ (also der prozentuale Anteil der Variation im IQ, der auf ererbte Faktoren zurückgeht) beträchtlich ist. Herrnstein und Murray verorten diesen Wert zwischen 40 % und 80 %.[32] Daraus schließen sie, die IQ-Differenz sei partiell genetisch bedingt.

Die zweite Beispielthese wird unter anderem vertreten von der Philosophin Kathleen Stock in ihrem Buch *Material Girls. Why Reality Matters for Feminism*. Sie lautet:

(2) Der Begriff der Frau trifft nur auf biologisch weibliche Erwachsene zu.[33]

Zum Hintergrund: Wie Stock zutreffend erkennt, ist die aktuelle Gender-Debatte eine Debatte über Begriffe.[34] Die strittige Frage lautet also, was unter einer Frau zu verstehen ist. Nun werden in der Debatte mindestens dreierlei Kriterien angeführt, die als Antwort in Frage kommen. Das begriffliche Kriterium könnte a) in *biologisch weiblichen Geschlechtsmerkmalen* bestehen oder b) im Ausüben der *sozialen und kulturellen Rolle einer Frau* oder c) in einem *Selbstverständnis*, in dem jene soziale Rolle (und/oder bestimmte körperliche Merkmale) eine Komponente ist. Umstritten ist, welches dieser Kriterien unser Begriff herausgreift. Stocks Antwort lautet, dass eine korrekte Analyse auf (2) führe. Für die anderen Kriterien bedürfe

32 Herrnstein und Murray, *The Bell Curve*, S. 23.

33 Stock, *Material Girls.*

34 Ebd., S. 148 f.

es stattdessen neuer Begriffe (Stock schlägt etwa »female-identified« vor).

Eine dritte These entstammt Peter Singers Buch *Practical Ethics*. Sie lautet:

> (3) Neugeborene mit schweren Behinderungen haben keine Interessen, die ihre Tötung absolut verbieten.[35]

Auch hierzu einige Erläuterungen: Singer argumentiert für den Präferenzutilitarismus, also für die Doktrin, dass diejenigen Handlungen moralisch richtig sind, die im Vergleich zu den verfügbaren Alternativen ein maximales Gesamtmaß an Präferenzerfüllung für alle Betroffenen erzielen. Demnach kann ein Wesen von einer Handlung überhaupt nur dann in einer moralisch relevanten Weise betroffen sein, wenn es Präferenzen in Bezug auf die Konsequenzen jener Handlung haben kann. Nun haben aber Neugeborene (wie viele andere Wesen auch) keine Präferenzen in Bezug auf die eigene Zukunft, weil sie ganz einfach keinen Begriff von sich selbst als Wesen mit einer Zukunft haben – so Singer. Wenn daher einem Neugeborenen mit einer schweren Behinderung (Singer nennt u.a. *spina bifida*) überwiegend schweres Leid droht und auch die Eltern eine Präferenz dafür haben, dieses Leben vorzeitig zu beenden, sprächen demnach keine starken Gründe gegen eine Kindstötung.

Das soll als erste Vorstellung der Beispiele einstweilen genügen. Wenn es Ihnen als Leser:in nun so ergangen ist wie vielen anderen Menschen, so haben einige (oder auch alle) dieser Aussagen in Ihnen moralisches Unbehagen, vielleicht sogar Empörung hervorgerufen. Wir sollten jetzt

35 Singer, *Practical Ethics*, S. 181 ff.

fragen: Woran genau nehmen wir Anstoß (wenn wir es denn tun)?

Hier erweist sich die vorbereitende Typologie als hilfreich, die das letzte Kapitel angeboten hat. Ein wichtiger Befund, der sich womöglich sofort aufdrängt, ist der, dass alle diese Beispiele zumindest für viele Leser:innen das Potenzial dessen enthalten, was oben als *logischer* Konflikt mit der Moral bezeichnet wurde. Das heißt: In Kombination mit unseren sonstigen Überzeugungen haben sie Implikationen, die den moralischen Überzeugungen der meisten jener Leser:innen widersprechen. Betrachten wir Beispiel (2): Diese Behauptung hat (vor dem Hintergrund unserer weiteren Überzeugungen) Implikationen dafür, ob trans Frauen Anspruch auf bestimmte Zugangs- und Schutzrechte haben, die Frauen zustehen. Diese normativen Implikationen können den moralischen Überzeugungen derjenigen Leser:innen widersprechen, die finden, dass trans Frauen in all ihren Rechten als Frauen gelten sollten.

Noch offenkundiger ist der Konflikt im Beispiel (3), das die moralischen Implikationen ja direkt selbst benennt. Weniger klar mag dieser Befund zunächst für Beispiel (1) sein. Aber das folgende Kapitel argumentiert, dass (1) in Verbindung mit durchaus plausiblen weiteren Prämissen Implikationen für Fragen der politischen Gerechtigkeit hat, die den moralischen Überzeugungen vieler Menschen (und in jedem Falle den meinigen) widersprechen.

Nach diesem ersten Überblick ist es sinnvoll, sich einstweilen auf eines der Beispiele zu konzentrieren. Ich will nicht den Eindruck erwecken, alle drei Beispiele seien einander wesentlich ähnlich, gleich zu analysieren und zu beurteilen. Daher beschränke ich mich bis auf Weiteres auf die erste Beispielthese, also (1). Ich zeige zunächst auf, dass dieser Fall auch die Arten von Konflikten exemplifiziert, die ich kausal und symbolisch nenne. Das folgende Kapitel wird dann einen Konflikt des logischen Typs identifizieren. Schließlich aber soll dieses Buch herausarbeiten, dass der wichtigste Konflikt von epistemischer Art ist.

Ein (rein) kausaler Konflikt mit unseren moralischen Vorstellungen liegt, wie gesagt, vor, wenn eine Behauptung absehbar negative Effekte hat, die sie moralisch problematisch machen. In der Tat liegen entsprechende Befürchtungen nahe. In einer Gesellschaft, die ohnehin von rassistischen Einstellungen geprägt ist, dürfte eine Akzeptanz der These (1) verstärkende Effekte auf diese Einstellungen haben. Damit ist nicht gemeint, dass (1) einen guten Grund für solche Einstellungen oder für ihre Verschärfung darstellt, sondern, dass sie *de facto* zu erwarten sind, wenn (1) von Wissenschaftler:innen vertreten wird. Eine einfache Möglichkeit wäre diese: Zwar impliziert (1) ganz offensichtlich nicht, dass jeder einzelne Schwarze Mensch weniger intelligent ist als jeder einzelne *weiße*. Aber es steht zu erwarten, dass Menschen, die schon zum Rassismus neigen, derlei Differenzierungen außer Acht lassen.

In ähnlicher Weise argumentiert Philip Kitcher, dass Forschung über Zusammenhänge von Hautfarbe und IQ problematisch sei, weil eine *politische Asymmetrie* in der Bereitschaft zur Aufnahme der Resultate zu befürchten ist.[36] Während neue Belege für eine geringere durchschnittliche Intelligenz Schwarzer Menschen von Rassist:innen erwartbar in ihrem Gewicht überschätzt würden, hätten gegenteilige Belege absehbar geringeren Effekt.

Neben solchen kausalen Konflikten lässt sich auch die zweite Kategorie, die eines symbolischen Konflikts, mit (1) illustrieren. Wir müssen dazu in Rechnung stellen, dass eine Geschichte von Kolonialismus und Rassismus

36 Vgl. Philip Kitcher, *Science, Truth, and Democracy*, Oxford 2001, S. 96ff.

vielen unserer Äußerungen und Handlungen sozusagen ein symbolisches Eigenleben verleihen kann. Die Philosophin Deborah Hellman entwickelt diesen Gedanken zu einer Theorie der symbolischen Diskriminierung. Ihr zufolge gleichen viele unserer Aktivitäten mindestens darin einer Sprache, dass sie im Zuge der Geschichte eine *geteilte Bedeutung* erhalten – eine Bedeutung, die sich gegenüber den Intentionen der jeweils einzelnen Akteur:innen als autonom erweisen kann.[37] Eine solche Bedeutung, die der soziale und historische Kontext erzeugen kann, ist eine herabwürdigende.

Ein Beispiel Hellmans: Es ist auch mit wohlmeinenden Absichten kaum möglich, das Publikum in einem Vortrag zu bitten, sich geordnet nach Muslim:innen und Nicht-Muslim:innen zu setzen, ohne dass diese Bitte und die resultierende segregierte Sitzordnung anstößig wirken. Ebenso halte ich es für ausgemacht, dass man sogar in einem sorgfältig vorbereiteten Kontext – etwa einem Seminar, mit didaktischer Absicht und expliziter Trigger-Warnung – keinen Hitlergruß vorführen kann, ohne dass die Geste etwas Anstößiges behält. Bestimmte Akte haben, ob wir es beabsichtigen oder nicht, symbolische Bedeutung.

Dieser historisch konstituierte Bedeutungsgehalt von Handlungen, Sprechakten und Gesten ist, wie gesagt, nicht abstreifbar. Darin gleicht er z. B. der beleidigenden Bedeutungskomponente von Schmähausdrücken.[38] Kompetente

37 Deborah Hellman, *When is Discrimination Wrong?*, Cambridge, Mass. 2008.

38 Mir erscheint es als besonders wichtig, dass ein Schmähausdruck schon dadurch, dass er als gebräuchlicher Ausdruck im Lexikon einer Sprache existiert, eine historische Praxis und die *de facto* Autorität einer größeren Gemeinschaft repräsentiert – oder, wie Judith Butler es treffend bezeichnet, »zitiert«: »The speaker who utters the racial slur is thus citing that slur, making linguistic com-

Sprecher:innen (zumal jene, die mit philosophischer Literatur zu *slurs* vertraut sind[39]) wissen, dass es oft keine Möglichkeit gibt, solche Ausdrücke dergestalt in eine Satzumgebung einzubinden (etwa in indirekte Rede, Fragen, Negationen etc.), dass die Sprecher:in sie verwenden kann, ohne beleidigend zu sein. In einigen Fällen (beispielsweise einem bekannten Schmähwort für Schwarze Menschen) scheint es einigen Autor:innen nicht einmal einwandfrei möglich zu sein, diese Ausdrücke in Form eines direkten Zitats, also in Anführungszeichen, zu erwähnen.[40]

Um Hellmans Vorschlag auf den gegenwärtigen Zusammenhang zu übertragen: Im Kontext einer Geschichte, die von biologistischem Rassedenken geprägt ist, hat eine Äußerung von (1) plausiblerweise ebenfalls eine autonome symbolische Bedeutung. Es gibt in unserer sozialen und historischen Situation einfach keine Möglichkeit, zu sagen, Schwarze Menschen hätten genetisch bedingt einen geringeren durchschnittlichen IQ, ohne sich damit in eine inhumane Tradition einzureihen und damit *nolens volens* ein herabwürdigendes Signal zu senden. Gewiss, das wäre im Falle anderweitig gut begründeter Aussagen eine erhebliche Einschränkung unserer Ausdrucksmöglichkeiten. Doch das wäre ein semantisches Erbstück unserer Geschichte, mit dem wir bis auf Weiteres leben müssten.

So weit die möglichen Diagnosen eines kausalen und

munity with a history of speakers«, in: Judith Butler, »Burning Acts: Injurious Speech«, in: *The University of Chicago Law School Roundtable* 3 (1996), S. 199-221, hier S. 206.

39 Zur Debatte um *slurs*, siehe David Sosa (Hrsg.), *Bad Words. Philosophical Perspectives on Slurs*, Oxford 2018. Als Einstieg siehe das entsprechende Kapitel in Tim Henning, Nikola Kompa, Christian Nimtz, *Die dunkle Seite der Sprache*, München, in Vorbereitung.

40 Luvell Anderson und Ernest Lepore, »Slurring Words«, in: *Noûs* 47 (2013), S. 25-48.

symbolischen Konflikts zwischen (1) und unseren moralischen Überzeugungen. Zu beobachten ist, dass der soziale und historische Kontext wichtig ist, und zwar ein Kontext, der bereits von Unrecht geprägt ist. Da die moralphilosophische Bedeutung solcher Kontextbedingungen innerhalb einer sogenannten »nicht-idealen Theorie«[41] studiert wird, nenne ich sie hier kurz *nicht-ideale Kontexte*. Welche Relevanz diese nicht-idealen Kontextbedingungen haben, kann ich anekdotisch verdeutlichen: In Gesprächen haben mir Bekannte (alle, wie ich selbst: männlich und *weiß*) vereinzelt entgegengehalten, sie fänden es doch immerhin auch nicht ehrenrührig oder beleidigend, wenn z. B. belegt werde, dass asiatische Menschen einen höheren durchschnittlichen IQ hätten als ihre (unsere) eigene Gruppe. Mir scheint, dass sich gerade daran zeigt, welchen Unterschied der Kontext macht. Wer, wie jene Gesprächspartner und ich, zu sozialen Gruppen gehört, in denen es wenig Anlass gibt, um Ansehen und Status zu bangen und systematische Missachtung zu fürchten, kann solche Resultate gefasst und ohne Argwohn hören. Und ohne eine Geschichte der Marginalisierung, an die eine Äußerung solcher Resultate anknüpfen würde, fehlt natürlich der beleidigende Symbolgehalt.

Beide Vorschläge (i. e., dass eine Behauptung von (1) kausal und symbolisch mit der Moral konfligiert) wurden hier lediglich skizziert und würden einer intensiven Diskussion bedürfen. Aber ich verfolge sie hier nicht weiter. Mir scheint zwar, dass beide wichtige und zutreffende Hinweise darauf geben, warum viele Menschen an einer These wie (1) Anstoß nehmen. Allerdings wende ich mich fortan anderen Erklärungen zu, aus zwei Gründen.

Ein erster Grund dafür hat eben damit zu tun, dass in

41 Ein Terminus von Rawls, siehe John Rawls, *Eine Theorie der Gerechtigkeit*, Frankfurt a. M. 1979, S. 276ff.

den obigen Vorschlägen ein nicht-idealer Kontext die wesentliche Rolle spielt. Daher lässt sich in beiden Fällen argumentieren, dass die eigentliche Wurzel des Problems nicht die wissenschaftliche These ist. Wissenschaftler:innen, die (1) vertreten, könnten daher Folgendes replizieren: »Wir stimmen zu, dass unsere These mit einiger Wahrscheinlichkeit missverstanden oder sogar missbraucht werden wird. Ebenso räumen wir ein, dass man im Kontext unserer Geschichte eine These wie (1) nicht ohne eine herabwürdigende Bedeutung öffentlich äußern kann. Wir akzeptieren dies als Grund, in der Kommunikation unserer Resultate Vorsicht walten zu lassen. Dennoch, wir und unsere Forschung sind für den Missbrauch und für die symbolische Last der Geschichte nicht verantwortlich – und uns Verbote zu erteilen, nur weil *andere* Teile der Gesellschaft und der Geschichte nicht in Ordnung sind, ist ungerechtfertigt.«

Diese Replik erscheint mir als stichhaltig. Damit soll nicht geleugnet werden, dass die Wissenschaft als Institution ebenfalls oft in bestehendes Unrecht verstrickt ist. Aber auch dann, wenn sie die Umstände mitzuverantworten hat, sind es immer noch diese Umstände, auf die die Kritik sich primär richten sollte, nicht die wissenschaftlichen *Resultate*.

Ein zweiter Grund dafür, die bisher genannten moralischen Vorbehalte nicht weiter zu verfolgen, wird im weiteren Verlauf dieses Buches verständlich: So berechtigt diese Einwände sein mögen, so sind sie doch unabhängig von den Kriterien, die sich aus der Natur der Wissenschaft als systematische Wahrheitssuche ergeben. Denn beide Faktoren, die *de facto* Wirkung auf rassistische Einstellungen und der beleidigende Symbolgehalt, können einer Aussage ganz unabhängig davon zukommen, ob sie *wahr* ist. Und ich werde (in Kapitel 6 bis 8) dafür argumentieren, dass wir die Wissenschaften als autonom behandeln, ihre Resultate also nur an ihren eigenen, internen Standards messen sollten. (Die »interne« Konzeption moralischer Kritik, die ich hier entwickeln werde, wird dem Rechnung tragen.) Kritik an den Effekten und am Symbolgehalt wissenschaftlicher Thesen wäre diesen Zielen und Standards der Wissenschaft äußerlich und wäre mit dem Gedanken ihrer Autonomie unvereinbar.

Jedoch hat unsere Beispielthese (1) weitere Aspekte, die sie in moralischer Hinsicht problematisch machen, und diese Aspekte haben es mit weniger kontingenten sozialen und historischen Bedingungen zu tun. Einen solchen Aspekt beschreibt das nächste Kapitel.

4. Der Konflikt mit dem Ideal der Gleichheit

Eine bedeutsame Weise, wie die These (1) in Konflikt mit unseren Moralvorstellungen gerät, ist von direkter Art – von der Art, die ich oben *logisch* genannt habe. Sie hat also in Kombination mit weiteren Prämissen Implikationen, die unseren moralischen Überzeugungen widersprechen. Wie in Kapitel 2 ausgeführt, kann sie auf dieser Basis selbst Gegenstand moralischer Verurteilung sein.

Dieser Konflikt soll in diesem Kapitel mit einiger Sorgfalt rekonstruiert werden. Im Umriss ist er aber leicht zu sehen. Benannt wird er beispielsweise bei Thilo Sarrazin. Dieser charakterisiert den Konflikt wie folgt: Moralische Kritik an Thesen über die genetische Basis des IQ, wie etwa an (1), basierten darauf, dass solche Thesen »einer impliziten Gleichheitsideologie [widersprechen]«.[42] Ob die pejorative Rede von Ideologie hier angemessen ist, klammere ich vorerst ein. Die generelle Diagnose aber, dass ein Konflikt mit einem *moralischen Ideal der Gleichheit* vorliegt, scheint mir korrekt.

Allerdings muss dieser Konflikt genau untersucht werden. Es wäre ja ein Missverständnis, Ideale moralischer Gleichheit auf die hoffnungslose Annahme zu gründen, es gebe zwischen Menschen keinerlei signifikante Unterschiede in wichtigen Merkmalen. Im Gegenteil: Solche moralischen Ideale *fordern* Gleichheit in Rechten oder Chancen,

42 Thilo Sarrazin, *Die Vernunft und ihre Feinde. Irrtümer und Illusionen ideologischen Denkens*, München 2022, S. 42.

und zwar gerade *ohne Rücksicht* auf die vielfältigen faktischen Unterschiede zwischen Menschen. Worin ein Konflikt zwischen solchen Idealen und einer deskriptiven These wie (1) bestehen könnte, ist also nicht unmittelbar einsichtig. Schon dies erlaubt es reaktionären Autor:innen, eine Seite der Debatte als »ideologisch« zu diskreditieren und sich als Verteidiger:innen der *wahren* Gleichheitsidee gegen falsche Freund:innen zu gerieren.

Ich werde deswegen in diesem Kapitel einige Mühe darauf verwenden, den Konflikt zu verstehen. Ich führe zunächst noch einmal die These an, um die es hier gehen soll:

(1) Schwarze Menschen haben genetisch bedingt durchschnittlich einen geringeren IQ.

Ich habe bereits gesagt, dass es verschiedene Gründe gibt, an (1) Anstoß zu nehmen (vgl. Kapitel 3). Darüber hinaus sollte erwähnt werden, dass es verschiedene Teile des Inhalts von (1) gibt, auf die sich Kritik richten kann. Manche Leser:in mag etwa finden, dass schon die Bezifferung menschlicher Intelligenz durch ein IQ-Maß höchst problematisch ist. Solche Vorbehalte sollen hier allerdings nicht diskutiert werden. Der spezielle Konflikt mit dem Ideal der Gleichheit, um den es mir geht, entzündet sich an der Behauptung einer *genetischen Bedingtheit*. Es ist also nicht so sehr der Befund, dass die vorliegenden Daten zum durchschnittlichen IQ eine Differenz ergeben, sondern speziell die Hypothese, dass diese Differenz zum Teil ererbt oder angeboren ist, die für diesen spezifischen Konflikt sorgt.

Welches ist nun das besagte Ideal der Gleichheit, das an diesem Konflikt beteiligt ist? Ich präsentiere als Kandidaten ein egalitäres Prinzip, das mir als überaus plausibel erscheint. (Ich mache moralische Sätze dabei mit Buchstaben statt mit Zahlen kenntlich.) Es lautet:

(A) In einer gerechten Gesellschaft darf die Verteilung von Einkommen, sozialen Positionen etc. nicht von der Hautfarbe abhängig sein.

Natürlich gäbe es an dieser Aussage einiges zu präzisieren. Ich möchte hier nur betonen, dass sie so zu verstehen ist, dass sie auch eine rein *statistische* Abhängigkeit ausschließt. Wenn uns ein Blick auf die Statistik zeigt, dass es für Schwarze Menschen eine geringere Wahrscheinlichkeit gibt, bestimmte Gehälter oder Positionen zu erreichen, so scheint schon dies aus Perspektive der Gerechtigkeit problematisch. Hautfarbe sollte kein guter Prädiktor für die Ausstattung mit bestimmten Gütern wie Positionen, Einkommen etc. sein – selbst dann nicht, wenn es niemanden gibt, der die Hautfarbe *bewusst* als Grund für Benachteiligung behandelt.

Hier folgt eine zweite moralische These:

(B) In einer gerechten Gesellschaft darf die Verteilung von Einkommen, sozialen Positionen etc. von Unterschieden in angeborenen »natürlichen Talenten«[43] abhängen.

Zugegebenermaßen hat (B) nicht die gleiche unmittelbare Plausibilität wie (A). Tatsächlich scheint (B) sogar einem Grundgedanken zu widersprechen, den viele aktuelle Ansätze in der Gerechtigkeitstheorie verfolgen: dem Glücksegalitarismus (*luck egalitarianism*). Ihm zufolge ist es gerade das Gebot der Gerechtigkeit, *unverdiente* Unterschiede in Chancen und Einkommen nicht zuzulassen. Unverdiente Unterschiede sind dabei gerade solche, die ihre Ur-

43 Der entsprechende englische Ausdruck »natural talents« stammt von John Rawls und ist in der Debatte um Verteilungsgerechtigkeit durchaus gebräuchlich geworden. Die deutsche Übersetzung (vgl. Rawls, *Theorie der Gerechtigkeit*, S. 121 ff.) spricht allerdings, anders als ich es im Haupttext tue, von »Gaben«.

sache nicht in bewussten Entscheidungen oder kalkuliertem Risiko haben, sondern in der Lotterie der sozialen Herkunft und der Ausstattung mit natürlichen Talenten.

Doch obgleich These (B) schlecht zu diesem Grundgedanken zu passen scheint, hat sie gute Gründe für sich, und gerade Vertreter:innen des Glücksegalitarismus benennen sie klar. Ein *erster* Grund beruft sich auf die schiere *praktische Unmöglichkeit*, in einer Population, in der angeborene Talente ungleich verteilt sind, dauerhaft zu verhindern, dass die Talentierteren größere Vorteile im Erwerb von Einkommen und Positionen haben. Denn wie könnte eine Gesellschaft jeden einzelnen Vorteil, den Menschen durch ein angeborenes Talent erzielen, überwachen und mit maßgeschneiderten Eingriffen ausgleichen? Ronald Dworkin, der eine gerechte Umverteilung in diesen Fällen an die durchschnittliche *ex ante* Bereitschaft bindet, sich gegen verschiedene Defizite in natürlichen Talenten zu versichern, behandelt sie daher als nicht vollumfänglich versicherbar.[44]

Ein *zweiter* Grund appelliert weniger an faktische Schranken des Könnens als an normative Grenzen. Beispielsweise sieht Rawls eine wichtige Motivation für sein »Differenzprinzip« gerade darin, dass es einen angemessenen Umgang mit Unterschieden in natürlichen Talenten erlaubt. Das Streben nach Gleichheit müsste in Anbetracht jener Unterschiede nämlich extrem invasiv und kostspielig ausfallen; überdies würde es Anreize zunichtemachen, die nötig sind, um Talentierte für besonders verantwortungsvolle Positionen zu gewinnen. Im Resultat würde dieses Streben auch den Schlechtergestellten, denen es zugutekommen soll, absolut betrachtet schaden.[45] Gleichheit müsste

44 Vgl. Ronald Dworkin, *Was ist Gleichheit?*, Berlin 2002, S. 103f.
45 Vgl. Rawls, *Theorie der Gerechtigkeit*, S. 271ff.

also um den Preis einer sogenannten »Angleichung nach unten« (*leveling down*) erkauft werden (welche Gleichheit herstellt, indem sie alle Betroffenen gleich schlecht, und schlechter als zuvor, stellt). *Leveling down* aber gilt gemeinhin – mir scheint, mit Recht – als eine Absurdität.[46] Dies, so Rawls, ist ein Grund, sein Differenzprinzip einem Egalitarismus vorzuziehen. Es ist also auch normativ zulässig, dass besonders Talentierte besser dastehen, nämlich genau in dem Maße, in dem dies auch die Position der Schlechtergestellten verbessert.

Schon diese Argumente laufen darauf hinaus, dass eine gerechte Gesellschaft bei Ungleichheiten in naturgegebenen Talenten nicht für soziale und ökonomische Gleichheit sorgen muss, sondern eher für eine Form von *Kompensation* der weniger Talentierten – für eine Entschädigung, die eine beständige Gleichheit in der Ausstattung mit Gütern wie Positionen und Einkommen weder erzielt noch anstrebt.

Es sei noch ein *dritter* Grund für (B) genannt: Für die moralische und politische Beurteilung ungleicher Verhältnisse ist es nicht unerheblich, wer jene Ungleichheiten *verschuldet* hat und wer deshalb für sie geradestehen muss. Thomas Nagel argumentiert daher, dass naturbedingte Defizite als solche (anders als menschengemachte, etwa durch vorgeburtlichen Alkoholkonsum bedingte Defizite) der Gesellschaft nicht einmal Pflichten zur Kompensation auferlegen, sondern bloß noch schwächere humanitäre Hilfspflichten.[47]

Wenn wir das Prinzip (B) im Lichte dieser Argumente akzeptabel finden, wird auch klar, wie die deskriptive The-

46 Vgl. Derek Parfit, »Gleichheit oder Vorrangigkeit«, in: ders., *Personen, Normativität, Moral. Ausgewählte Aufsätze*, Berlin 2017, S. 351 ff.

47 Thomas Nagel, »Justice and Nature«, in: *Oxford Journal of Legal Studies* 17 (1997), S. 303-321.

se (1) mit der moralischen Überzeugung (A) in Konflikt geraten kann. Denn (B) impliziert Folgendes:

> (C) Wenn Intelligenz zum Teil ein angeborenes »natürliches Talent« ist und von der Hautfarbe nicht unabhängig ist, darf die Verteilung von Einkommen, sozialen Positionen etc. in einer gerechten Gesellschaft von der Hautfarbe abhängen.

Der Nachsatz dieses Konditionals ist die Negation von (A) und sollte ähnlich verstanden werden. (Er beinhaltet also, dass die Hautfarbe auch in einer gerechten Gesellschaft durchaus ein gewisser Prädiktor für Positionen und Einkommen sein kann.) Der Vordersatz ist eine deskriptive These über den genetischen Zusammenhang von Hautfarbe und IQ. Gibt es einen solchen Zusammenhang, wie (1) sagt, so hat auch eine gerechte Gesellschaft gegenüber schlechter gestellten Schwarzen Menschen womöglich keine starke Pflicht, gleiche Chancen auf Einkommen usw. zu ermöglichen, sondern bloß Pflichten zur Kompensation oder gar noch schwächere Hilfspflichten. Da (1) den Vordersatz von (C) bestätigen würde, hätte (1) in diesem Zusammenhang diese Implikation. Dies nenne ich die *inegalitäre Implikation* von (1).

Dies entspricht durchaus den Konsequenzen, die die Verfechter:innen von (1) selbst freimütig diskutieren. Herrnstein und Murray zufolge muss sich eine gerechte Gesellschaft bei genetisch bedingten Unterschieden im IQ mit etwas bescheiden, das sie pointiert als Versuch, »mit Ungleichheit zu leben«, zusammenfassen.[48] Sie meinen damit im Wesentlichen zweierlei: 1. Unsere Gesellschaft müsse den Trend umkehren, Aufgaben und Posten, die weniger

48 Herrnstein und Murray, *The Bell Curve*, S. 551.

ausgeprägte Talente benötigen, zu zentralisieren und zu automatisieren. Nur so gebe es auch für weniger Talentierte »sozial wertgeschätzte« Positionen. 2. Wir sollten ein Suffizienzkriterium der Gerechtigkeit und des guten Lebens akzeptieren: »Der Erfolg eines menschlichen Lebens ist nicht äußerlich, sondern innerlich zu messen.«[49]

Zusammengefasst: Wenn (1) gilt, sind bestimmte Unterschiede in der Intelligenz naturgegeben. Und naturgegebene Unterschiede können mit einiger Plausibilität als faktische und normative Schranken für gleiche Chancen auf Einkommen, Positionen etc. gelten.

Die praktische Relevanz dieser Implikation ist offenkundig immens. Wenn ein Blick auf die Statistik uns darüber belehrt, dass es zwischen Schwarzen und *weißen* Menschen anhaltende Unterschiede in Einkommen und Positionen gibt, so entscheidet sich an der These (1), was dies in praktischer Hinsicht bedeutet. Denn von (1) hängt ab, ob wir es mit etwas zu tun haben, das wir weder beheben müssen noch können, sondern woraus uns bloß schwächere Pflichten zu Kompensation und Hilfe erwachsen, *oder* ob wir uns vorwerfen müssen, soziale Barrieren für vollwertige Gerechtigkeit weiter aufrechtzuerhalten.

Nun drückt, wie gesagt, die stärkere Forderung (A) unsere – oder jedenfalls meine – Ideale aus. Die korrekte moralische Vorgabe ist Gleichheit in den Aussichten auf Einkommen und Chancen, nicht bloße Kompensation oder humanitäre Hilfsangebote. Die These (1) steht in der Tat im Widerspruch zu dieser gewichtigen moralischen Überzeugung.

Allerdings: Sind solche Konflikte ein guter Grund, eine These wie (1) zurückzuweisen?

Bevor ich mich dieser Frage zuwende, drängt sich eine

49 Ebd., S. 552.

Rückfrage auf: Liegt es nicht ohnehin näher, an eine kritische Überprüfung der beteiligten *moralischen* Prämissen zu denken – speziell (B)? Natürlich ist eine These wie (B) nicht *per se* der Kritik enthoben. Dennoch gibt es mindestens zwei Gründe dafür, dass sich kritischer Widerspruch primär auf diese These (1) selbst richten sollte.

Der erste dieser Gründe hat mit der *Pragmatik des Diskurskontexts* zu tun. Es ist eben die These (1), die von Forschern wie Jensen oder Herrnstein und Murray zur Diskussion gestellt und verteidigt wird. Daher ist es zunächst angemessen, *diese These* zu prüfen und sich bei dieser Prüfung ansonsten auf verbreitete und plausible Hintergrundannahmen zu verlassen, die selbst nicht Gegenstand der Debatte sind. Dies schließt normative Annahmen über Gerechtigkeit natürlich ein. Herrnstein und Murray beanspruchen immerhin nicht, für eine bestimmte Gerechtigkeitskonzeption argumentiert zu haben. Sondern Annahmen über Gerechtigkeit sind Teil des Hintergrundes, der für die Prüfung der These vorausgesetzt wird.

Ich will diesen wichtigen Punkt zumindest ein wenig weiter erläutern: Jede Äußerung, ob in den Wissenschaften oder in irgendeinem anderen Diskurs, findet in einem Kontext statt, der neben anderen Parametern (etwa einem *Common Ground* im Sinne von Robert Stalnaker[50]) durch eine Leitfrage, die *Question under Discussion* (QUD), definiert wird.[51] Dieser Parameter definiert u. a., welche Äußerungen und Äußerungsteile *at issue* sind, also *zur Debatte stehen*.[52] Aussagen oder Aussageteile mit *at-issue*-Status sind

50 Robert Stalnaker, *Context and Content: Essays on Intentionality in Speech and Thought*, Oxford 1999.

51 Zur QUD siehe vor allem Craige Roberts, »Information Structure in Discourse: Towards an Integrated Formal Theory of Pragmatics«, in: *Semantics and Pragmatics* 5 (2012), S. 1-69

52 Mandy Simons, David Beaver, Judith Tonhauser und Craige Ro-

dabei diejenigen, die unmittelbar zur Beantwortung der QUD beitragen. Und nur das, was diesen Status hat, ist für direkte Anschlusssprechakte, Kritik und Nachfragen verfügbar.

In den Arbeiten nun, in denen (1) verteidigt wird, ist das Thema die Ursache von IQ-Differenzen, nicht etwa die Natur sozialer Gerechtigkeit. Genauer: (1) wird zur Diskussion gestellt als eine mögliche Antwort auf die Leitfrage (QUD), wie die beobachteten IQ-Differenzen kausal zu erklären sind. Als eine solche Antwort kann (1) daher unmittelbar herausgefordert und als begründungspflichtig behandelt werden. Annahmen über soziale Gerechtigkeit, die nötig sind, um die Implikationen von (1) zu prüfen, bilden den nicht unmittelbar anfechtbaren Hintergrund. Wichtig ist dabei nicht nur, dass (1) *de facto* die *at-issue*-Behauptung ist. Vor allem ist von Bedeutung, dass dies den Teilnehmer:innen am Diskurs natürlich bewusst ist. (1) wird daher von den Autor:innen *als* der primäre Gegenstand für kritische Infragestellung *angeboten*. Dies führt dazu, dass sie mit ihrer These auch einen entsprechenden *Geltungsanspruch* erheben. (»Dies ist, was zur Diskussion steht.«) Indem wir uns also auf die Korrektheit von (1) fokussieren, nehmen wir *ihren* Anspruch ernst.

Dies ist auch der Grund dafür, warum ich hier und im Folgenden vereinfachend von der inegalitären Implikation von These (1) spreche, obwohl es in Wahrheit eine Kombination von Thesen ist, die diese Implikation haben. Dies ist deshalb nicht falsch oder irreführend, weil die weiteren Thesen im Kontext der Diskussion um (1) den Hintergrund bilden. Und es ist vollkommen gebräuchlich, von den Implikationen einer These zu sprechen und implizit eine Re-

berts, »What Projects and Why«, in: *Proceedings of SALT* 20 (2010), S. 309-327.

lativierung auf einen Hintergrund nicht-problematisierter Annahmen zu unterstellen.

Ein zweiter Grund ist, dass das Prinzip (B) als vergleichsweise unkontrovers gelten darf. Wie gesehen, akzeptieren es sogar glücksegalitaristische Ansätze, und libertäre oder suffizientaristische Alternativen tun es natürlich ohnehin. Darüber hinaus ist unklar, wie wir (B) *auf der Basis von* (1) in Zweifel ziehen könnten. Denn wenn wir *zunächst* von (B) überzeugt sind, akzeptieren wir, dass von der Natur benachteiligte Menschen in einer gerechten Gesellschaft schlechter dastehen können. Wenn wir nun durch (1) erfahren, dass ein gewisser Teil dieser Menschen Schwarz ist, ist dies zwar eine schlechte Nachricht, aber es ist nicht klar, was die Hautfarbe an den Gründen ändert, die Rawls, Dworkin und Nagel für (B) anführen. Kurzum: (B) bietet sich auch aus sachlichen Gründen zunächst nicht dafür an, mit linguistischem Aufwand aus dem Diskurs-Hintergrund in den Vordergrund gerückt zu werden.

Daher ist es zumindest in einem ersten Anlauf die These (1), die sich als kritisches Ziel anbietet, wenn wir uns an der inegalitären Implikation stoßen. Ich möchte betonen, dass dies nur in erster Instanz gilt. Sofern sich diese Kritik als nicht haltbar erweisen sollte, erscheint mir die egalitaristische Überzeugung (A) gewichtig genug, um auch die verbreitete Annahme (B) noch einmal kritisch zu überprüfen. Doch vorderhand lautet die Frage, ob wir den Konflikt mit der moralischen Überzeugung (A) als Basis dafür nehmen können, die These (1) zurückzuweisen. Ist das zulässig oder ein Fehler?

Das folgende Kapitel diskutiert eine naheliegende Weise, die These (1) auf Basis des Prinzips (A) zu kritisieren. Und es zeigt auf, dass sie tatsächlich fehlerhaft ist. Eine moralische Kritik dieser Form würde etwas darstellen, das ich einen *moralistischen Fehlschluss* oder einen *Sollen-Sein-*

Fehlschluss nennen werde. Jedoch: Im weiteren Verlauf des Buches wird sich zeigen, dass es eine *andere* Form der Kritik an der These (1) gibt, die sich auch auf das egalitäre Prinzip (A) beruft und die nicht fehlerhaft ist. Wir können die These (1) letztlich also sehr wohl in der Tat im Namen der Gleichheit kritisieren – wenn wir verstehen, wie.

II. WAS IST – OFT – FALSCH AN MORALISCHER KRITIK?

5. Der moralistische Fehlschluss

Das letzte Kapitel hat gezeigt, wie die These (1) mit der Moral in Konflikt stehen kann. Speziell wurde ein *logischer* Konflikt rekonstruiert, ein Konflikt, der darin besteht, dass (1) in Kombination mit weiteren Thesen eine Implikation hat, die einem moralischen Ideal (der Gerechtigkeit) widerspricht. Wenn nun diese inegalitäre Implikation dem widerspricht, was wir für gerecht halten, ist das ein guter Grund für eine kritische Haltung zur These (1)?

Meine generelle Behauptung wird ja lauten, dass moralische Kritik an Thesen wie (1) berechtigt ist. Doch dieses Kapitel und die folgenden zeigen auf, wieso eine solche Kritik zumindest *prima facie* problematisch ist. Das hilft uns zu verstehen, dass diejenigen, die sich gegen sie wehren, Gründe für ihren Argwohn haben. Erst eine Würdigung dieser Gründe zeigt, woran meine anschließende Verteidigung moralischer Kritik sich messen lassen muss.

Dieses Kapitel zeigt, dass die moralische Kritik an einer These wie (1) einem charakteristischen Fehler unterliegen kann – oder dass zumindest der Eindruck eines solchen Fehlers leicht entstehen kann. Dieser Fehler, den ich *moralistischer Fehlschluss* nenne, ist noch nicht eingehend analysiert worden. Aber er ist ein wichtiger Schlüssel zu aktuellen Debatten.

Der Fehler tritt immer dann in Erscheinung, wenn der moralische Widerstand gegen die These (1) zu der spontanen Reaktion führt, diese These zu *negieren*. Dieser Impuls, so möchte ich direkt gestehen, macht sich auch bei mir selbst bemerkbar, wann immer ich mich mit etwas Abstand erneut der Diskussion um These (1) zuwende. Und auch in Diskussionen mit anderen Menschen habe ich »Das *kann* nicht stimmen!« oder »Da liegt ein Fehler vor!« oder »Jedem aufgeklärten Menschen muss klar sein, dass das falsch ist!« zahllose Male gehört. Doch, bei aller Sympathie: Es sind diese Reaktionen, die einen gemeinsamen Fehler aufweisen.

Ich analysiere nun diese naheliegende, aber fehlerhafte Weise, moralische Kritik an (1) auf Basis unserer egalitaristischen Überzeugungen zu üben. Sie hat diese schematische Form:

> Wenn die durchschnittliche IQ-Differenz zwischen Schwarzen und *weißen* Menschen partiell genetisch bedingt ist, darf die Verteilung von Einkommen, sozialen Positionen etc. in einer gerechten Gesellschaft von der Hautfarbe abhängen.
>
> *(entspricht Prinzip (C), s. oben)*
>
> Die Verteilung von Einkommen, sozialen Positionen etc. darf in einer gerechten Gesellschaft nicht von der Hautfarbe abhängen.
>
> *(entspricht Prinzip (A), s. oben)*
>
> ---
>
> Ergo, die durchschnittliche IQ-Differenz zwischen Schwarzen und *weißen* Menschen ist nicht partiell genetisch bedingt.
>
> *(entspricht der Negation von (1))*

Dies ist ein logisch gültiger Schluss im *modus tollens*, dessen Konklusion die These (1) negiert.

Nun gilt: Auch dann, wenn wir intuitiv an (1) Anstoß nehmen, sollte uns *dieser* Schluss aus moralischen Annahmen auf eine empirische Behauptung direkt zweifelhaft vorkommen. Er ist ein Paradefall dessen, was ich hier als moralistischen Fehlschluss bezeichnen möchte. Da der Schluss, wie gesagt, formal gültig ist, kann damit kein formaler Fehlschluss gemeint sein. Dennoch, so will ich zeigen, ist es ein Schluss, der aus prinzipiellen Gründen fehlgeht.

Um diesen intuitiven Eindruck zu schärfen, hilft ein Blick auf einen Fall moralischer Kritik, deren moralische Prämissen wir selbst *nicht* teilen. Für mich eignet sich folgender Fall:

Manche Menschen betrachten *Natürlichkeit* als Norm für richtiges Sexualverhalten. Sie halten bestimmte Formen von Sexualität, oft Homosexualität, für verwerflich, weil sie ihnen als »wider die Natur« erscheinen. (Verknüpft wird dies oft mit der Idee, dass wir an der natürlichen Rolle der Sexualität einen göttlichen Willen erkennen und dass dieser Wille die Quelle der moralischen Verbindlichkeit ist.) Nehmen wir nun also an, wir dürfen diesen Menschen folgende Überzeugung zuschreiben: Wenn *S* die originäre Erscheinungsform von Sexualverhalten in der Natur ist, so ist *S* auch der Standard für das richtige Sexualverhalten.

Nun nehmen aber einige neuere Arbeiten in der Evolutionsbiologie die Hypothese ernst, dass sexuelles Verhalten schon an seinem evolutionären Ursprung nicht zwischen dem gleichen und dem entgegengesetzten biologischen Geschlecht unterschieden hat.[53] Eine variable, nicht rein heterosexuelle sexuelle Orientierung wäre dieser Hypothese zufolge nicht abnorm oder unnatürlich, sondern die originäre Erscheinungsform. Sie hätte sich nicht in Form einer angeblichen Fehlentwicklung herausgebildet, sondern sich vielmehr seit dem evolutionären Ursprung sexueller Reproduktion als ihre Urform erhalten.

53 Julia D. Monk, Erin Giglio, Ambika Kamath et al., »An alternative hypothesis for the evolution of same-sex sexual behaviour in animals«, in: *Nature Ecology & Evolution* 3 (2019), S. 1622-1631.

Diese empirische These gerät in Kombination mit der zuvor genannten Prämisse in Widerspruch zu der Überzeugung, dass nicht rein heterosexuelles Verhalten verwerflich ist. Sollten diejenigen Menschen, die es betrifft, nun auf der Basis ihrer moralischen Vorstellungen auf die Falschheit jener empirischen Hypothese schließen? Das sähe so aus:

> Wenn ein nicht ausschließlich heterosexuelles Sexualverhalten die ursprüngliche Erscheinungsform in der Natur ist, so ist dieses Verhalten zulässig.
>
> *(eine Lesart der angeblichen Norm der »Natürlichkeit«)*
>
> Ein nicht ausschließlich heterosexuelles Sexualverhalten ist nicht zulässig.
>
> *(moralische Überzeugung jener Menschen)*
>
> ---
>
> Ergo, ein nicht ausschließlich heterosexuelles Sexualverhalten ist nicht die ursprüngliche Erscheinungsform in der Natur.

Angenommen also, eine beträchtliche Zahl von akademischen Kolleg:innen (nebst einigen Stiftungen und Gutachter:innen, die Drittmittel vergeben, sowie Herausgeber:innen und *referees* wichtiger Zeitschriften) würden in dieser Weise die empirische Hypothese bestreiten, weil sie im Widerspruch steht zu ihren moralischen Überzeugungen über Heterosexualität als natürliche Norm. Sie würden jene These als eine Missachtung des besonderen Status traditioneller Beziehungen kritisieren und als gefährlich in ihren Konsequenzen für die Orientierung junger Menschen. Vertreter:innen der Hypothese würden daher zu wichtigen Veranstaltungen über die Biologie des Sexualverhaltens nicht eingeladen, ihre Anträge auf Drittmittelförderung würden abgelehnt und ihre Artikel nicht zur Publikation angenommen.

Mein Eindruck lautet: Diese Reaktion auf die These wäre grotesk. Und das liegt nicht nur daran, dass mir die moralischen Überzeugungen, auf denen sie beruht, als falsch erscheinen. Mir scheint außerdem, dass die Kritik grundsätzlich *in die verkehrte Richtung schließt*. Wenn überhaupt, so sollte die zitierte Studie ein Anlass sein, moralische Vorstellungen von Heterosexualität als »natürliche Norm« zu hinterfragen – nicht andersherum. Es wäre absurd, zu insistieren, die ursprüngliche Erscheinungsform sexuellen Verhaltens in der Natur müsse heterosexuell gewesen sein, *weil* es (angeblich) die richtige Form dieses Verhaltens sei.

Dies macht nun deutlicher, warum uns auch der obige erste Schluss als problematisch gelten sollte. Auch wenn viele Leser:innen seine Prämissen vielleicht glaubwürdiger finden – die problematische Schlussrichtung ist dieselbe. Auch in diesem Falle würden wir uns, intuitiv gesprochen, unser Bild der Wirklichkeit so einrichten, dass es zu unseren moralischen Ideen passt. Pointiert: Wir würden schließen, dass (1) nicht wahr ist, weil (1) nicht wahr sein soll. Dies bezeichne ich als einen *moralistischen Fehlschluss* oder auch als einen *Sollen-Sein-Fehlschluss*.

Es stellt sich allerdings die Frage, *warum* diese Schlüsse denn Fehlschlüsse sind. Ich möchte dieser Frage etwas ausführlicher nachgehen. Sie ist nicht nur metaethisch interessant, sondern es wird sich zeigen, dass die Antwort die aktuellen Debatten zu verstehen hilft.

Zunächst einmal ist es einfach, einen Fehler in den obigen Argumenten zu finden, wenn wir moralische Aussagen und Überzeugungen auf eine *antirealistische* Weise auffassen. Wenn wir moralische Urteile z. B. für Urteile mit fiktionalem Inhalt halten oder sie einfach rundheraus für Irrtümer erklären, dann versteht sich von selbst, dass sie keine haltbaren Prämissen für Schlüsse abgeben, die mehr als logisch gültig sein sollen, deren Konklusionen also wahr (und nicht-fiktional) zu sein beanspruchen.[54]

Auch weniger radikale metaethische Positionen können dies gut erklären. Einer *expressivistischen* Theorie zufolge drücken moralische Prämissen z. B. keine Überzeugungen aus, sondern Pro-Einstellungen wie Pläne oder Präferenzen.[55] Wie Cian Dorr argumentiert, bedeutet das aber, dass einige augenscheinlich gültige Schlüsse einem Typus des Überlegens entsprechen, in dem die Ausbildung einer Präferenz zur Akzeptanz oder Ablehnung einer Überzeugung führt – was nichts anderes wäre als Wunschdenken.[56] In unseren Beispielen wäre es die Zustimmung zur jeweiligen zweiten Prämisse, die eigentlich eine Präferenz wäre. Wenn dies unsere Basis für die Ablehnung einer empirischen Hypothese (in der Konklusion) darstellen würde, würde es sich in der Tat um Wunschdenken handeln.

Nun möchte ich meine Kritik am moralistischen Fehlschluss allerdings nicht an diese speziellen und durchaus kontroversen metaethischen Positionen binden. Um die Karten auf den Tisch zu legen: Ich selbst teile die genannten Positionen nicht, sondern gehe davon aus, dass moralische Aussagen Überzeugungen über die Wirklichkeit ausdrücken – über moralische Sachverhalte, was immer ihre Natur sein mag – und dass sie mitunter wahr sind. Diese Ansicht macht es weniger offensichtlich, worin der Fehler liegt. Wenn moralische Prämissen in diesem Sinne respek-

54 Ein Vertreter einer fiktionalistischen Auffassung ist Mark Eli Kalderon, *Moral Fictionalism*, Oxford 2005. Die Irrtumstheorie vertritt bekanntlich John Mackie, *Ethics: Inventing Right and Wrong*, Harmondsworth, New York 1977.

55 Siehe z. B. Hare, *Sprache der Moral*, oder Allan Gibbard, *Thinking How to Live*, Cambridge, Mass. 2003.

56 Cian Dorr, »Noncognitivism and Wishful Thinking«, in: *Noûs* 36 (2002), S. 97-103.

tabel sind, wieso sind sie in dem *modus tollens* fehl am Platze?

Ich möchte auch dazu einen Vorschlag machen, obgleich ich dem Thema hier kaum ganz gerecht werden kann. Kurz gesagt, liegt das Problematische der zitierten Schlüsse nach meiner Auffassung nicht in der logischen Gültigkeit, sondern eher in der Erkenntnistheorie. Ich skizziere daher im Folgenden ein Modell moralischen Begründens, das einige zentrale Punkte über Quellen moralischen Wissens erfassen soll. Dieses Modell entspricht Annahmen, die in einigen klassischen Positionen der Moralphilosophie verbreitet sind und die mir selbst plausibel erscheinen. Gleichwohl sind diese Annahmen und das Modell, das ich auf ihrer Basis anbiete, kontrovers (siehe dazu unten). Darüber hinaus ist es eben ein Modell, und als solches in beträchtlichem Maße abstrakt, vereinfacht und stilisiert.

Dies vorausgeschickt, lässt sich feststellen: Viele Ansätze in der normativen Ethik (etwa der Konsequentialismus oder auch Kants Ethik) implizieren, dass sich Wissen über den moralischen Status einzelner Handlungen aus einer zweifachen Erkenntnisquelle speist. Kurz gesagt, ist es eine Kombination aus (i) nicht-empirischem *a-priori*-Wissen über allgemeine moralische Zusammenhänge und (ii) empirischem Wissen über die deskriptiven Merkmale der jeweiligen einzelnen Handlungen.[57]

In einigen klassischen Ansätzen ergibt sich dies schon aus ihren generellen theoretischen Ambitionen.[58] Als phi-

57 Eine Überblicksdarstellung zu dem Begründungsmodell, das nun diskutiert wird, ist: Michael DePaul und Amelia Hicks, »A Priorism in Moral Epistemology«, in: *The Stanford Encyclopedia of Philosophy* (Sommer 2021), hg. von Edward N. Zalta, ⟨https://plato.stanford.edu/archives/sum2021/entries/moral-epistemology-a-priori/⟩.

58 Dies gilt z. B. für Kants Ethik und mindestens für einige Varianten

losophische Theorien sollen sie zunächst *a priori*, durch Überlegen oder vernünftige Einsicht begründet sein. Dabei sollen sie unser spezifisch moralisches Wissen vollständig erfassen – das heißt, sie sollen Implikationen für unser Handeln haben, die in ihrer Begründung keine weiteren moralischen (oder überhaupt normativen) Annahmen benötigen, die die Theorie nicht bereits miterfasst. Folglich sollte die Anwendung der Theorien auf einzelne Handlungen nur noch Informationen über die *deskriptiven* Charakteristika derselben benötigen.

Diese Theorien müssen daher mit dem Anspruch auftreten, *verknüpfende Prinzipien* zu begründen. Dies sind Prinzipien des Inhalts, dass Handlungen mit bestimmten *deskriptiven* Eigenschaften (zumindest *pro tanto*) einen bestimmten *moralischen* Status haben. So ergibt z. B. der Utilitarismus, dass Handlungen, wenn sie im Vergleich zu den Alternativen weniger Wohlergehen erzeugen, falsch sind. Und Kants Ethik besagt u. a., dass Sprechakte, wenn ihre motivierenden Gründe (Maximen) eine Täuschungsabsicht beinhalten, verwerflich sind. Diese verknüpfenden Prinzipien müssen, wie die zugrunde liegende Theorie insgesamt, *a priori* begründet sein. Unser *a-priori*-Wissen um diese Prinzipien ist die erste unserer Quellen.

Zu moralischem Wissen über partikulare Handlungen gelangen wir nun, indem wir an ihnen die deskriptiven Eigenschaften identifizieren, die in den verknüpfenden Prinzipien firmieren. Das geht auf einer (im weitesten Sinne) *empirischen* Basis: Wir beobachten an einer Handlung *h*, dass sie das Gesamtwohlergehen mindert oder ein Täuschungsversuch ist und leiten aus diesem empirischen Wissen und

des Konsequentialismus, etwa von Sidgwick (Henry Sidgwick, *The Methods of Ethics*, London [7]1907) oder von G. E. Moore (Moore, *Principia Ethica*).

dem *a-priori*-Verknüpfungsprinzip ab, dass *h* falsch ist. Hier ein Schema dieser Epistemologie partikularer moralischer Urteile, in dem D für eine Kombination deskriptiver Eigenschaften und M für eine moralische Eigenschaft steht:

$\forall x\,(Dx \rightarrow Mx)$	allgemeines Verknüpfungsprinzip	**a priori**
Dh	partikulares deskriptives Urteil	**empirisch**
————		↓
Mh	partikulares moralisches Urteil	**a priori + empirisch**

Es ist wohl offensichtlich, dass diese Darstellung zumindest im Hinblick auf das moralische Überlegen realer Akteure vereinfachend ist. Verknüpfende Prinzipien, die diese strenge Form (also die Form eines allquantifizierten Konditionals) haben, werden oft große Komplexität aufweisen.[59] Unser tatsächliches Überlegen und Begründen wird daher Prinzipien mit einer anderen logischen Form verwenden. Diese drücken aus, dass eine Handlung mit bestimmten deskriptiven Merkmalen *pro tanto* einen bestimmten moralischen Status hat. Eine solche Verknüpfung ist, technisch gesprochen, nicht-monoton oder ein *default*.[60] Für die Zwecke dieser Diskussion werde ich diesen Umstand jedoch beiseitelassen.

59 Dass es sie dennoch geben wird, wird schon durch das weitgehend unkontroverse Faktum garantiert, dass moralische Tatsachen über deskriptiven Tatsachen *supervenieren*. Aber dieses Faktum ist eben damit vereinbar, dass die deskriptiven Faktoren, die das Prädikat *D* benennt, extrem komplex und disjunktiv ausfallen können.

60 Eine Analyse, die diesem Aspekt praktischen Begründens besser gerecht wird, findet sich in John Horty, *Reasons as Defaults*, Oxford 2012.

Dieses generelle Begründungsschema findet sich jedoch nicht nur in Kants Ethik oder im Konsequentialismus – in Theorien also, die eine deduktive Struktur haben. Sondern es wird auch von einigen Ansätzen vorausgesetzt, die der Methode eines *Überlegungsgleichgewichts* folgen.[61] Zwar werden partikulare Urteile hier, anders als bei den zuvor genannten Ansätzen, als partielle Ausgangspunkte der moralischen Erkenntnis behandelt. Aber trotzdem verlangt diese Methode üblicherweise, dass aus diesen partikularen Urteilen *abduktiv* verallgemeinert wird. Es werden also Prinzipien gesucht, die unsere Einzelfallurteile nicht einfach nur *zusammenfassen*, sondern solche, die die beste *Begründung* für jene Urteile abgeben. Auch wenn die Theoriebildung also bei partikularen Urteilen ihren Ausgang nimmt, bildet das obige Begründungsmodell dennoch den Rahmen, innerhalb dessen Prinzipien gesucht werden.

Ich füge außerdem hinzu, dass eine ethische Theorie nicht die Existenz eines einzigen Grundsatzes behaupten muss, um dem obigen Schema zu entsprechen. Der pluralistische Intuitionismus von W.D. Ross etwa verzichtet auf ein solches Prinzip. Aber ich verstehe Ross' *prima-facie*-Pflichten so, dass sie selbst Verknüpfungsprinzipien im obigen Sinne sind (freilich in der beschriebenen logischen Form von *default*-Konditionalen), und auch sie sind Ross zufolge durch vernünftige Einsicht, also *a priori* gewonnen.[62]

Aber *wieso* verpflichten sich alle genannten Ansätze auf dieses Begründungsschema? Wieso gehen sie alle davon aus, dass die Begründung eines partikularen Urteils sich aus einem allgemeinen Verknüpfungsprinzip moralischen

61 Zum Beispiel Rawls, *Theorie der Gerechtigkeit*, und Thomas M. Scanlon, *Being Realistic about Reasons*, Oxford 2014.

62 William D. Ross, *The Right and the Good*, Oxford 2002.

Inhalts und aus einem partikularen Urteil rein deskriptiven Inhalts ergibt? Die Antwort, so denke ich, liegt darin, dass dieses Schema eine überaus attraktive erkenntnistheoretische Pointe hat. Denn jeglicher direkte Rekurs auf moralische Eigenschaften findet in diesem Schema auf der Ebene allgemeiner Prinzipien statt, um die wir in nichtempirischer Weise wissen. Daher kann sich jedweder direkte epistemische Kontakt mit partikularen Gegenständen ganz auf deskriptive, empirisch zugängliche Merkmale beschränken. Das heißt insbesondere, dass es in diesem Modell keine Notwendigkeit für einen direkten epistemischen Zugang zu moralischen Qualitäten partikularer Gegenstände gibt. Wir müssen, kurz gesagt, die Richtigkeit oder Verwerflichkeit einzelner Handlungen *nicht direkt an denselben erfahren*, und vermeiden mithin die Berufung auf das, was Mackie einen »merkwürdigen« moralischen Sinn nennt.[63] Dies ist ein Vorzug.

Wenn wir uns diesen theoretischen Vorzug jedoch sichern wollen, so müssen wir darauf beharren, dass das Schema die *obligatorische Richtung der Begründung* erfasst. Wir können demnach *nur* auf Basis allgemeiner *a-priori*-Verknüpfungen und partikularer empirischer Erkenntnisse ein Urteil über den moralischen Status partikularer Gegenstände begründen.

Damit lässt sich nun erklären, was die obigen Schlüsse fehlerhaft macht. Diese Schlüsse machen aus den Elementen des Schemas einen umgekehrten Schluss im *modus tollens*, und dies läuft der Begründungsrichtung zuwider. Angenommen etwa, wir glauben, dass die Handlung *h* nicht die Eigenschaft M hat, also: $\neg$Mh. Wenn wir dieses negative Urteil mit dem *a-priori*-Verknüpfungsprinzip zu einem *modus tollens* verbinden wollen, bemerken wir schnell,

63 Mackie, *Ethics*, S. 38ff.

dass es erheblich unklarer ist, wie sich die epistemischen Quellen hier ergänzen:

$\forall x\,(Dx \rightarrow Mx)$	allgemeines Verknüpfungsprinzip	**a priori**
M*h*	partikulares moralisches Urteil	???
————		↓
D*h*	partikulares deskriptives Urteil	???

Woher sollen wir unser Wissen von der zweiten Prämisse (also der partikularen moralischen Prämisse ¬Mh) erlangt haben, wenn sie uns doch allererst zu einem Wissen bezüglich der deskriptiven Merkmale von *h* verhelfen soll? Die Antwort könnte allenfalls lauten, dass wir dieses Wissen auf dem Wege einer direkten »Anschauung« des moralischen Merkmals (¬M) gewonnen haben, also durch ebenjenen dubiosen moralischen Sinn, den Mackie kritisiert.

Wenn wir dabei bleiben, die Berufung auf einen solchen Sinn zu vermeiden, muss also gelten: Wissen um die deskriptiven Eigenschaften eines partikularen Gegenstandes geht dem Wissen um seine moralischen Eigenschaften in der Erkenntnisreihenfolge notwendig voraus. Wir erkennen z. B. erst, dass eine Handlung dem Gesamtwohl abträglich ist, und schließen dann auf prinzipieller Basis, dass sie falsch ist. Nie könnten wir *aus* der Überzeugung, dass die Handlung falsch sei, schließen, sie habe demnach wohl dem Gesamtwohl geschadet. Wir haben keinen direkten epistemischen Kontakt mit moralischen Qualitäten einzelner Handlungen, der Rückschlüsse auf ihre deskriptiven Merkmale erlaubt.

Ich will betonen, dass diese Skizze einer Moralepistemologie in der Metaethik nicht unkontrovers ist. Vertreter:innen eines sogenannten Partikularismus würden sie sicherlich ablehnen.[64] Und generell hat die These, dass wir durchaus direkten epistemischen Zugang zu moralischen Qualitäten partikularer Entitäten haben können, etwa durch Gefühle, in der Tradition[65] und auch in der aktuellen Metaethik[66] ihre Fürsprecher:innen. Ich wiederhole daher, dass es hier nicht um eine »zwingende« metaethische Analyse geht, sondern nur um die Vorstellung einiger möglicher Erklärungsansätze für den Fehler in den obigen Schlüssen.

Manche Leser:in mag zweifeln, ob mein Vorschlag Kants Ideen zur Moralepistemologie erfasst. Immerhin argumentiert dieser doch in seiner zweiten Kritik, dass wir uns selbst die Eigenschaft der transzendentalen Freiheit zuschreiben müssen, weil wir uns bewusst sind, unter moralischen Pflichten zu stehen. Über den Protagonisten eines zentralen Beispiels schreibt Kant: »Er urtheilt also, daß er etwas kann, darum weil er sich bewußt ist, daß er es soll.«[67] Schließt er hier nicht von moralischen Eigenschaften einer Handlung auf eine deskriptive Eigenschaft? Ja – doch das widerspricht meinem Punkt nicht wirklich. Denn Kant betont, dass dieser spezielle Schluss nur möglich ist, weil – dies sollte seine erste Kritik zeigen – transzendentale Freiheit eine Eigenschaft ist, die für die theoretische Vernunft,

64 Ich denke etwa an John McDowell, »Virtue and Reason«, in: *The Monist* 62 (1979), S. 331-350, und an Jonathan Dancy, *Ethics Without Principles*, Oxford 2005.

65 Siehe Max Scheler, *Der Formalismus in der Ethik und die materiale Wertethik*, hrsg. von Christian Bermes, Hamburg 2014, und Nicolai Hartmann, *Ethik*, Berlin 1926.

66 Zum Beispiel Christine Tappolet, *Emotions, Values, and Agency*, Oxford 2016.

67 Immanuel Kant, *Kritik der praktischen Vernunft*, in: ders., *Werke. Ausgabe der Königlich Preussischen Akademie*, Berlin 1903ff., Band V, S. 30.

und zumal für empirische Erfahrung, *unerkennbar* ist. Nur deshalb, weil die theoretische Vernunft zur Frage der transzendentalen Freiheit schweigen muss und diese also ohnehin eine erkenntnistheoretische Sonderbehandlung verlangt, kann das Sittengesetz das letzte Wort haben. Die deskriptiven Eigenschaften, um die es in diesem Buch geht, sind jedoch nicht von dieser »unerforschlichen« Art.

Betrachten wir im Lichte dieses Erklärungsansatzes noch einmal den ersten Schluss. Seine erste Prämisse ist ein Prinzip, das deskriptive Merkmale einer ungleichen Güterverteilung (D = partiell bedingt durch ungleiche natürliche Talente) mit einem moralischen Status (M = gerecht) verknüpft. Wir versuchen dann aber, mit einer Negation bezüglich M auf eine Negation bezüglich D zu schließen. Das ist der erkenntnistheoretisch inkohärente Schluss, der hier analysiert wurde. Wenn überhaupt, so wissen wir eben *zuerst*, ob ein Zustand diejenigen deskriptiven Merkmale aufweist, die rechtfertigende Gründe für Ungleichheit sein können, und können erst dann erschließen, dass eine bestehende Ungleichheit ungerecht ist.

Ich hoffe, mit diesen Überlegungen plausibel gemacht zu haben, dass die *direkte* Kritik an These (1), die eine egalitaristische Überzeugung als Prämisse in einem *modus-tollens*-Schluss verwendet, fehlerhaft ist. Sie wäre aus den besagten Gründen ein moralistischer Fehlschluss.

Es bleibt allerdings zu erläutern, was den Titel »moralistischer Fehlschluss« motiviert. Ich hoffe zwar, gezeigt zu haben, dass die diskutierten Schlüsse fehlerhaft sind. Doch nicht jedes fehlerhafte Überlegen, selbst wenn es moralische Prämissen verwendet, verdient die Bezeichnung »moralistisch«. Bei genauer Betrachtung erklären die obigen Überlegungen aber gut, wieso diese Fehler nicht bloß gewöhnliche Fehlleistungen sind. Sie machen verständlich, wieso moralische Kritik an deskriptiven Thesen ihrerseits oftmals auf eine gewisse Empörung trifft und als »dogmatisch«, »ideologisch« und »unsachlich« tituliert wird.

Hier eine einschlägige Passage von Barbara Zehnpfennig, die meines Erachtens typisch ist:

> Die Verlagerung der Auseinandersetzung von der Sachebene auf die Ebene des Moralischen birgt den entscheidenden Vorteil im Kampf, die eigenen Ideologien nicht mehr begründen zu müssen und den Kritikern die Möglichkeit zu nehmen, ihre Einwände begründen zu können. Das erlaubt auf Seiten der Ideologen eine erfrischende Freiheit im Umgang mit den Fakten [...]. [...] Für diejenigen aber, die sich dem geforderten Denk- und Sprachduktus nicht unterwerfen wollen, kann die Lage geradezu aussichtslos werden. Ihre Argumente will man nicht hören, gegen den Vorwurf der moralischen Unanständigkeit können sie sich nicht wehren. Wie denn auch – mit Argumenten?[68]

Auf den ersten Blick kommen diese scharfen Vorwürfe ihrerseits dogmatisch daher, scheinen sie doch zu unterstellen, dass über moralische Einwände prinzipiell nicht zu diskutieren ist. Aber die obige Analyse zeigt, dass diese Vorwürfe Zehnpfennigs ihre Berechtigung haben – vorausgesetzt, dass die fragliche moralische Kritik die Form annimmt, die ich analysiert habe.

Denn es hat sich gezeigt: Wenn wir moralische Prämissen anführen, um empirische Thesen zu negieren, dann können wir jene Prämissen nicht auf dem Wege gewonnen haben, der für partikulares moralisches Wissen erforderlich ist. Denn jener Weg schließt nun einmal ein, dass wir *erst* die deskriptiven Merkmale von Gegenständen empi-

68 Barbara Zehnpfennig, »Bedrohung der Wissenschaftsfreiheit – eine Chimäre? Ein Appell, zur Sache zurückzukehren«, in: *Forschung und Lehre* 7/21 (2021), S. 544-546, hier S. 545 f.

risch beurteilen müssen, um *auf dieser Basis* ihren moralischen Status zu bestimmen. Verkehren wir diese Reihenfolge, dann fehlt unseren moralischen Behauptungen ihre Begründungsbasis. Wir müssen sie also als etwas präsentieren, das wir auf unerklärte Weise »einfach wissen«. Das erklärt, warum sie in diesem dialektischen Kontext als dogmatische Setzungen gelten müssen, und warum der Eindruck entstehen kann, dass gegen sie nicht zu argumentieren ist. Auch die weiter oben zitierte Bemerkung Thilo Sarrazins, die Kritik an (1) beruhe auf einer »Gleichheitsideologie«, lässt sich (mit einigem Wohlwollen) so verstehen, dass sie auf diesem Eindruck beruht.[69]

Letztlich wird dadurch die Diagnose nahegelegt, zu der auch expressivistische Theorien gelangen. Dort, wo moralische Kritik nicht plausibel als ein Produkt moralischer Einsicht verstanden werden kann, muss der Verdacht entstehen, es seien andere Motive oder Präferenzen, die sie leiten – der Verdacht des Wunschdenkens.

69 Sarrazin, *Die Vernunft und ihre Feinde*, S. 42. Siehe oben, Kapitel 4.

6. Wissenschaftsfreiheit und das »Eigeninteresse der Vernunft«

Das letzte Kapitel hat einen Grund dafür benannt, warum moralische Kritik an Wissenschaft problematisch sein kann: Es liegt oft nahe, diese Kritik als eine Instanz eines moralistischen Fehlschlusses zu verstehen. Ein solcher Schluss ist dabei in einer Weise fehlerhaft, die gerade seine moralischen Prämissen wie dogmatische, unbegründete Setzungen dastehen lässt.

Schon dies erklärt den Eindruck, dass die Wissenschaft gegenwärtig mitunter auf moralistische Ideologie trifft. Doch ich habe in der Einleitung darauf hingewiesen, dass dies nicht nur als ein Ärgernis betrachtet wird – sondern als eine problematische Form der *Beschränkung* oder *Bevormundung*, die in physischen Übergriffen bloß ihren Höhepunkt findet.

Auch dieser letztere Eindruck will erklärt werden, wenn wir die Debatte verstehen und aufklären wollen. Denn ein verbreiteter Fehlschluss, dessen Prämissen dogmatisch anmuten müssen, ließe sich ja leicht als bedauerliches, aber irrelevantes Faktum beiseiteschieben.

Mehr noch: Das Problem, das dieses Buch behandelt, liegt nach allgemeiner Auffassung in einem Konflikt zwischen moralischer Kritik und der *Wissenschaftsfreiheit*. Nun wird aber Freiheit im Allgemeinen *nicht* dadurch eingeschränkt, dass ihre Ausübung moralisch oder auch moralistisch kritisiert wird (auch wenn es manch selbsterklärte Liberale geben mag, die sich durch Kritik in ihrer Freiheit bedroht *wähnen*). In diesem Falle jedoch, so will ich zeigen, ist es nicht bloßes Lamentieren, wenn ein Konflikt zwischen moralischer Kritik und Wissenschaftsfreiheit konstatiert wird. Tatsächlich gibt es so einen Konflikt – aber es bedarf einiger analytischer und interpretativer Mühe, ihn genau zu verstehen.

Deshalb setzen die folgenden Kapitel die Arbeit fort, die im letzten begonnen wurde. Es geht weiterhin darum, die Vorbehalte gegenüber moralischer Kritik besser zu verstehen, um ausmachen zu können, was eine angemessene Verteidigung dieser Kritik leisten muss.

Der nächste Schritt zu einem besseren Verständnis besteht, glaube ich, darin, den Gedanken der Wissenschaftsfreiheit in einer bestimmten Weise zu interpretieren. Ich schlage vor, dass Menschen, die aktuell die Wissenschaftsfreiheit gegen den (vermeintlichen oder wirklichen) Moralismus verteidigen, diese Freiheit in einer anspruchsvollen Weise verstehen. Es folgt nun ein Versuch, zu erläutern, was dieses anspruchsvolle Verständnis beinhaltet. Dazu soll ein Ideal der *Autonomie der Wissenschaft* beschrieben werden. Dieses Ideal erscheint mir selbst als überzeugend; wichtiger ist aber, dass es (zumindest in groben Zügen) etwas erfasst, das plausiblerweise in der aktuellen Debatte vorausgesetzt wird. Im weiteren Verlauf soll dieses Buch zeigen, dass moralische Kritik mit der Wissenschaftsfreiheit sogar dann vereinbar ist, wenn man die Letztere auf diese besondere, anspruchsvolle Weise versteht.

Der angekündigte Autonomiegedanke wird in mehreren Schritten entwickelt. In diesem Kapitel geht es zuerst einmal darum, eine bestimmte Begründung dafür vorzustellen, dass Wissenschaftsfreiheit, wie sie gewöhnlich verstanden wird, ein wichtiges Gut darstellt.

Beginnen will ich allerdings mit einigen Annahmen über den Wert der *Wissenschaft*. Da diese Annahmen in keiner Weise originell oder sonderlich kontrovers sind, fasse ich mich sehr kurz.[70] Wissenschaft, so das Bundesverfassungsgericht in einem viel zitierten Satz, ist »jede Tätigkeit, die nach Inhalt und Form als ernsthafter und planmäßiger Versuch der Wahrheitsermittlung anzusehen ist«.[71] Dieser (wie mir scheint) treffenden Charakterisierung zufolge ist das Ziel der Wissenschaft die Wahrheit. Der spezifische Wert der Wissenschaft dürfte daher der Wert dieser systematischen Ermittlung der Wahrheit sein. Und es ist nicht schwierig, zu sehen, worin dieser Wert besteht. Zum einen können wahre Erkenntnisse, besonders über fundamentale Aspekte der Wirklichkeit und allgemeine explanatorische Zusammenhänge, als *intrinsisch*, also um ihrer selbst willen wertvoll gelten.[72] Zum anderen wird spätestens seit Beginn der Aufklärung der *praktische* Nutzen wahrer Erkenntnisse für menschlichen Fortschritt und Wohlstand betont.

Diese überaus knappen Bemerkungen sollen für die weitere Diskussion genügen. Wieso ist es nun wichtig, dass die so verstandene Wissenschaft *frei* ist? Vergegenwärtigen wir uns kurz, was genau diese Freiheit umfasst. In Deutschland ist die Freiheit der Forschung und Lehre ein Grund-

70 Für eine sehr hilfreiche und umfassende Darstellung der Ideengeschichte zum Wert der Wissenschaft und ihrer Freiheit, siehe Torsten Wilholt, *Die Freiheit der Forschung. Begründungen und Begrenzungen*, Frankfurt a. M. 2012. Die folgenden Abschnitte verdanken Wilholts Diskussion viel.

71 BVerfGE 35, 79 ⟨113⟩.

72 So heißt es bereits in Platons *Nomoi*: »Unter allen Gütern nun steht bei den Göttern, steht bei den Menschen die Wahrheit obenan« (730b-c). Auch in der aktuellen Philosophie finden sich Verteidigungen des intrinsischen Werts wahrer Erkenntnisse. Vgl. zum Beispiel Jonathan Kvanvig, »Pointless Truth«, in: *Midwest Studies in Philosophy* 32 (2008), S. 199-212; Michael Lynch, »The Values of Truth and the Truth of Values«, in: Adrian Haddocket al. (Hrsg.). *Epistemic Value*, Oxford 2009, S. 225-242.

recht, welches das Bundesverfassungsgericht wie folgt charakterisiert: »Art. 5 Abs. 3 Satz 1 GG gewährleistet dem Wissenschaftler einen gegen Eingriffe des Staates geschützten Freiraum, der vor allem die auf wissenschaftlicher Eigengesetzlichkeit beruhenden Prozesse, Verhaltensweisen und Entscheidungen bei dem Auffinden von Erkenntnissen, ihrer Deutung und Weitergabe umfaßt.«[73] Dieses Recht ist also in erster Linie ein Abwehrrecht gegen staatliche Einschränkungen, schließt aber nach herrschender Auffassung durchaus auch eine Pflicht zur Gewährleistung gewisser Mittel ein.

Welche Gründe sprechen nun also für diese Freiheit? Eine erste Antwort ist *instrumentell* und argumentiert, dass das Ziel der Gewinnung wahrer Erkenntnisse besonders effektiv gelingt, wenn die Wissenschaft die besagte Freiheit genießt. Das kann zum einen mit einem Mangel an Steuerbarkeit zu tun haben: Von außerhalb der Wissenschaft ist nicht vorherzusehen, welche Forschung welche Erkenntnisse produziert und welche wertvollen Implikationen sie haben werden. (Nur ein Beispiel: Riemanns Forschung zu nicht-euklidischer Geometrie musste zu ihrer Entstehungszeit als eine Übung von rein mathematischem Interesse gelten. Wir wissen erst heute, welche unerwarteten Früchte sie trug.) Zum anderen könnte ein Grund für die epistemische Effektivität einer freien Wissenschaft in der sozialen Dynamik eines »Marktes der Ideen« liegen: Im ungehinderten Wettstreit der Argumente und Theorien, so die Hoffnung, setzt die Wahrheit sich durch.[74]

Diese argumentativen Ansätze sind weit verbreitet, haben aber eine fatale Schwäche, die Torsten Wilholt benennt: Es handelt sich strukturell um »Klugheitsargumen-

73 BVerfGE 35, 79 ⟨112⟩.
74 Vgl. Wilholt, *Freiheit der Forschung*, Kapitel 4 (Seite 83 ff.).

te«, in denen die Freiheit eben instrumentellen Status hat.[75] Was wir aber suchen, ist eine Erwägung, die so entscheidend ist, dass sie der Freiheit der Forschung *den Status eines Grundrechts* sichern kann. Was ist damit gemeint? Instrumentelle Werte sind ihrer Natur nach nicht final, sondern stehen in Abwägung mit anderen Mitteln und anderen Zwecken. Wäre der Wert der Wissenschaftsfreiheit von dieser instrumentellen Art, müssten wir es generell für zulässig und möglich halten, sie zugunsten anderer politischer Ziele zu beschränken, oder ihre Beschränkung doch zumindest zu erwägen. Dies erscheint im Falle der Wissenschaftsfreiheit jedoch als ausgeschlossen. Es ist ihr absoluter, nicht-abwägbarer Stellenwert, der erklärt werden will, und dazu sind instrumentelle Erwägungen allein ungeeignet.

Ein anderes verbreitetes Argument für die Wissenschaftsfreiheit begegnet letztlich einer ähnlichen Kritik. Dieses Argument geht vom Wert der Freiheit im Allgemeinen aus und subsumiert die Wissenschaftsfreiheit. Wilholt fasst pointiert zusammen: »Wir schätzen Forschungsfreiheit, weil wir Freiheit überhaupt schätzen.«[76] Zwar wird der Wissenschaftsfreiheit hier nicht nur instrumenteller Wert zugewiesen. Aber der allgemeine Charakter des Arguments ist seine Schwäche, denn es lässt naturgemäß unerklärt, warum sich die Freiheit der Wissenschaft von anderen Freiheiten darin *unterscheidet*, dass wir in ihrem Falle viel weniger aufgeschlossen für Abwägung gegen andere Güter sind.

Mehr Erfolg verspricht ein Argument, das die jüngere philosophische Tradition anbietet und das Wilholt die *poli-*

75 Vgl. ebd., Kapitel 8 (S. 198 ff.).
76 Ebd., S. 43.

tische Begründung nennt.[77] Es besagt, dass eine freie Wissenschaft notwendige Bedingung für die Legitimität demokratischer Entscheidungen ist. Eine Variante dieses Arguments lässt sich dabei so verstehen, dass sie auf einer »epistemischen« Auffassung der Demokratie beruht. Wenn es nämlich der Zweck der Demokratie ist, durch die freie Deliberation der Bürger:innen zuverlässig zu richtigen, gut begründeten Entscheidungen zu gelangen, so ist es plausiblerweise unabdingbar, dass diese Bürger:innen einen umfassenden und nicht-gelenkten Zugang zu Information haben. Doch auch eine andere Konzeption der Demokratie ermöglicht ein ähnliches Argument. Dieser andere Ansatz sieht die Begründung für demokratische Verfahren darin, dass sie Entscheidungen in möglichst umfangreicher und zugleich unparteiischer Weise auf die Präferenzen der Bürger:innen abstimmt. Sie kann dann darauf verweisen, dass nur informierte aufgeklärte Bürger:innen ihre *wahren* Präferenzen geltend machen können und dass daher die Wissenschaftsfreiheit für die Erfüllung wahrer Präferenzen unabdingbar sei.

Diese Argumente sind ein Stück weit überzeugender. Gleichwohl bleiben bestimmte Schwächen. *Erstens* hängen sie offenkundig von bestimmten, nicht unkontroversen Annahmen über demokratische Legitimität ab. Viele demokratietheoretische Ansätze – etwa solche, die vor allem auf prozedurale Ideale der gleichen Verteilung von Macht unter Bürger:innen abstellen, zum Beispiel auf Nichtbeherrschung[78] oder auf soziale Gleichheit[79] – lassen keine

77 Für eine ausführliche Diskussion vgl. Wilholt, *Freiheit der Forschung*, Kapitel 9-12.

78 Philip Pettit, *Republicanism. A Theory of Freedom and Government*, Oxford 1997.

79 Niko Kolodny, *The Pecking Order. Social Hierarchy as a Philosophical Problem*, Cambridge, Mass. 2023.

Sonderrolle für besonders gut informierte Abstimmungen erkennen. Gewiss entscheiden Bürger:innen oft klüger, wenn sie besser informiert sind. Aber das muss nicht heißen, dass ihre politische Autorität als *demos* deshalb auf ihrem Informationsstand beruht.

Doch sogar dann, wenn wir eine epistemische Konzeption demokratischer Legitimität vertreten, ist nicht klar, wie wichtig es ist, dass zum Beispiel unser Wissen über Mathematik oder Physik jederzeit so avanciert ist wie möglich. Informationen, die direkt die praktischen Konsequenzen anstehender Entscheidungen berühren, mögen unabdingbar sein. (Für die Freiheit der *Presse* ließe sich auf diesem Wege durchaus besser argumentieren.) Die Wissenschaftsfreiheit entbindet die Forschung jedoch nicht zuletzt von der kurzsichtigen Orientierung an solchen Aktualitäten.

Ich habe noch einen *zweiten* Vorbehalt gegenüber dem politischen Argument: Es bindet die Bedeutung der Wissenschaftsfreiheit zu eng an die demokratische Herrschaftsform. Es liegt mir natürlich fern, den Wert der Demokratie zu bestreiten; aber die Bedeutung der Wissenschaftsfreiheit geht in ihrer demokratischen Rolle nicht auf. Das zeigt sich nicht zuletzt daran, dass einige Autor:innen diese Freiheit verteidigen, obwohl sie gleichzeitig politische Legitimität von der Zustimmung aufgeklärter Bürger:innen entkoppeln. Kant etwa verknüpft sein Plädoyer für den freien wissenschaftlichen Diskurs bekanntlich mit der Idee, dass der Gehorsam gegenüber Autoritäten *nicht* unter der Bedingung stehen dürfe, dass die wohlinformierten Bürger:innen die Gebote jener Autoritäten als vernünftig ansehen.[80]

Darin deutet sich an, dass es womöglich noch mehr gibt, das für Wissenschaftsfreiheit spricht. Ohne das politische Argument zurückzuweisen, empfiehlt sich also die Suche

80 Kant, »Beantwortung der Frage: Was ist Aufklärung?«, S. 32-42.

nach weiteren Begründungen. Orientieren muss sich diese Suche an den bisherigen Erkenntnissen: Die Begründung sollte mit der Natur der Wissenschaft selbst zu tun haben – nicht nur mit dem Wert der Freiheit im Allgemeinen noch mit der besonderen Funktion der Wissenschaft in der Demokratie. Und sie sollte nicht die Struktur eines instrumentellen Arguments haben.

Mir scheint: Ein gutes Argument müsste anders ansetzen. Es müsste zeigen, dass eine unfreie Wissenschaft nicht bloß weniger produktiv wäre oder eine spezielle politische Rolle nicht erfüllen würde, sondern dass sie ihres *Witzes* beraubt wäre. Dort, wo Wissenschaft in ihrem freien Gang behindert wird, so müsste die Pointe lauten, ist sie *gar keine* Wissenschaft.

Wie genau sähe so ein Argument aus? Schon das Zitat des Bundesverfassungsgerichts liefert einen Schlüsselbegriff, den der »wissenschaftlichen Eigengesetzlichkeit«. Damit dürfen wir für die Zwecke des gesuchten Arguments freilich nicht nur meinen, dass verschiedene Disziplinen oder Paradigmen ihre je eigenen, kontingenten und idiosynkratischen »Gesetze« haben. Vielmehr verlangt das Argument, dass es eine Eigengesetzlichkeit der Wissenschaft *qua* Wissenschaft gibt, so dass ein Eingreifen nicht nur das Funktionieren kontingenter methodischer Schulen oder Epochen, sondern der Wissenschaft *als solcher* gefährdet. Gibt es so eine Eigengesetzlichkeit?

Tatsächlich zielt Kants Argument für die Wissenschaftsfreiheit genau darauf:

> Allemal aber und ohne allen Zweifel ist es nützlich, die forschende sowohl, als prüfende Vernunft in völlige Freiheit zu versetzen, damit sie ungehindert ihr eigen Interesse besorgen könne, welches ebensowohl dadurch befördert wird, daß sie ihren Einsichten Schranken setzt, als daß sie

> solche erweitert, und welches allemal leidet, wenn sich fremde Hände einmengen, um sie wider ihren natürlichen Gang nach erzwungenen Absichten zu lenken.[81]

Kant geht davon aus, dass *die Vernunft* einen »natürlichen Gang« oder ein »eigen Interesse« habe und dass dieses Interesse durch »Einmengen« notwendigerweise Schaden nehme. Allerdings spricht diese Passage (aus der ersten Kritik) von Nützlichkeit; sie könnte daher auch als eine Variation eines Klugheitsarguments durchgehen. Aber in anderen Passagen macht Kant deutlich, dass es ihm um eine stärkere Ansicht geht. Nicht die Nützlichkeit oder Effizienz vernünftiger Forschung leidet durch jede äußere Lenkung, sondern ihre Integrität.

Und dass es so ist, liegt dabei nicht an den Funktionsprinzipien, die für die Institution Wissenschaft spezifisch wären, sondern an der Natur jeder genuin vernünftigen Aktivität. In Kants *Grundlegung* heißt es dazu:

> Nun kann man sich unmöglich eine Vernunft denken, die mit ihrem eigenen Bewußtseyn in Ansehung ihrer Urtheile anderwärts her eine Lenkung empfienge, denn alsdenn würde das Subject nicht seiner Vernunft, sondern einem Antriebe, die Bestimmung der Urtheilskraft zuschreiben.[82]

Eine Vernunft also, die nicht allein der inneren Logik eines Gedankengangs oder eines Erkenntnisprozesses folgt, kann ihre Aktivität gar nicht als ihre eigene anerkennen. Eine

81 Kant, *Kritik der reinen Vernunft*, A 744/B 772. (Ich verweise auf die Seitenzahlen der ersten (A) bzw. zweiten (B) Auflage, die in allen heute gebräuchlichen wissenschaftlichen Ausgaben angegeben sind.)

82 Immanuel Kant, *Grundlegung zur Metaphysik der Sitten*, in: ders., *Werke. Ausgabe der Königlich Preussischen Akademie*, Berlin 1903ff., Band IV, S. 448.

Analogie: Wir können während des Lösens einer Rechenaufgabe nicht an irgendeiner Stelle eine Wunschzahl einfügen und dann die Fortsetzung unserer Aktivität unbeeindruckt weiterhin als ein Lösen dieser Aufgabe verstehen.

Kant identifiziert hier eine wichtige Grundlage der Wissenschaftsfreiheit. Als eine paradigmatisch vernünftige Aktivität muss sie die Einmischung »fremder Hände« nicht nur als Hindernis verstehen, sondern als Pfusch, der sie vollständig verfremden würde.

Was Kants Überlegungen also enthalten, ist ein Argument, das ich *rationalistisch* nennen möchte. Diesem Argument zufolge beruht der Wert der Wissenschaft wesentlich auf dem Eigenwert einer *vernünftigen* Wahrheitssuche. Die Wissenschaft wäre dann als ein Bereich aufzufassen, der unter anderem auch der Verwirklichung dieses Eigenwertes dient. Und es ist dieser Wert, der nur dann realisiert wird, wenn die Vernunft ohne äußere »Lenkung« und nach ihren eigenen Kriterien verfahren kann.

Ich will versuchen, diese Kantische Einsicht im Rückgriff auf eine aktuelle Debatte weiter auszubuchstabieren. Auch diese Debatte dreht sich um die Eigengesetzlichkeit der Vernunft, konzentriert sich aber auf die Frage, was *Überzeugungen*, also – sozusagen – die Bausteine unseres theoretischen Überlegens, in ihrer Natur ausmacht.

Bernard Williams behauptet in einem vielzitierten Artikel, dass es für Überzeugungen definierend sei, auf Wahrheit zu zielen: *beliefs aim at truth*.[83] Was genau ist damit gemeint? In der Literatur, die an Williams anknüpft, herrscht zunächst einmal weitgehende Einigkeit darüber, dass es sich hier um ein wesentliches oder auch begriffliches Merkmal handelt. Auf Wahrheit zu »zielen« ist das, was Überzeu-

83 Bernard Williams, »Deciding to believe«, in: ders., *Problems of the Self*, Cambridge 1973, S. 136-151, hier S. 136.

gungen zu Überzeugungen macht und sie von anderen Einstellungstypen unterscheidet. Abgesehen davon scheiden sich die Geister aber an einer wichtigen Frage: Die Orientierung auf Wahrheit kann *deskriptiv* verstanden werden oder auch *normativ.*[84] Die überzeugendste Position scheint mir zu lauten: Sie ist beides.[85]

Ich erläutere beide Aspekte näher, beginnend mit dem deskriptiven. Es ist leicht zu prüfen, dass Wahrheit *de facto* die zentrale regulative Funktion in unserem Überzeugungshaushalt spielt. Eine Überzeugung zu haben ist sogar in der Tat nichts anderes, als einen bestimmten Inhalt als wahr anzusehen. Das zeigt sich insbesondere daran, dass es uns nicht gelingen will, aus dem Stegreif oder aus einer Willensentscheidung heraus ohne eine weitere Grundlage Überzeugungen auszubilden.

Falls Sie Zweifel haben, bitte ich Sie, probehalber einmal kurz zu glauben, dass hinter genau elf Häusern in Ihrem Wohnort eine rote Schaukel in einem Baum hängt. Sie sollen es wohlgemerkt nicht nur (laut oder im Inneren) *sagen*, *imaginieren* oder ähnliche Anstrengungen unternehmen – sondern es aufrichtig als wahr ansehen. Ich erwarte, dass Ihnen das nicht gelingen wird. Andererseits: Sobald Sie sich mit eigenen Augen oder aus anderer Quelle überzeugt

84 Für die deskriptive Lesart siehe beispielsweise Williams, »Deciding to believe«, und David Velleman, »On the aim of belief«, in: ders., *The Possibility of Practical Reason*, New York, Oxford 2000. Die normative Deutung findet sich zum Beispiel ebenfalls in Williams, »Deciding to believe«, sowie in Ralph Wedgwood, »The aim of belief«, in: *Philosophical Perspectives* 16 (2002), S. 267-297 und in Nishi Shah, »How truth governs belief«, in: *Philosophical Review* 112 (2003), S. 447-482.

85 Dafür argumentieren insbesondere Nishi Shah und David Velleman, »Doxastic deliberation«, in: *Philosophical Review* 114 (2005), S. 497-534.

haben, dass es sich mit den Schaukeln so verhält, können Sie schlechterdings nichts anderes mehr glauben. Unsere Überzeugungen hören nicht auf den Willen, sondern sie richten sich unwiderstehlich aus an dem, was unsere Quellen uns als wahr präsentieren.

Mancher Leser:in mag sich die Frage aufdrängen, ob Autosuggestion oder andere psychologische Strategien uns nicht doch eine größere willentliche Kontrolle über unsere Überzeugungen geben. Ich bin zwar skeptisch – doch das tut nichts zur Sache. Der zentrale Unterschied bleibt bestehen: Wo unsere Quellen uns etwas als wahr präsentieren, benötigen wir keinerlei Hilfsmittel, um eine entsprechende Überzeugung auszubilden. Psychologische Tricks sind also nur dort nötig, wo wir uns gegen die Orientierung an der Wahrheit stemmen.

Diesen ersten, deskriptiven Aspekt können wir so beschreiben, dass die Wahrheit unsere Überzeugungen *funktional reguliert*.[86] Freilich ist diese Regulation nicht perfekt: Es gibt Wunschdenken, hartnäckiges Festhalten an offenkundig Falschem etc. Aber diese Vorkommnisse sind deutlich als Defekte erkennbar, und auch sie unterliegen kaum unserem Willen. (Mitunter wäre es mir ganz recht, wenn Wunschdenken mir leichter von der Hand ginge ...) Wichtig ist dabei: Diese Regulation hat oft einen geradezu automatischen Charakter. Es sind nicht bewusst gesteuerte, subpersonale Mechanismen, die sie durchsetzen. Das spricht dagegen, dass es sich hier um eine Form einer Orientierung an rationalen Normen handelt. In der Tat wäre es ja einigermaßen überraschend, wenn eine Akzeptanz einer Norm ausgerechnet in diesem Falle eine derart unwiderstehliche Form annähme. Diese Regulation ist, so dürfen

86 Für eine erhellende Diskussion, siehe Velleman, »On the aim of belief«, besonders S. 252 ff.

wir sicherlich annehmen, ein Erbstück unserer Naturgeschichte.

Jedoch ist das Abzielen auf Wahrheit nicht nur ein robustes funktionales Merkmal. *Zweitens* ist Wahrheit auch *normativ* – sie ist der *Standard der Korrektheit* für Überzeugungen.[87] Damit ist eine Norm gemeint, die in dem Sinne fundamental ist, dass alle weiteren berechtigten normativen Forderungen an Überzeugungen (z. B. Normen der Rationalität) sowie die Regeln doxastischen Schließens sich aus jener Norm erklären lassen müssen.[88]

In direkter Form zeigt sich der fundamentale Status dieser Norm, so argumentiert Shah, an einer bestimmten Form der *Transparenz*:[89] Wenn wir vor der Frage stehen, ob wir glauben sollen, dass *p*, so können wir diese Frage direkt beantworten, indem wir fragen, ob *p*. Und wenn wir diese letztere Frage beantwortet haben, ist auch die erstere nicht länger offen. Sollten Sie z. B. glauben, dass der Himmel über Ihnen in diesem Augenblick wolkenlos ist? Die richtige Weise, diese Frage zu beantworten, ist offenbar: Sie schauen in den Himmel. Alles, was Sie zur Beantwortung Ihrer normativen Frage benötigen, finden Sie dort oben.

Dies also ist der *deskriptiv-funktionale* und *normative* Doppelsinn, in dem Überzeugungen auf Wahrheit abzielen. Handelt es sich dabei wirklich um separate Phänomene? Ist es nicht vielleicht nur so, dass durch die funktionale Regulation die normative Frage gegenstandslos wird – weil ja »sollen« bekanntlich »können« impliziert und wir ohne-

87 Vgl. Williams, »Deciding to believe«, Shah, »How truth governs«, und Clayton Littlejohn, *Justification and the Truth-Connection*, Cambridge 2012.

88 Siehe dazu Wedgwood, »The aim of belief«.

89 Shah, »How truth governs belief«, besonders S. 465 ff.

hin nur glauben *können*, was sich uns als wahr präsentiert? Nein – immerhin ist die funktionale Regulation unserer Überzeugungen durch die Wahrheit ja, wie gesagt, nicht perfekt. Und gerade die Fälle, in denen die Regulation nicht funktioniert, erscheinen als ausgeprägte *normative* Fehlleistungen.

Wie aber ist die »prästabilierte Harmonie« zwischen funktionaler und normativer Rolle des Prinzips zu erklären? Die Antwort erscheint mir naheliegend: Es handelt sich hier um den glücklichen Fall, in dem das, was evolutionär vorteilhaft wahr, uns auch in der Reflexion als wertvoll und als geeignete Grundlage einer Norm erscheinen kann. Die Ausrichtung auf Wahrheit ist ein Produkt unserer Naturgeschichte, das zugleich Gegenstand eines *reflective endorsement* ist (um einen Begriff bei Christine Korsgaard zu entleihen[90]). Einfach gesagt: Wenn es in uns etwas gibt, das ausschließlich für wahrheitsrelevanten *Input* empfänglich ist, dann sollten wir es, weil Wahrheit eben wertvoll ist, in genau dieser alleinigen Ausrichtung bestätigen.

Kehren wir zum Thema zurück: Wie verhalten sich diese Überlegungen zur Frage der Wissenschaftsfreiheit? Sie bestätigen, dass ein anderes Argument für diese Freiheit möglich ist, eben dasjenige Argument, das ich im Anschluss an Kant als *rationalistisch* bezeichnet habe.

Allerdings ist dabei Vorsicht geboten: Auch dann, wenn unsere theoretische Vernunft und unsere epistemischen Rationalitätsnormen ihrem Wesen nach auf Wahrheit zielen, muss das ja nicht heißen, dass sich dies direkt auf die Wissenschaft übertragen lässt. Das wäre nur dann zulässig, wenn wir davon ausgehen dürfen, dass die Regeln der theoretischen Vernunft oder der epistemischen Rationali-

90 Siehe Christine Korsgaard, *The Sources of Normativity*, Cambridge 1996, S. 49ff.

tät auch unmittelbar Regeln der Wissenschaft darstellen. Kant spricht zwar in den obigen Zitaten von Vernunft, wo es um die Freiheit des wissenschaftlichen Diskurses geht. Er vertritt damit eben die Auffassung, die ich *rationalistisch* genannt habe und der zufolge die Ziele und Regeln der epistemischen Rationalität zugleich die Ziele und Regeln für die Wissenschaft sind. Aber sollten wir das akzeptieren?

Das ist nicht selbstverständlich. Das Bundesverfassungsgericht spricht ja, wie eingangs zitiert, lediglich von *planvoller* Wahrheitsermittlung. Und es könnte doch immerhin sein, dass dieses systematische Projekt mit anderen Kriterien besser voranschreitet – mit Kriterien also, die von denen der epistemischen Rationalität abweichen. Und tatsächlich gibt es Argumente für die Ansicht, dass es der Wahrheitsermittlung förderlich sein kann, wenn Menschen innerhalb eines arbeitsteiligen Prozesses z.B. bestimmte Formen von Verzerrung (*bias*) zulassen, die von der epistemischen Rationalität abweichen – dass sie z.B. der Tendenz nachgeben, Belege für die je eigene Position systematisch zu überschätzen (*confirmation bias*). In einem »adversarialen« Zusammenspiel wird jede konkurrierende Position dann besonders parteiische Advokaten finden, und die Wahrheit kann sich umso effizienter durchsetzen.[91]

Nun mag eine solche sozialepistemologische Organisationsform ihre Vorzüge haben. Aber das ist in unserem Zusammenhang irrelevant. In jedem Falle ist es klar, dass sie nicht unserer Auffassung davon entspricht, was der Wissenschaft und ihrer Freiheit *Wert* verleiht.

Erstens erwarten wir von Wissenschaftler:innen, dass

91 Diesen Vorschlag formulieren Bjørn G. Hallsson und Klemens Kappel, »Disagreement and the division of epistemic labor«, in: *Synthèse* 197 (2020), S. 2823-2847.

sie in ihren Beiträgen eben nicht offen einem *confirmation bias* frönen. In einem Diskurs, der von parteiischen Plädoyers, suggestiver Rhetorik und einseitigen Blickwinkeln geprägt ist, würden wir keine seriöse Form von Wissenschaft erblicken. Zweitens entspricht ein solches Verständnis von Wissenschaft insbesondere nicht den Vorstellungen derer, die vor der Moralisierung der Wissenschaft warnen. Es geht hier ja auch darum, das Ideal der Wissenschaftsfreiheit zu verstehen, das die Kritiker:innen der moralischen Kritik (wenn ich so sagen darf) motiviert. Und die soeben beschriebene adversariale Praxis würde es ja durchaus sinnvoll erscheinen lassen, dass Wissenschaftler:innen auch ganz offen von moralischen und politischen Motiven geleitet agieren. Sofern verschiedene Teilnehmer:innen verschiedene politische Agenden verfolgen, dürfte dies dem beschriebenen Mechanismus epistemischer Arbeitsteilung ja zuträglich sein!

Wir sollten daher in der weiteren Argumentation eine *rationalistische* Auffassung der Wissenschaftsfreiheit vertreten, wie Kant sie vertritt. Demnach geht es in der Freiheit der Wissenschaft nicht nur um den Zweck der Ermittlung der Wahrheit, sondern auch um die *vernünftige Weise* dieser Ermittlung. Ein zentraler Wert, der das Recht auf die Freiheit der Forschung begründet, ist nicht-instrumentell. Er liegt in der freien Betätigung der Vernunft. Diese ist zwar ihrerseits auf Wahrheit bezogen, aber das heißt eben nicht, dass andere Wege zur Wahrheit den zugrunde liegenden Wert ebenso realisieren. Es wäre dieser Auffassung zufolge also nicht im Sinne der Wissenschaft, durch eine magische Pille plötzlich alle wahren Überzeugungen zu erwerben, weil der Weg dorthin eben kein vernünftiger wäre.

Diese Idee erklärt die verbreitete Haltung zur Wissenschaftsfreiheit: Jeder tatsächliche Eingriff in die Freiheit der Forschung ist deswegen schädlich, weil sie der Forschung den Charakter einer vernunftgeleiteten Aktivität nimmt – und damit ihren intrinsischen Wert.

Selbstverständlich ist diese emphatische Verknüpfung von Wissenschaft und Vernunft nicht unkontrovers. Und keinesfalls soll sie die kontingenten historischen Merkmale wissenschaftlicher Paradigmen leugnen.[92] Vor allem ist zu sagen: Obgleich Kants emphatische, rationalistische Konzeption der Wissenschaft mir selbst als plausibel erscheint, ist es im Kontext des vorliegenden Buches gar nicht so entscheidend, ob wir ihr Recht geben. Wichtiger ist, dass sie eine überzeugende *Interpretation* der Position derjenigen ist, die die Wissenschaftsfreiheit gegen moralische Kritik in Schutz nehmen möchten. Nur wenige Menschen würden eine ideologische Bevormundung der Wissenschaft prinzipiell beklagen, wenn sie Wissenschaft *ohnehin* als Ideologie begreifen – oder auch nur als eine Institution, deren Regeln keinerlei kontextübergreifende Gültigkeit haben. Wir sollten die Position der Kritiker:innen der moralischen Kritik für die Zwecke meines Arguments daher schärfer profilieren. Schließlich gilt: Die rationalistische Deutung macht die Herausforderungen, denen meine Verteidigung moralischer Kritik begegnen muss, eher schwieriger statt einfacher. Es dürfte daher keine Unredlichkeit sein, sie im Folgenden zu akzeptieren.

Dieser letzte Punkt sei noch einmal betont: Viele Leser:innen mögen Anstoß nehmen an dem universalistischen und rationalistischen Bild der Wissenschaft, das hier vorgeschlagen wird. Die Zweifel dieser Leser:innen sind gewiss nicht ohne Berechtigung, und ich habe hier nicht genug getan, um sie auszuräumen. Aber diejenigen,

92 Die klassische Studie zu diesem Aspekt wissenschaftlicher Paradigmen ist natürlich Thomas Kuhn, *The Structure of Scientific Revolutions*, Chicago 1962.

die Wissenschaft anders verstehen wollen würden, dürfen sich eingeladen sehen, meine Argumentation als *konditional* zu verstehen. Ich möchte zeigen: Sogar dann, *wenn* wir eine rationalistische Konzeption der Wissenschaft vertreten, ist damit nicht besiegelt, dass eine moralisch und politisch motivierte Kritik derselben unzulässig ist. Dieses Argument dürfte auch dann von Interesse sein, wenn die Leser:in selbst eine weitaus weniger hochtrabende Ansicht der Wissenschaft vertritt.

7. Der Evidentialismus

Das letzte Kapitel hat eine Interpretation der Idee der Wissenschaftsfreiheit vorgeschlagen. Dieser rationalistischen Interpretation zufolge genießt die Freiheit der Wissenschaft auch deshalb besonderen Schutz, weil sie als eine Sphäre zu verstehen ist, die der Verwirklichung einer essentiell eigengesetzlichen Aktivität unserer Vernunft vorbehalten ist.

In der Tat taucht dieser Gedanke in der zeitgenössischen Moralismus-Debatte auf, mitunter sogar ziemlich explizit. Beispielsweise interveniert der Statistiker Walter Krämer in diesem Sinne in eine Diskussion um Thesen von Bruno Klauk. Klauk hatte den IQ von Menschen mit Migrationsgeschichte erforscht und war zu dem Schluss gelangt, dass ihr durchschnittlicher IQ deutlich unter demjenigen anderer deutscher Bürger:innen liege. Krämer schreibt Folgendes über die scharfe moralische Kritik, der Klauk begegnet ist:

> Der vielfach geradezu mit Schaum auf dem Mund vorgetragene Widerstand gegen [Klauks] Arbeit ist vor allem ideologisch und nicht wissenschaftlich zu erklären; Vokabeln wie ›rassistische Parolen‹ haben in wissenschaftlichen Debatten nichts zu suchen. Hier geht es einzig und allein um wahr und falsch.[93]

93 Walter Krämer, »Kommentar zur Diskussion zum Aufsatz von B. Klauk«, in: *Wirtschaftspsychologie* Heft 2 (2020), S. 25-26, hier S. 25.

Hier wird, anders als im Zitat von Zehnpfennig im vorletzten Kapitel, nicht nur die moralische Kritik als ideologisch kritisiert. Sondern es wird außerdem darauf beharrt, dass diese Kritik einen wichtigen Aspekt der Wissenschaft missachte: den, dass es »einzig und allein um wahr und falsch« gehe.

Allerdings habe ich bislang nur dafür argumentiert, dass die Freiheit der Forschung diese Eigengesetzlichkeit schützen solle. Wieso moralische Kritik eine Gefährdung darstellen soll, bleibt noch zu zeigen. Dieses Kapitel expliziert die Maßstäbe, die sich aus dem »eigen Interesse« (Kant) der vernünftigen Wahrheitssuche ergeben. Wenn die Bausteine, also die *Inputs* und *Outputs* unserer epistemischen Vernunft, Überzeugungen sind und wenn Überzeugungen in einem funktionalen und normativen Doppelsinne auf Wahrheit zielen, wie beschränkt dies die Form der Begründungen, die als epistemisch rational gelten können?

Die Idee, dass die Wahrheit die Norm der Korrektheit für Überzeugungen ist, führt tatsächlich direkt auf eine allgemeine Konzeption epistemischer Rationalität, die den Namen *Evidentialismus* trägt. Zur näheren Charakterisierung dieser Position sei zuerst der Begriff eines *Belegs* (in der englischen Terminologie: der *evidence*) näher erklärt. Ein Beleg, so können wir sagen, ist einfach alles, was eine bestimmte *Rolle* spielt. Der wichtigste Aspekt dieser Rolle ist ihr Bezug zur Wahrheit: Als Belege für (bzw. gegen) eine Proposition können alle die Erfahrungen, Daten, Zeugnisse und dergleichen bezeichnet werden, die für (bzw. wider) die Wahrheit dieser Proposition sprechen. Diese wahrheitsbezogene Rolle von Belegen lässt sich probabilistisch modellieren: E ist ein direkter Beleg für H gdw. $P(H|B \& E) > P(H|B)$, wobei B für die Gesamtheit unseres sonstigen Wissens steht. In weniger direkten Fällen kann ein Beleg auch beeinflussen, ob und in welchem

Maße eine *andere* Erwägung die Rolle eines Belegs hat (etwa als ein sogenannter Anfechtungsgrund, ein *defeater*), oder als Beleg dafür fungieren, dass eine andere Erwägung (k)ein Beleg für etwas ist (als sogenannter Beleg höherer Ordnung). Weitere damit verknüpfte Aspekte der theoretischen Rolle von Belegen bestehen darin, dass sie konstitutive Elemente von Rechtfertigung und Wissen sind.

Welche Entitäten sind es nun genau, die diese theoretische Rolle tatsächlich spielen? Hier werde ich mich neutral verhalten, denn die Natur von Belegen ist umstritten. Einige Autor:innen identifizieren sie mit gegenwärtigen, bewussten *mentalen Zuständen*, andere fassen sie als *Tatsachen* auf, über die ein Subjekt in dem Sinne verfügt, dass es um sie weiß.[94] In dieser Frage müssen wir uns, wie gesagt, nicht festlegen. Wichtig ist die definierende Rolle von Belegen: für oder wider die Wahrheit von Propositionen zu sprechen, epistemisch zu rechtfertigen und Wissen zu verleihen.

Der Evidentialismus ist nun die These, dass *ausschließlich* Belege – also diejenigen Entitäten, die die beschriebene Rolle spielen – Gründe sind, die den Grad der epistemischen Rechtfertigung einer Überzeugung bestimmen können. Philosophiehistorisch wird diese Position etwa von David Hume oder William K. Clifford vertreten, aktuell z. B. von Jonathan Adler, Richard Feldman und Earl Conee.[95] Eine konzise Formulierung findet sich bei Hume:

94 Die erstere Auffassung vertreten zum Beispiel Earl Conee und Richard Feldman, *Evidentialism. Essays in Epistemology*, Oxford 2004. Der zweite Ansatz findet eine einflussreiche Verteidigung in Timothy Williamson, *Knowledge and its Limits*, Oxford 2000, Kap. 9.

95 David Hume, *Eine Untersuchung über den menschlichen Verstand*, übersetzt von Paul Richter, Hamburg 2015; William Kingdon Clifford, »The Ethics of Belief«, in: *The Contemporary Review* 29

»Ein besonnener Mann bemißt daher seinen Glauben nach der Evidenz«,[96] eine eindringliche bei Clifford: »Es ist immer, überall und für alle falsch, irgendetwas auf Basis ungenügender Belege zu glauben.«[97] Die genauen Formulierungen weichen zum Teil voneinander ab. Einige dieser Unterschiede beschäftigen uns an späterer Stelle noch, doch vorerst sind sie unerheblich.

Die vielleicht wichtigste Pointe des Evidentialismus ist negativ. Sie besteht darin, ungeeignete Maßstäbe und bloß scheinbare Gründe auszuschließen. Zunächst einmal gäbe es ja vieles, was das Haben bestimmter Überzeugungen vorteilhaft machen könnte. Es mag uns im Wettkampf motivieren, zu glauben, dass wir unschlagbar sind. Oder es mag, wie in Pascals berühmter Wette, die Aussichten für unser Seelenheil verbessern, zu glauben, dass es Gott gibt.[98] Nichts davon, so der Evidentialismus, ist ein echter *Grund* für die jeweilige Überzeugung. Praktische Vorteile, die uns aus Überzeugungen erwachsen, sind nicht wahrheitsrelevant und daher auch keine Belege. Wir können diese negative Pointe auch als eine Negation eines Slogans formulieren, der manchmal mit dem Pragmatismus verknüpft wird: Es spielt keine Rolle, wie gut eine Überzeugung in praktischer Hinsicht »funktioniert«[99] – das ist weder gleichbe-

(1876), S. 289-309; Jonathan Adler, *Belief's own Ethics*, Cambridge, Mass. 2002; Feldman und Conee, *Evidentialism*.

96 Hume, *Eine Untersuchung*, S. 122.

97 Clifford, »The Ethics of Belief«, S. 289, Übers. T. H.

98 Vgl. Blaise Pascal, *Gedanken*, mit Kommentar v. Eduard Zwierlein, Berlin 2012, § 233.

99 Der Slogan »Wahrheit ist, was funktioniert« stammt von William James, gilt aber gemeinhin als eine überspitzte und verkürzte Darstellung des pragmatistischen Wahrheitsbegriffs. Siehe William James, *The Meaning of Truth: A Sequel to »Pragmatism«*, New York und London 1909.

deutend mit Wahrheit noch ein Beleg für sie, und somit ist es schlechterdings kein epistemischer Grund *der richtigen Art* für eine Überzeugung.[100]

Dieser Evidentialismus ergibt sich nun ziemlich unmittelbar aus der obigen Idee, dass Wahrheit die Norm für Korrektheit von Überzeugungen ist. Wir können diesen Zusammenhang kurz darstellen, indem wir ein Argument von Nishi Shah skizzieren.[101]

Der zentrale Punkt seines Arguments ist eine These, die Bernard Williams in einem bekannten Artikel für den Fall *praktischer* Gründe vertritt.[102] Williams argumentiert in jenem Text nämlich, dass eine Erwägung nur dann ein normativer Grund für eine Handlung sein könne, wenn es für das Subjekt dieser Handlung möglich wäre, (unter anderem) auf der Basis dieser Erwägung zu entscheiden, sie auszuführen. Anders gesagt: Ein Grund muss etwas sein, von dem wir uns vorstellen können, dass er die deliberative Rolle eines Grundes spielt – nämlich als Prämisse im praktischen Überlegen, das vernünftigerweise zur fraglichen Handlung führt. (Williams leitet daraus bekanntlich ab, dass normative Gründe »intern« sein müssen, in dem Sinne, dass sie einen Ansatzpunkt in den Motiven der Akteur:in haben.)

Wir können dies als die *deliberative Anforderung an Gründe der richtigen Art* bezeichnen. Shah argumentiert nun, dass wir an die Kategorie eines epistemischen Grundes eine analoge Anforderung stellen sollten. Auch ein epistemischer Grund muss also die Rolle einer Prämisse im ra-

100 Zum Begriff der Gründe der richtigen und falschen Art vgl. zum Beispiel Jan Gertken und Benjamin Kiesewetter, »The right and the wrong kind of reasons«, in: *Philosophy Compass* 12 (2017).

101 Nishi Shah, »A new argument for evidentialism«, in: *Philosophical Quarterly* 56 (2006), S. 481-498.

102 Bernard Williams, »Internal and External Reasons«.

tionalen theoretischen Überlegen spielen können. Shah kombiniert diese deliberative Bedingung mit der Prämisse, dass die Wahrheit die Norm für Korrektheit von Überzeugungen ist. Was ergibt sich daraus? Das wird erkennbar, wenn wir beispielsweise überlegen, wie Pascals Argument für den Glauben an die Existenz Gottes in ein explizites theoretisches Überlegen übersetzt werden könnte. Wir könnten zunächst vorschlagen, das Argument in der folgenden Weise zu rekonstruieren:

> Es ist für die Aussichten meines Seelenheils in jedem Falle besser, wenn ich die Überzeugung akzeptiere, dass Gott existiert.
>
> ———
>
> Ergo, ich sollte die Überzeugung akzeptieren, dass Gott existiert.

In dieser Form sieht der Schluss durchaus einleuchtend aus, auch wenn ich natürlich nicht behaupten will, dass Pascals Überlegungen in dieser karikaturhaften Kürze angemessen zur Geltung kommen. Der wichtige Punkt ist aber: Dieser Schluss ist *nur* überzeugend, wenn wir die Konklusion – also eine normative Aussage in Bezug auf eine Überzeugung – in einer Weise verstehen, die Wahrheit *nicht* als Norm der Korrektheit von Überzeugungen ansieht.

Warum? Nun, wenn Wahrheit die Norm der Korrektheit von Überzeugungen ist, gilt:

> *Norm der Korrektheit (in Anwendung auf Pascals Argument)*
> Ich sollte die Überzeugung, dass Gott existiert, dann und nur dann akzeptieren, wenn Gott existiert.

Daraus ergibt sich die Forderung, dass die Konklusion unseres Schlusses umformulierbar sein muss. Und diese Umformulierung macht die Schwierigkeit unübersehbar:

Es ist für die Aussicht meines Seelenheils in jedem Falle besser, wenn ich die Überzeugung akzeptiere, dass Gott existiert.

———

Ergo, Gott existiert.

Dieser Schluss erscheint nun überhaupt nicht mehr als einleuchtend, sondern als abwegig. Wir können die Schwierigkeit mit Hilfe einer Terminologie von Derek Parfit beschreiben: Die Prämisse bezieht sich auf Vorzüge, die sich aus dem Zustand des Überzeugtseins ergeben. Sie drückt also das aus, was Parfit einen *zustands-gegebenen* Grund nennt.[103] Die reformulierte Version des Schlusses macht aber deutlich, dass es für die Konklusion etwas braucht, das den *Inhalt* der Überzeugung stützt, ein *inhalts-gegebener Grund*. Dies wäre eine Prämisse, die nicht nur dafür spricht, im Zustand der Überzeugung zu sein, sondern dafür, *dass Gott existiert*.

Das heißt: Wenn Wahrheit die Norm der Korrektheit für Überzeugungen ist, dann kann nur das als eine Prämisse im doxastischen Überlegen fungieren, was für oder gegen die Wahrheit einer Überzeugung spricht. Und wir wissen bereits, dass dies die definierende Rolle eines Belegs ist. So ist Shahs Argument für den Evidentialismus vollständig: Alle Gründe der richtigen Art für Überzeugungen sind Belege für die Wahrheit derselben (oder, in indirekten Fällen, *defeater* solcher Belege, oder Belege höherer Ordnung und so fort).

Damit ist ein weiterer Schritt in meiner Interpretation der Wissenschaftsfreiheit getan. Das Recht auf Freiheit der Forschung speist sich aus dem Gedanken, dass die Wissenschaft ein Bereich ist, in dem unsere epistemische Vernunft

103 Parfit, *Personen, Normativität, Moral*, S. 164ff.

in geschützter Weise eigengesetzlich agieren kann. Innerhalb dieses Bereiches gilt die Wahrheit als Norm der Korrektheit, und das bedeutet, wie wir nun sehen, dass Gründe der richtigen Art Belege für Wahrheit sind.

Was ist hier der Bezug zu moralischer Kritik? Ich erinnere an die Analyse des moralistischen Fehlschlusses: Wenn eine deskriptive These im logischen Konflikt steht mit einer moralischen Überzeugung, so ist dies kein Grund, die Wahrheit der deskriptiven These in Zweifel zu ziehen. Die Begründung, die ich dafür vorgelegt hatte, war dabei – wie die Leser:in sich erinnern wird – gerade *epistemologischer* Art. Es erwies sich als erkenntnistheoretisch unplausibel, dass wir zuerst Kenntnis von moralischen Qualitäten partikularer Entitäten haben und dann auf dieser Basis ihre deskriptiven Merkmale erkennen. In der Terminologie, die hier eingeführt wurde, heißt das einfach: Ein Konflikt mit einer moralischen Überzeugung *kann kein Beleg gegen die Wahrheit einer deskriptiven These sein.*

Genau genommen ist diese letzte Aussage etwas stärker als das Resultat des fraglichen Kapitels. Gezeigt wurde dort ja nur, dass die moralische Beurteilung einer partikularen Handlung nicht als Prämisse in einem *deduktiven* Schluss fungieren kann, in dem auf deskriptive Merkmale dieser Handlung geschlossen wird. Doch die epistemologische Erklärung, die ich für den Fehler angeboten habe, ist allgemein genug, um auch induktive, evidenzbasierte Schlüsse abzudecken. Wenn es also stimmt, dass wir nur auf dem Wege einer Erkenntnis der deskriptiven Merkmale partikularer Entitäten zu einer moralischen Beurteilung derselben gelangen können, dann fällt die moralische Beurteilung als mögliche Quelle von Belegen für jene deskriptiven Merkmale vollständig aus.

8. Die Autonomie der Wissenschaft

Die Resultate der letzten Kapitel haben uns dem Gedanken der *Autonomie der Wissenschaft* bereits nähergebracht. Sie lauten: Das Grundrecht auf Wissenschaftsfreiheit beruht unter anderem auf der Idee, unsere Vernunft ungehindert ihren eigenen Gesetzen folgen zu lassen, und dazu gehört es, dass unsere Vernunft nur Belege als Gründe anerkennen muss.

So anspruchsvoll diese Resultate aber auch sind, sie sind noch nicht anspruchsvoll genug für eine adäquate Interpretation der Position der Moralismus-Kritiker:innen. Denn wir verstehen zwar im Prinzip, wieso äußere Eingriffe und Beschränkungen dieser Freiheit nicht zulässig sind. Gänzlich unerklärt ist aber noch, wieso die Wissenschaftsfreiheit durch *moralische Kritik* gefährdet wird. Wieso sollte bloße Kritik die Freiheit beschränken? Es wäre wenig überzeugend, wenn Kritiker:innen des Moralismus behaupten würden, dass es einen direkten Pfad von moralischer Kritik zu echten physischen Angriffen gäbe. Gewiss, ich habe eingangs betont, dass die Kritik mitunter von Handgreiflichkeiten und Störungen begleitet wird. Aber es besteht eben auch der Verdacht, dass die moralische Kritik *selbst* bereits in einer Spannung zur Freiheit der Forschung und Lehre steht. Ich möchte daher die Vorbehalte zum Anlass für die Suche nach einem besseren Verständnis nehmen.

Ich schlage vor: Genau die Gründe, die der Forschungsfreiheit im geläufigen Sinne zugrunde gelegt werden, sprechen auch dafür, dass sich die Maßstäbe, die in der öffentlichen *Debatte* und *Kritik* einer wissenschaftlichen Position als relevant behandelt werden, ebenfalls an den Zielen der Wissenschaft ausrichten sollten. Wer andere Maßstäbe anlegt, missachtet damit genau die Werte, die dem Schutz der Wissenschaftsfreiheit zugrunde liegen.

Ich präsentiere zwei verwandte Argumente für diese Idee. Ein erstes nenne ich das *Unabtrennbarkeitsargument*, das zweite kann als das *instrumentelle Argument* bezeichnet werden.

Das Unabtrennbarkeitsargument basiert auf einem Gedanken von Kant und Mill, dem Gedanken nämlich, dass die öffentliche Kritik wissenschaftlicher Resultate selbst ein *Teil* der Forschung ist. Es ist ein wichtiger Probierstein für die Geltung einer Hypothese, ob ihre Begründung einer öffentlichen Prüfung standhält. So schreibt Kant, der »Ausspruch [der Vernunft] [sei] jederzeit nichts anderes als die Einstimmung freier Bürger«.[104] Natürlich kann damit nicht die Idee verknüpft sein, dass Bürger:innen jederzeit auf Augenhöhe mit Exptert:innen diskutieren. Es ist heute, mehr als zur Zeit Kants und Mills, unübersehbar, dass der Fortschritt der Wissenschaft es unmöglich macht, dass ein aufgeklärtes Publikum alle wissenschaftlichen Positionen und Begründungen noch im Detail nachvollziehen kann.

Aber Kants und Mills Punkt kann auch als bescheidener verstanden werden. Er besagt: Kritische Einwände gegen eine wissenschaftliche These sind nicht allein deswegen von der Hand zu weisen, weil sie nicht von Expert:innen stammen. Es gibt keinen *prinzipiellen* Grund, warum nicht auch die öffentliche Debatte dann und wann echte Beiträge zum Prozess der Erkenntnis beisteuern könnte, indem sie

104 Kant, *Kritik der reinen Vernunft*, A738/B766.

Kritik und Rückfragen formuliert. Nun können wir argumentieren: Wenn die öffentliche Debatte also nicht strikt vom wissenschaftlichen Diskurs ausgeschlossen sein soll, dann müssen wir an jene Debatte eben die Forderungen richten, die für den wissenschaftlichen Diskurs insgesamt gelten. Anders gesagt: Wir können nicht einerseits die Wissenschaft auf epistemische Rationalität und Belege verpflichten und andererseits *gleichzeitig* erwarten, dass sie auf eine öffentliche Kritik reagiert, die ganz anderen Kriterien folgt, etwa religiösen Dogmen, politischen Zielen – oder der Moral.

Mein zweites Argument ist das instrumentelle. Es verlässt sich nicht auf die starke These, dass die öffentliche Kritik ein integraler Teil der Forschung sei. Auch ohne diese Behauptung gilt nämlich, dass zumindest die *instrumentellen* Gründe, die für eine freie Forschung sprechen, zugleich dafürsprechen, dass die Bedingungen *der Akzeptanz* der Forschungsresultate unsere Zwecke nicht durchkreuzen. Um es einfach zu sagen: Eine Wissenschaftler:in, die mit ihren Erkenntnissen nicht durchdringt, weil wir irrelevante Kriterien anwenden, ist uns ebenso wenig nützlich wie eine Wissenschaftler:in, die diese Erkenntnisse erst gar nicht erzielen durfte. Wenn diese Wissenschaftler:in neben der Wahrscheinlichkeit ihrer Resultate z. B. auch noch deren Konformität mit moralischen oder religiösen Idealen verteidigen muss, so ist diese zusätzliche Schwelle für unsere Interessen hinderlich. Stattdessen sollten auch die Maßstäbe, die die öffentliche Diskussion anlegt, sich ausschließlich an das halten, was dem zentralen epistemischen Ziel – der Wahrheit – dient.

Diese Idee, dass die Wissenschaft nicht nur frei von äußeren Beschränkungen, sondern auch frei von verfehlten Maßstäben in der öffentlichen Kritik sein sollte, bezeichne ich als die *Autonomie der Wissenschaft*. Da die Argumentation für verschiedene Teile dieser Idee einige Kapitel benötigt hat, fasse ich das Resultat nun zusammen. Die Erwägungen, die den Wert der Wissenschaftsfreiheit begründen, führen nicht nur auf ein Abwehrrecht gegen äußere Eingriffe und Behinderungen, sondern auch auf diese drei positiven Prinzipien:

> *Autonomie der Wissenschaft*
> *a) Autonomie:*
> Die Beurteilung und Kritik einer wissenschaftlichen These darf nur davon abhängen, ob sie den spezifischen Korrektheitsmaßstäben der Wissenschaft genügt.
> *b) Evidentialismus:*
> Eine These genügt den spezifischen Korrektheitsmaßstäben der Wissenschaft gdw. es hinreichende Belege für ihre Wahrheit gibt.
> *c) Anti-Moralismus:*
> (Nicht-)Übereinstimmung mit moralischen Überzeugungen ist kein Beleg für (wider) die Wahrheit einer deskriptiven These.

Mir erscheint diese Sichtweise als plausibel, und ich glaube, dass sie zumindest ungefähr den Überzeugungen entspricht, die viele Verfechter:innen der Wissenschaftsfreiheit vertreten.

Es bleibt zu klären, wie genau das »darf« im ersten dieser Prinzipien zu verstehen ist. Um welche Art von Forderung handelt es sich hier? Da das zweite Prinzip die Maßstäbe epistemischer Rationalität als relevant identifiziert, liegt es nahe, auch das erste Prinzip als ein Erfordernis der *epistemischen Rationalität* zu begreifen. Das Autonomieprinzip hätte demnach dieselbe Art von normativer Kraft wie etwa die Vorschrift, keine widersprüchlichen Propositionen zu glauben. Doch das ist nicht die einzige Option: Ich habe auch dafür argumentiert, dass instrumentelle Verteidigungen der Forschungsfreiheit meine Thesen begründen können. Das »darf« bzw. »soll« lässt sich demnach auch als ein instrumentelles praktisches Sollen verstehen, das auf den Nutzen der rationalen Wahrheitssuche abhebt.

Schließlich gibt es auch die Möglichkeit, den Evidentialismus als eine *ethische* Position zu verstehen, es also als eine Art moralische Verbindlichkeit anzusehen, uns in unserem Denken streng und unparteilich an Belege zu halten. So wird Cliffords eigene Position etwa mitunter als eine *Ethik der Überzeugungen* im Wortsinn verstanden – eine Lesart, der ich für meinen Teil auch durchaus etwas abgewinnen kann.[105] Aber ich klammere sie für den Zweck meiner Argumentation in diesem Buche ein. Es wäre allzu einfach, schon hier zu verkünden, dass unsere Vorstellungen epistemischer und wissenschaftlicher Rationalität auch einen moralischen Charakter haben. Denn zunächst einmal bin ich ja noch den Nachweis schuldig, dass moralische Erwägungen für die epistemische Vernunft nichts Äußerliches sind.

Treten wir jedoch kurz einen Schritt zurück: Der zurückliegende Teil dieses Buches hat erklärt, wieso bestimmte Formen der moralischen Kritik eine Gefährdung der Wissenschaftsfreiheit sein könnten. Ein Kapitel hat einen prinzipiellen Fehler in diesen Formen der Kritik identifiziert und konnte so verständlich machen, warum Beschwerden über Moralismus, Dogmatismus und Ideologie nicht immer haltlos sind. Zwei weitere Kapitel haben dann gezeigt, warum diese problematische Form von Kritik mit den Werten kollidiert, die der Wissenschaftsfreiheit zu-

105 Vgl. das Kapitel zu *ethics of belief* in Clayton Littlejohn und J. Adam Carter, *This is Epistemology*, Hoboken 2021.

grunde liegen. Wer also eine solche Kritik übt, moralisiert nicht nur, sondern tut es in einer Weise, die den spezifischen Wert einer freien Wissenschaft missachtet.

III. WIDER DAS REINHEITSGEBOT IN DER EPISTEMOLOGIE

9. Die Idee und einiges aus ihrer Vorgeschichte

Die bisherigen Resultate machen wenig Hoffnung für eine Verteidigung moralischer Kritik: Die Autonomie der Wissenschaft verlangt, wissenschaftliche Thesen nur daran zu messen, ob es hinreichende Belege für ihre Wahrheit gibt. Unsere moralischen Überzeugungen aber dürfen nicht als Belege fungieren, sonst droht ein moralistischer Fehlschluss. Kurz: Es darf nur um wahr und falsch gehen, Moral aber sagt über wahr und falsch nichts aus.

Ist die Unmöglichkeit einer berechtigten moralischen Kritik damit besiegelt? Nicht notwendig. Die These *Autonomie der Wissenschaft* verlangt zwar, dass die öffentliche Kritik an der Wissenschaft sich ausschließlich an Kriterien der epistemischen Rationalität orientieren darf. Auch die Kritik der Wissenschaft, ebenso wie diese selbst, darf also nur nach wahr und falsch und nach Belegen dafür fragen. Aber es gibt noch eine Chance für moralische Kritik. Sie kann nämlich dann gerechtfertigt sein, wenn ihre Kriterien mit denen der epistemischen Rationalität koinzidieren. Die *Autonomie der Wissenschaft* führt also auf die Notwendigkeit dessen, was in der Einleitung als eine *interne* Konzeption moralischer Kritik bezeichnet wurde.

Eine solche Konzeption lässt sich verteidigen. Ich nutze dabei ein Schlupfloch im Autonomieprinzip. Auch wenn moralische Erwägungen keine Belege sind, so können sie doch an anderer Stelle eine Rolle spielen: Moral kann in der Frage relevant sein, wann Belege *hinreichend* sind. Ich werde vorschlagen, dass die Schwelle für hinreichende Belege unter anderem von Irrtumskosten abhängt – also von praktischen Kosten, die drohen, wenn wir nach einer Hypothese handeln und sie falsch ist. Diese Kosten haben oft auch moralisches Gewicht. Daher können dieselben Faktoren, die eine These als *epistemisch ungenügend gerechtfertigt* ausweisen, zugleich bedingen, dass es *moralisch fahrlässig* ist, sie zu akzeptieren.

Diese Idee ist nicht neu. Sie hat Vorläufer in der Wissenschaftstheorie, speziell in einer langlebigen Debatte um Werte und Wertfreiheit in den Wissenschaften. In einer viel zitierten Arbeit aus dem Jahre 1953 formuliert Richard Rudner den Gedanken, den auch ich verteidige:

> Weil keine wissenschaftliche Hypothese jemals vollständig verifiziert ist, muss ein Wissenschaftler mit dem Akzeptieren einer Hypothese entscheiden, dass die Belege ausreichend stark oder die Wahrscheinlichkeit ausreichend hoch ist, um diese Akzeptanz zu rechtfertigen. Offensichtlich wird unsere Entscheidung über die Belege und darüber, wie stark ›stark genug‹ ist, davon abhängen, wie wichtig es – im normalen, meist ethischen Sinne – ist, ob wir beim Akzeptieren oder Verwerfen der Hypothese einen Irrtum begehen.[106]

Rudners Idee, die auf die Irrtumskosten und ihre moralische Bewertung abzielt, akzeptiere ich. Aber in der Philosophie geht es nicht nur um die These, sondern um die Argumente für sie. Und es ist die Argumentation, die Rudner für seine Einsicht vorbringt, die zu kurz greift.

Dabei kommt sein Argument zunächst bestechend daher: Da vollständige Bestätigung außerhalb der formalen Disziplinen kein vernünftiges Kriterium ist, müssen »offen-

106 Rudner, »The Scientist *qua* Scientist«, S. 2, Übers. T.H.

sichtlich« andere Erwägungen den Maßstab setzen. Die Risiken einer irrtümlichen Akzeptanz (die Carl Hempel später als das *inductive risk* bezeichnet hat) bieten sich als relevante Erwägungen an. Und wenn diese Risiken praktischer Natur sind, was hält dann die Moral ab, ein Wort mitzusprechen? Die Moral kann gewissermaßen eine Leerstelle besetzen, die die theoretische Vernunft lässt.

Doch schon Autoren wie Richard Jeffrey[107] und Isaac Levi[108] weisen darauf hin, dass es durchaus nicht »offensichtlich« ist, dass epistemische Kriterien auf Vervollständigung von außerhalb angewiesen sind. Immerhin gibt es neben dem Grad der Bestätigung durch Belege weitere *epistemische* Werte – etwa die Einfachheit der Hypothese, ihre explanatorische Kraft etc. –, bei denen nicht klar ist, ob sie nicht für sich selbst ausreichen, um zu entscheiden, wann wir den Belegen für sie trauen sollten. Wenn dies so wäre, dann sprächen die Argumente für die Autonomie der Wissenschaft weiterhin dafür, die epistemischen Kriterien ungestört ihre Rolle erfüllen zu lassen. Noch einmal: Die Forderung, in der Wissenschaft so weit wie möglich nur Wahrheitsrelevantes zählen zu lassen, ist nicht leicht von der Hand zu weisen.

Entsprechend haben die klassischen Beiträge zur Wissenschaftstheorie, die Rudners Argument zur Kenntnis nehmen, ihm allenfalls eingeschränkt zugestimmt.[109] Und

107 Richard Jeffrey, »Valuation and acceptance of scientific hypotheses«, in: *Philosophy of Science* 22 (1956), S. 237-46.

108 Isaac Levi, »Must the scientist make value judgments?«, in: *Journal of Philosophy* 57 (1960), S. 345-357.

109 So etwa Hempel und Nagel: Carl G. Hempel, *Aspects of Scientific Explanation*, New York 1965, und Ernest Nagel, *The Structure of Science. Problems in the Logic of Scientific Explanation*, New York 1961.

obwohl Rudners Idee weiterhin Fürsprecher:innen hat,[110] ist die Mehrheitsposition eine skeptische.[111]

Dieses Buch verteidigt eine Version von Rudners Idee. Aber ich will betonen, dass die Skepsis ihre Berechtigung hat. Ein wichtiger Grund für diese Skepsis ist dabei, soweit ich sehe, noch gar nicht benannt worden. Es ist nämlich – auch ganz ohne Rekurs auf weitere »epistemische Werte« – unklar, warum die Belege für eine Hypothese nicht ganz allein eine Schwelle für berechtigte Akzeptanz definieren können. Gewiss ist Rudner darin Recht zu geben, dass Hypothesen niemals als vollständig bestätigt gelten können. Aber die Belege für eine Hypothese kennen mehr als ein Ganz-oder-gar-Nicht. Sie stehen auch in einem *Verhältnis* zueinander. Eine Hypothese kann einfach *stärkere* Belege für sich haben als ihre Alternativen. Immerhin verfährt die Hypothesenbildung in den Wissenschaften typischerweise kontrastiv – es wird gefragt, welche Hypothese aus einer Reihe von Alternativen akzeptiert werden soll. Und dieses kontrastive Verfahren legt eine natürliche Schwelle nahe: den *Vergleich* der Belege. Sollte dieses Kriterium – die Stützung durch Belege, die *im Vergleich die stärksten* sind – nicht genügen? In anderen Bereichen unserer Vernunft gilt es geradezu als eine Platitüde, dass eine Option gerechtfertigt ist, wenn die Gründe für sie im Vergleich die stärksten sind. Im *praktischen* Überlegen ergibt die Idee einer »vollständigen« Rechtfertigung nicht einmal Sinn!

110 Erwähnenswert ist insbesondere Heather E. Douglas, »Inductive Risk and Values in Science«, in: *Philosophy of Science* 67 (2000), S. 559-579, sowie Douglas, *Science, Policy and the Value-free Ideal.*

111 So urteilt Douglas, *Science, Policy, and the Value-free Ideal.* Ein namhafter Vertreter der skeptischen Position ist Hugh Lacey, *Is Science Value-free? Values and Scientific Understanding*, New York 1999.

Dieser Einwand ist wichtig. Rudners Argument (und die Reaktionen auf dasselbe) lassen eine sehr naheliegende Möglichkeit, vernünftige Akzeptanz *rein auf Basis der Belege* zu erklären, gänzlich unberücksichtigt. Daher ist es alles andere als klar, ob es hier überhaupt eine Leerstelle zu füllen gibt. Und solange es sich so verhält, müssen wir vorderhand davon ausgehen, dass praktische Irrtumskosten und ihr moralisches Gewicht vom Standpunkt der Wissenschaft äußerliche Erwägungen darstellen – Erwägungen also, an denen eine autonome Wissenschaft sich nicht sollte orientieren müssen.

Es gibt einen verwandten Bereich der Wissenschaftstheorie, in dem ähnliche Ideen diskutiert worden sind. Ich denke an ein kontroverses Thema in der Theorie der statistischen Bewertung von Hypothesen. Ein wichtiges Verfahren dieser Hypothesen-Testung erfordert es, dass ein *Signifikanzniveau* definiert wird. Das heißt: Es wird erst ein Modell dafür vorgelegt, wie wahrscheinlich verschiedene Resultate einer Erhebung sind, falls die Hypothese falsch und stattdessen eine Nullhypothese wahr ist. Diese Wahrscheinlichkeit heißt »*p*-Wert«, und das Signifikanzniveau ist eine Schwelle für diesen *p*-Wert. Wird dieser Wert unterschritten, so gilt es als hinreichend unwahrscheinlich, dass die tatsächlich erhobenen Daten erhoben worden wären, wenn die Nullhypothese wahr wäre. Diese Schwelle nun wird durch rein epistemische Erwägungen nicht eindeutig festgelegt; für gewöhnlich wird ein konventioneller Wert von 0,05 oder 0,01 gewählt. Aus diesem Grunde wird mitunter die Forderung laut, dass praktische und moralische Belange in der Definition dieses Niveaus Berücksichtigung finden sollten.[112]

112 Douglas, »Inductive Risk«, und Stephen T. Ziliak und Deirdre N. McCloskey, *The Cult of Statistical Significance: How*

Doch auch diese Überlegungen sind nicht geeignet, die Relevanz moralischer Erwägungen für wissenschaftliche Rechtfertigung zu begründen. Es ist wahr, dass das Signifikanzniveau nicht durch rein epistemische Kriterien festgelegt wird. Allerdings ist seine Bedeutung ohnehin unklar. Man kann argumentieren, dass die Erforderlichkeit eines Signifikanzniveaus ein Artefakt einer Methode ist, die – ihrer Popularität ungeachtet – epistemologisch gesprochen alles andere als zwingend motiviert ist.[113] Das sei zumindest in ein paar technischen Bemerkungen erläutert.

Die Festlegung eines Signifikanzniveaus bestimmt über die Güte (speziell: die »Sensitivität«), die eine Erhebung von Daten als Test für eine Hypothese hat. In dieser Hinsicht hat diese Größe unbestritten praktische Berechtigung. Aber sie ist nicht mit *der* Wahrscheinlichkeit befasst, die vom erkenntnistheoretischen Gesichtspunkt aus letztlich zentral ist. Denn dieses Signifikanzniveau ist, wie gesagt, ein Standard für die Wahrscheinlichkeit einer bestimmten Datenlage, gegeben, dass die Nullhypothese wahr (und die Hypothese selbst falsch) ist. Und es ist ein – weithin als solcher anerkannter[114] – Fehler, aus diesem Wert auf die Wahrscheinlichkeiten der Nullhypothese

the Standard Error Costs Us Jobs, Justice, and Lives, Ann Arbor 2008.

113 Die folgenden Anmerkungen sind sträflich kurz. Für eine hilfreiche Zusammenfassung der kritischen Diskussion über Signifikanztests siehe Raymond S. Nickerson, »Null Hypothesis Significance Testing: A Review of an Old and Continuing Controversy«, in: *Psychological Methods* 5 (2000), S. 241-301. Hilfreiche philosophische Diskussionen finden sich in Colin Howson, »A Logic of Induction«, in: *Philosophy of Science* 64 (1997), S. 268-290, und Peter Achinstein, *The Book of Evidence*, New York und Oxford 2001.

114 Vgl. etwa das Statement der American Statistical Association zur korrekten Deutung von *p*-Werten und Signifikanz: Ronald L. Wasserstein und Nicole A. Lazar, »The ASA Statement on *p*-Values:

(oder der Hypothese) *selbst* zu schließen. Der Übergang von der Frage »Wie wahrscheinlich ist diese Datenlage, gegeben die Nullhypothese?« zur Frage »Wie wahrscheinlich ist die Nullhypothese, gegeben diese Datenlage?« wird erst unter Hinzuziehung weiterer Größen (den *prior probabilities*) und mit Hilfe des Theorems von Bayes errechenbar. Und dieser Schritt ist zweifellos wichtig. Er bewahrt zum einen vor dem Fehler, die Relevanz der Basisrate zu ignorieren.[115] Zum anderen ist es, wie gesagt, erkenntnistheoretisch plausibel, dass das eigentliche Ziel der Forschung diese *posterior probability* ist, die Wahrscheinlichkeit *der Hypothese* im Licht der Daten.[116]

Wenn dies korrekt ist, ist die Festlegung eines Signifikanzniveaus in der wissenschaftlichen Praxis vielleicht nützlich, vom erkenntnistheoretischen Gesichtspunkt aus aber nicht zentral. Denn über die epistemische Rechtfertigung einer Hypothese entscheidet in letzter Instanz eine Wahrscheinlichkeit, deren Bestimmung unabhängig davon möglich ist, dass wir ein Signifikanzniveau überhaupt festlegen. Und ob diese *eigentlich* relevante Wahrscheinlichkeit – eben die Wahrscheinlichkeit der Hypothese, gegeben unsere Daten – eine bestimmte Schwelle passieren muss, bleibt völlig unklar. Nach allem, was gesagt wurde,

Context, Process, and Purpose«, in: *The American Statistician* 70 (2016), 129-133.

115 Vgl. Howson, »A Logic of Induction«, und Walter Krämer und Gerd Gigerenzer, »How to Confuse with Statistics or: The Use and Misuse of Conditional Probabilities«, in: *Statistical Science* 20 (2005), S. 223-230.

116 Dies betont z.B. Regina Nuzzo: »A *P* value [...] cannot answer a researcher's real question: what are the odds that a hypothesis is correct?« Siehe Regina Nuzzo, »Statistical Errors: P values, the ›gold standard‹ of statistical validity, are not as reliable as many scientists assume«, in: *Nature* 506 (2014), S. 150-152.

ließe sich weiter behaupten, dass die *relative* Höhe der Wahrscheinlichkeit der Hypothese im Vergleich zu den alternativen Hypothesen entscheidend ist. An dieser wichtigen Stelle ist ein Rekurs auf praktische Werte noch immer nicht zwingend begründet.

So ergibt sich die Aufgabenstellung für diesen Teil des Buches. Ich werde davon ausgehen, dass epistemisches Überlegen sich in seiner Struktur und seinen inhärenten Normen nicht anders verhält als vernünftiges Überlegen in anderen Bereichen. Das heißt, ich gehe von einem Kriterium des *relativen Gewichts der relevanten Gründe* aus. Zudem akzeptiere ich die *evidentialistische* Ansicht, dass epistemische Gründe für Überzeugungen einzig und allein Belege für ihre Wahrheit sind. Die Idee der *Autonomie der Wissenschaft* gebietet dann, dass jede Kritik an der Wissenschaft sich mit diesen mageren Ressourcen bescheiden muss. Wenn es eine Hoffnung für Rudners Idee gibt, muss sie damit auskommen.

10. Belege und der Standard für Rechtfertigung

Es gibt einen Standard für epistemische Rechtfertigung, und dieser Standard wird zum Teil durch praktische Faktoren festgelegt – durch Faktoren, die neben ihrer epistemischen auch eine moralische Signifikanz haben. So lautet die generelle Idee, die ich hier verfolgen möchte.

Das letzte Kapitel hat deutlich gemacht, dass man es sich mit dieser Idee nicht zu leicht machen darf. Ob es eines solchen Standards bedarf und ob er nicht allein mit epistemischen Mitteln zu definieren ist, ist unklar. Das Ideal *Autonomie der Wissenschaft*, das weiter oben erläutert und verteidigt wurde, verbietet es dabei, der theoretischen Vernunft Maßstäbe aufzuerlegen, die sich nicht aus ihr selbst ergeben. Deshalb benötigt mein Argument eine Art *Schlupfloch* oder *Einfallstor* für die Moral – also Kriterien, die sich rein epistemologisch als relevant erweisen lassen, die aber unabhängig davon *auch* moralische Signifikanz besitzen.

Ich komme zunächst kurz auf den Evidentialismus zurück. Wie oben erwähnt, lässt der evidentialistische Grundgedanke verschiedene Formulierungen zu. Diese sollten wir nun unterscheiden. Eine erste Variante betrifft sogenannte *Überzeugungsgrade*. Zur Erläuterung: Es ist alltäglich vertraut, dass wir oft nicht etwa *ganz oder gar nicht*, sondern *mehr oder minder* von etwas überzeugt sind. Disziplinen wie die formale Erkenntnistheorie und die Bayesianische Entscheidungstheorie behandeln solche Überzeugungsgrade probabilistisch, als *subjektive Wahr-*

scheinlichkeiten.[117] Für solche graduellen Überzeugungszustände liegt eine evidentialistische Theorie daher besonders nahe. Immerhin wird auch die Stärke von Belegen, wie gesagt, oft probabilistisch modelliert. Was läge also näher als die Forderung, unsere Überzeugunsgrade sollten genau dem Grad entsprechen, in dem unsere Belege für die Wahrheit des jeweiligen Inhalts sprechen? Und tatsächlich sind einige traditionelle Formulierungen des Evidentialismus so zu verstehen. Bereits Humes *Enquiry* erläutert die evidentialistische Auffassung in exakt dieser Weise.[118]

Jedoch verwenden wir auch Begriffe für epistemische Zustände mit binärem Ganz-oder-gar-nicht-Charakter. Wir sagen, dass wir etwas glauben, vertreten oder wissen *simpliciter*. Wenn wir nun zulassen möchten, dass eine solche nicht-graduelle Überzeugung auch dann gerechtfertigt sein kann, wenn ihre Belege nicht den allerletzten Restzweifel ausräumen, stellt sich die Frage, *wie stark* Belege denn sein müssen, um solche Überzeugungen zu rechtfertigen. Das relevante Stichwort findet sich in Cliffords bereits zitiertem evidentialistischen Credo: »Es ist immer, überall und für alle falsch, irgendetwas auf Basis ungenügender Belege zu glauben.«[119] Wann genau, so ist zu fragen, sind Belege denn *genügend*?

Doch auch für nicht-graduelle Überzeugungen gibt es eine naheliegende Antwort auf diese Frage, und sie scheint denkbar wenig mit Irrtumskosten oder Moral zu tun zu haben. Sie lautet: Was darüber bestimmt, ob die Belege für eine Hypothese ausreichend sind, ist nichts anderes als *das relative Gewicht der Belege für die Alternativen.* Wenn

117 Eine umfassende neue Darstellung des Bayesianismus ist Michael Titelbaum, *Fundamentals of Bayesian Epistemology*, 2 Bde., Oxford 2022.

118 Hume, *Eine Untersuchung*, S. 122.

119 Clifford, »The Ethics of Belief«, S. 289, Übers. T. H.

z. B. die Belege für die Proposition, dass *p*, stärker sind als die Belege für die Alternative $\neg p$, sind die Belege für *p ausreichend*, und die Überzeugung, dass *p*, ist demnach *gerechtfertigt*.

Wenn sich diese Antwort als haltbar erwiese, hätte dies mindestens zwei Vorteile. Erstens könnten wir dem Evidentialismus dann eine sehr starke Formulierung geben – etwa die, dass Rechtfertigung *von nichts anderem abhängt* als von den verfügbaren Belegen. Diese Ansicht wird gegenwärtig zum Beispiel von Conee und Feldman vertreten, und sie lässt sich als Supervenienzthese fassen: Wenn zwei Individuen über exakt dieselben Belege verfügen, gleichen sie sich notwendig auch darin, welche Überzeugungen für sie gerechtfertigt sind.[120]

Zweitens würde sich diese Antwort bestens einfügen in das Verständnis von Gründen und Rechtfertigung, das für andere Bereiche, etwa den der praktischen Vernunft, anerkannt ist. Dort gilt es als ausgemacht, dass eine Handlung gerechtfertigt ist, wenn die Gründe, die für sie sprechen, nicht schwächer sind als die Gründe für die verfügbaren Alternativen.[121] Mit den Belegen, die allein als Gründe für Überzeugungen fungieren, wäre es dann auch so.

Speziell diesen letzten Punkt möchte ich betonen. Es ist ja mein Anliegen, meiner These ein Fundament in einer Theorie der epistemischen Rationalität zu geben. Und ich denke in der Tat, dass das Kriterium der relativen Stärke in der praktischen wie in der epistemischen Rationalität

120 Siehe Conee und Feldman, *Evidentialism*.

121 Eine mittlerweile kanonische Formulierung stammt von Derek Parfit: »Unsere Gründe, etwas zu tun, sind hinreichend, wenn diese Gründe nicht schwächer sind als unsere Gründe, auf irgendeiner der möglichen anderen Weisen zu handeln«, in: Parfit, *Normativität, Personen, Moral*, S. 141.

zentral ist. Daher schlage ich folgendes allgemeines Prinzip vor:

> *Relative Stärke*
> Eine Option (z. B. eine Handlung in einer praktischen Entscheidung, eine Überzeugung im theoretischen Überlegen) ist genau dann hinreichend gerechtfertigt, wenn die relevanten Gründe für sie nicht schwächer sind als die Gründe für jede inkompatible Alternative.

Für den praktischen Fall ist diese Idee, wie gesagt, weithin anerkannt. Übrigens spreche ich von »nicht schwächer als« statt von »mindestens ebenso stark wie«, weil gerade im praktischen Bereich mitunter geltend gemacht wird, dass einige Gründe in ihrer Stärke nicht oder nicht präzise vergleichbar sind. Sie können stattdessen inkommensurabel sein[122] oder nur *in etwa* vergleichbar[123] oder *auf einer Ebene* (*on a par*).[124]

Die Motivation für dieses Prinzip ist einleuchtend: Wenn wir feststellen, dass es für eine bestimmte Option keine Alternative gibt, die besser begründet wäre – welchen Einwand kann es dann noch gegen sie geben? Oder umgekehrt: Wenn es nicht gerechtfertigt ist, eine bestimmte Option zu ergreifen, *heißt* das nicht einfach, dass mehr für eine Alternative spricht?

122 Vgl. Joseph Raz, »Incommensurability and Agency«, in: ders., *Engaging Reason: On the Theory of Value and Action*, Oxford 1998, und John Broome, »Is Incommensurability Vagueness?«, in: Ruth Chang (Hrsg.), *Incommensurability, Incomparability, and Practical Reason*, Cambridge, Mass. 1997, S. 67-89.

123 Derek Parfit, *Reasons and Persons*, Oxford 1984, Teil IV.

124 Ruth Chang, »The Possibility of Parity«, in: *Ethics* 112 (2002), S. 659-688.

Nun kombinieren wir diesen Gedanken mit einer evidentialistischen These:

Evidentialistische Gründe
Relevante Gründe für eine Überzeugung, dass *p*, bestehen ausschließlich in Belegen dafür, dass es wahr ist, dass *p*. Die Stärke dieser Gründe ist proportional zum Grad der Bestätigung von *p* durch diese Belege.

Diese Prinzipien, *Relative Stärke* und *Evidentialistische Gründe*, spitzen das Problem für meine Idee zu: Wenn Rechtfertigung für Überzeugungen sich so verhält wie Rechtfertigung in anderen Bereichen, und wenn rechtfertigende Gründe für Überzeugungen nur Belege sind – dann scheinen die Belege durch ihr relatives Gewicht jeden Rekurs auf einen weiteren Standard überflüssig zu machen. Wenn eine autonome Wissenschaft also nur die Kriterien der epistemischen Rationalität anerkennt, dann scheint *kein* Platz zu bleiben für etwas anderes als für die Belege und ihr relatives Gewicht – und definitiv kein Platz für die Moral.

An dieser Stelle nun mache ich Einspruch geltend. Ich behaupte im Anschluss an Autoren wie Gilbert Harman[125] und Mark Schroeder,[126] dass die Frage, wann Belege ausreichend sind, etwas anders ausfallen muss. Insbesondere ist es nicht allein das relative Gewicht der Belege, das die Schwelle für Rechtfertigung festlegt. Hier findet sich das Einfallstor für die Moral, das mein Argument benötigt. Allerdings, und dies wird die Pointe des Arguments sein,

125 Gilbert Harman, »Practical Aspects of Theoretical Reasoning«, in: Alfred Mele et al. (Hrsg.), *Oxford Handbook of Rationality*, Oxford 2002, S. 45-56.

126 Mark Schroeder, »Stakes, withholding, and pragmatic encroachment on knowledge«, in: *Philosophical Studies* 160 (2012), S. 265-285, und ders., *Reasons First*, Oxford 2021.

können wir dennoch an *Relative Stärke der Gründe* und *Evidentialistische Gründe* festhalten.

Ich beginne mit einer Beobachtung Gilbert Harmans: Anders als soeben angedeutet wurde, scheint eine gewisse Asymmetrie zwischen theoretischem und praktischem Überlegen zu bestehen. Für den letzteren Fall stimmt Harman der herrschenden Auffassung zu: Eine Handlung ist gerechtfertigt, wenn keine stärkeren Gründe für ihre Alternativen sprechen. Aber, so Harman: Im theoretischen Überlegen verhält es sich offenbar anders. Wir finden es für die Rechtfertigung einer Überzeugung, dass *p*, gemeinhin *nicht* ausreichend, dass die Belege für das Gegenteil (dass $\neg p$) auch nicht besser sind. Ein Beispiel: Angenommen, Sie wissen, dass eine Urne nur weiße und rote Kugeln enthält, und zwar gleich viele von jeder Farbe. Das wird Ihnen kaum als rationale Basis für die Überzeugung erscheinen, dass die erste Kugel, die zufällig gezogen wird, rot sein wird. Mehr noch: Sogar wenn Belege ein wenig stärker sind, erscheint dieses schwache Übergewicht oftmals nicht als ausreichend für eine gerechtfertigte Überzeugung. Wenn die Urne eine riesige Menge Kugeln enthält, die alle weiß oder rot sind, und wenn die Anzahl der roten Kugeln genau *eine* mehr ist als die Anzahl der weißen, werden Sie sich ebenfalls kaum darauf festlegen, die erste Kugel sei rot.

Also reicht ein Gleichgewicht, oder auch ein leichtes Übergewicht, intuitiv nicht aus, um die Belege für eine bestimmte Überzeugung als ausreichend zu qualifizieren. Das heißt: Belege müssen offenbar sogar dann, wenn sie die Stärke der konkurrierenden Belege bereits übertroffen haben, eine *weitere* Schwelle passieren. Diese weitere Schwelle lässt sich dann aber nicht im Rückgriff auf die Belege allein erklären. Denn die einzige Schwelle, die die Belege ihrer Natur nach definieren, *ist* die, die von ihrer Stärke und der Stärke der konkurrierenden Belege gebildet wird. Ist diese Beleg-interne Schwelle erst übertroffen, braucht es *eine andere*. Mark Schroeder fasst dies so zusammen: »[Harmans] Problem der *close ties* zeigt, dass wir ein unabhängiges Verständnis davon benötigen, was Belege ausreichend macht – wir können es nicht einfach als Produkt des Abwägens gegen konkurrierende Belege ablesen.«[127]

Wir können diesen Eindruck mit Hilfe bekannter Beispiele stützen, in denen sogar sehr starke Belege nicht für eine gerechtfertigte Überzeugung genügen. Angenommen etwa, es gibt einen Aufstand auf dem Innenhof eines Gefängnisses.[128] Es befinden sich 100 Gefangene in dem Hof. Die Aufnahmen der Sicherheitskameras zeigen uns im Nachhinein, dass nur eine Person während des Aufstands unbeteiligt blieb; sie erlauben es uns aber nicht, diese unschuldige Person zu identifizieren. Wir haben nun eine der hundert Personen vor uns. Dürfen wir davon ausgehen, dass sie schuldig ist? Natürlich ist dies im Lichte unserer Belege zu 99 % wahrscheinlich. Wir dürfen also glauben, dass sie *sehr wahrscheinlich* schuldig ist. Aber dürfen wir rundheraus überzeugt sein, dass sie es *ist*?

Das wäre ungerechtfertigt. (Wären wir überzeugt, dass sie schuldig ist, so wäre es z. B. nur natürlich, ihr Vorwürfe zu machen. Dafür scheint uns die Basis zu fehlen.) Sogar ein hoher Grad an evidentieller Stützung kann, mit Cliffords Ausdruck, ungenügend sein.

Man mag nun versucht sein, an die einzige andere Schwelle zu denken, die die Belege durch ihre eigene Stärke definieren können – nämlich an unumstößliche Gewissheit.

127 Schroeder, *Reasons First*, S. 141, Übers. T. H.

128 Das Beispiel stammt aus: Charles R. Nesson, »Reasonable Doubt and Permissive Inferences: the Value of Complexity«, in: *Harvard Law Review* 92 (1979), S. 1187-1225.

Vielleicht ist eine Überzeugung in Wahrheit nur dann gerechtfertigt, wenn unsere Belege ihr die Wahrscheinlichkeit 1 verleihen? Dieser Vorschlag hätte die Folge, dass Überzeugungen niemals gerechtfertigt sind, wenn sie es mit etwas anderem als dem Bereich mathematischer und logischer Wahrheiten zu tun haben. Und das ist nicht nur unplausibel, sondern erzeugt Probleme für diese Theorie selbst. Zum einen ist da das Problem der Selbstanwendung: Wir dürfen diese philosophische These *ihr selbst zufolge* nicht gerechtfertigt glauben. Zum anderen: Auch wenn wir die Selbstanwendung außen vor lassen, müssten wir uns dieser Theorie zumindest so gewiss sein dürfen, dass wir rationalerweise *alle* anderen Überzeugungen (außer logisch-mathematischen) in ihrem Namen fahren lassen dürfen. Wir können der Theorie kaum *diesen* Grad an Überzeugungskraft zuschreiben.

Es ist daher sicherlich vernünftiger, Rechtfertigung nicht an vollständige Gewissheit zu binden. Und das führt zu unserem Problem: Oft liegt der erforderliche Grad irgendwo zwischen der Stärke der konkurrierenden Belege und unumstößlicher Gewissheit. Und das zeigt: Anders als in einer praktischen Entscheidung scheint es im theoretischen Falle Bedarf an einem unabhängigen *Standard für Rechtfertigung* zu geben. Dieser Standard, so scheint es, wird offenbar durch etwas anderes als durch Belege festgelegt. Die Belege machen es sozusagen nicht einfach unter sich aus, wann sie ausreichen.

Verabschieden wir uns damit vom Evidentialismus? Das hängt davon ab. Wir lassen in der Tat eine bestimmte Version hinter uns, nämlich die These, dass alle Tatsachen über Rechtfertigung ausschließlich in Tatsachen über verfügbare Belege bestehen (oder über ihnen supervenieren, wie Conee und Feldman behaupten). Aber das bedeutet nicht, den Evidentialismus *in toto* aufzugeben. Zum einen können wir weiterhin den Evidentialismus bezüglich gradueller Überzeugungen vertreten. Zum anderen, und wichtiger, können wir auch für nicht-graduelle Überzeugungen eine bestimmte Version des Grundgedankens beibehalten. Wir können unverändert sagen, dass rechtfertigende Gründe für solche Überzeugungen nur Belege für ihre Wahrheit sind. Nur Belege tragen also zur Rechtfertigung einer Überzeugung bei. Bloß die Frage, *wie viele* Belege für die Rechtfertigung erforderlich sind, wäre eine, für die wir zusätzliche, nicht-evidentielle Überlegungen benötigen.

Anders gesagt: Wir können durchaus am Prinzip *Evidentialistische Gründe* festhalten. Aber wie steht es um das andere Prinzip, *Relative Stärke*? Auf den ersten Blick ist schwer zu sehen, wie es bestehen können soll. Es jedoch aufzugeben wäre in der Dialektik meiner Argumentation ein erheblicher Nachteil. Gewiss, Harmans Beobachtungen sind schwer von der Hand zu weisen. Aber ich wiederhole: Es ist für mein Argument wichtig, die Möglichkeit moralischer Kritik *aus* einem Verständnis epistemischer Vernunft und epistemischer Gründe heraus zu entwickeln. Nur so lässt sich zeigen, dass eine autonome Wissenschaft durch diese Kritik nicht bevormundet wird. Daher wäre es ein ausgesprochener Nachteil, wenn wir an dieser Stelle einfach verkünden müssten, dass epistemische Rechtfertigung eben offenbar »irgendwie anders« funktionieren muss als Rechtfertigung im praktischen Bereich.

Aber hier hilft uns ein Vorschlag von Mark Schroeder aus der Verlegenheit. Schroeder entwickelt eine Theorie des Standards, die dem allgemeinen Verständnis von Gründen, das auch im praktischen Bereich gilt, vollumfänglich treu bleibt.[129]

Schroeder schlägt vor: Wir können erstens an *Eviden-*

129 Siehe Schroeder, »Stakes, withholding«, und ders., *Reasons First.*

tialistische Gründe festhalten, an der These also, dass Gründe für Überzeugungen nur Belege sind. Gründe für die Überzeugung, dass p, sind also nur Belege für die Wahrheit von p, Gründe für die gegenteilige Überzeugung, dass $\neg p$, sind nur Belege für die Wahrheit von $\neg p$. Zweitens, so Schroeder, können wir auch an dem Kriterium der relativen Stärke von Gründen festhalten. Wie ist das mit Harmans Beobachtungen zu vereinbaren? Indem wir uns erinnern, dass Alternativen dazu, zu glauben, dass p, nicht nur *andere Überzeugungen* sind – sondern auch die *Enthaltung*. Unsere Darstellung des Problems hat unterschlagen, dass wir nicht maximal meinungsfreudig sind. Es gibt zahllose Propositionen (wenn wir uns über die Individuation einig wären, würden wir vermutlich sagen wollen: die meisten), in Bezug auf die wir uns *enthalten*. (Glauben Sie, Cäsar hatte 4 Muttermale auf dem rechten Schulterblatt? Oder glauben Sie, er hatte dort *nicht* 4 Muttermale? Ich unterstelle, dass Sie beides nicht glauben.)

Wir können also sagen: Die Gründe zu glauben, dass p, sind ausreichend, wenn sie mindestens so stark sind wie die Gründe, *nicht* zu glauben, dass p – solange es klar ist, dass *nicht* zu glauben, dass p, eben nicht zwingend beinhalten muss, zu glauben, dass $\neg p$. Und das bedeutet, dass wir die Belege für p nicht nur mit den Belegen für gegenteilige Überzeugungen vergleichen müssen, sondern auch mit den Gründen für die weitere Option, die Enthaltung. Der gesuchte Standard ergäbe sich dadurch, dass die Belege für p auch dann, wenn sie stärker sind als die Belege für $\neg p$, vielleicht nicht stärker sind als die Gründe *für die Enthaltung*. Das relative Gewicht der Gründe für die Alternativen, *alle* Alternativen, bestimmt den Standard.

Wenn wir diese konservative und vereinheitlichende Erklärung des Standards vertreten wollen, müssen wir aber, wie Schroeder beobachtet, eine bestimmte Auffassung über Gründe für Enthaltungen vertreten. Eine zunächst naheliegende Auffassung würde ja lauten, dass eine Enthaltung in der Frage, ob *p*, gerechtfertigt ist, wenn die Belege für alle definitiven Überzeugungen in dieser Frage nicht ausreichend sind. Doch mit dieser Auskunft stünden wir wieder ohne eine Erklärung dafür da, *was* denn Belege ausreichend *macht*. Der Witz an Schroeders Vorschlag ist es gerade, diese Erklärung umzukehren. Wenn es unabhängige, positive Gründe für eine Enthaltung gibt, dann können diese Gründe und ihr relatives Gewicht *erklären*, ob und wann die Belege für definitive Überzeugungen ausreichend sind.

Mir erscheint dieser Vorschlag extrem attraktiv.[130] Er verbindet ein evidentialistisches Verständnis epistemischer Gründe mit der verbreiteten Ansicht, dass Gründe ausreichend sind, wenn ihr relatives Gewicht im Vergleich zu konkurrierenden Gründen nicht kleiner ist. Dabei erlaubt er es trotzdem, Harmans Beobachtungen gerecht zu werden.

Diese Idee verdient es daher, ebenfalls in eine offiziellere Form gebracht zu werden:

Relative Stärke (ergänzt)
Eine Überzeugung, dass *p*, ist genau dann hinreichend gerechtfertigt, wenn die Belege für die Wahrheit von *p* keine schwächeren Gründe darstellen als (i) die Belege für die al-

130 Natürlich begegnet auch dieser Vorschlag kritischen Einwänden, die weiterer Diskussion bedürften. Für einige bedenkenswerte Kritikpunkte an Schroeders Ansatz (sowie eine Verteidigung einer alternativen Begründung für *pragmatic encroachment*) siehe Eva Schmidt, »Reasons, Attenuators, and Virtue: A Novel Account of Pragmatic Encroachment«, in: *Analytic Philosophy* (2023), S. 1-23 (*online first*).

ternativen Überzeugungen und (ii) die Gründe für eine Enthaltung.

Gibt es positive Gründe für Enthaltungen? Schroeder zufolge sind Beispiele leicht benannt. Wenn wir etwa wissen, dass wir in Kürze weitere Belege erhalten werden, oder wenn es praktisch ratsam ist, eine Antwort nicht zu überstürzen, *und* wenn uns zugleich nichts dazu nötigt, uns zu einem frühen Zeitpunkt festzulegen – dann kann es gerechtfertigt sein, sich in der Frage, ob p, der Überzeugung zu enthalten. Solche Gründe sind aber offenbar nicht selbst *Belege* für eine der Antworten auf die Frage, ob p. Sie sprechen weder für noch gegen die Wahrheit von p oder von $\neg p$. So lässt sich erklären, warum Belege für die Antworten auf die Frage, ob p, nicht allein bestimmen, wann eine Überzeugung gerechtfertigt ist.

Dies ist eine wichtige Pointe: Wir haben einen Punkt gefunden, an dem auch eine anderweitig streng evidentialistische Auffassung epistemischer Rationalität auf Gründe rekurrieren kann, die *nicht* den Charakter von Belegen haben. Wir können dabei bleiben, dass relevante epistemische Gründe für Überzeugungen ausschließlich Belege sind, und müssen lediglich auf den Umstand verweisen, dass Überzeugungen unsere Alternativen im Bereich des Epistemischen typischerweise nicht erschöpfen. Deshalb gibt es im Inneren einer strengen Auffassung epistemischer Rationalität Bedarf an weiteren Gründen.

Das ist genau das Einfallstor, das eine interne Konzeption moralischer Kritik benötigt.

11. *Pragmatic Encroachment*

Epistemische Rechtfertigung ist das gemeinsame Werk von zweierlei Faktoren: von Belegen, die rechtfertigende Kraft haben, und von Erwägungen, die einen Standard für sie bestimmen. Um was für »Erwägungen« geht es? Wenn wir an Schroeders Analyse des Standards denken, können wir spezifischer fragen: Was kann Grund für eine *Enthaltung* sein?

Es ist wichtig zu bedenken, dass hier nicht nach »Erwägungen« gefragt ist, die selbst die Rolle von *Gründen für Überzeugungen* übernehmen müssten. Der Grundgedanke des Evidentialismus, dass *diese* Rolle nur von Belegen für die Wahrheit und Falschheit von Propositionen gespielt wird, bleibt unangetastet. Und sofern darüber Klarheit besteht, gibt es vielleicht weniger Skrupel, jene anderen Faktoren in ganz anderen Bereichen zu suchen.

Einige Autor:innen schlagen nun in der aktuellen Debatte vor, dass das Gesuchte zum Teil *praktischer* Natur ist.[131] Sie behaupten: Der Standard für die epistemische

131 Eine Auswahl der wichtigen Veröffentlichungen: Keith DeRose, »Solving the Skeptical Problem«, in: *Philosophical Review* 104 (1995), S. 1-52; ders., *The Case for Contextualism: Knowledge, Skepticism, and Context*, Bd. 1, Oxford 2009; Jeremy Fantl und Matthew McGrath, »Evidence, Pragmatics, and Justification«, in: *Philosophical Review* 11 (2002), S. 67-94; dies., *Knowledge in an Uncertain World*, New York 2009; John Hawthorne, *Knowledge and Lotteries*, Oxford 2004; Jason Stanley, *Knowledge and Practical Interests*, Oxford 2005; Brian Weatherson, »Can we do

Rechtfertigung einer Überzeugung hängt davon ab, welcher *Schaden* droht, wenn wir uns im Handeln auf diese Überzeugung verlassen und falschliegen. Rechtfertigung ist sensitiv für *Kosten des Irrtums.*

Diese These ist bekannt als *Pragmatic Encroachment*, denn sie behauptet ein »Einschleichen« praktischer Kosten- und Nutzenerwägungen in den Bereich epistemischer Kriterien. Warum »Einschleichen«? Es ist, wie gesagt, die negative Pointe des Evidentialismus, dass praktische Vorteile und Nachteile nicht als Gründe für Überzeugungen gelten dürfen. (Egal, wie vorteilhaft der Glaube an Gott für unsere Aussichten im Jenseits wäre – derlei Vorteile sind für den Evidentialismus kein Grund zu glauben, da sie keine Belege für Wahrheit sind.) Verfechter:innen des *Pragmatic Encroachment* ruinieren diese negative Pointe nicht, sondern nutzen das Einfallstor, von dem zuletzt die Rede war. Sie verweisen darauf, dass die Theorie epistemischer Rechtfertigung neben Gründen, die Überzeugungen rechtfertigen, jene Faktoren anführen muss, die die zweite Rolle spielen: den Standard für Belege festzulegen, unterhalb dessen eine Überzeugung nicht gerechtfertigt und eine Enthaltung angezeigt ist.

Dieses Kapitel soll das *Pragmatic Encroachment* plausibilisieren. Speziell präsentiert es eines der Hauptargumente für diese Sichtweise, das insbesondere Jeremy Fantl und Matthew McGrath formulieren. Es gründet sich auf eine Art Verknüpfung oder einen *Nexus* zwischen theoretischer und praktischer Vernunft. Dieser Nexus besteht, vorgreifend gesprochen, darin, dass eine Überzeugung, die epistemisch gerechtfertigt ist, *ipso facto* gut genug gerechtfertigt

without Pragmatic Encroachment?«, in: *Philosophical Perspectives* 19 (2005), S. 417-443.

ist, um als eine Prämisse im praktischen Entscheiden zu taugen.

Diese Idee sei zunächst einmal illustriert, bevor ich sie dann genauer diskutiere und verteidige. Angenommen, A und B sind im Auto unterwegs und ein Dialog entspinnt sich:

> A: Ah, die Straße da links kenne ich. Das ist der kürzere Weg für uns.
> B: Gut, denn wir haben es ja eilig. Also, nehmen wir die Straße da links!
> A: Äh, na ja – ich weiß nicht. Besser nicht.
> B: Warum? Sagtest du nicht, dass das der kürzere Weg ist?
> A: Ja, es ist der kürzere Weg. Aber ich bin nicht sicher, dass es so ist.

Die Position von A ist, gelinde gesagt, ungereimt. Das macht der letzte Beitrag deutlich, in dem Leser:innen, die in der Philosophie bewandert sind, eine Form einer *Mooreschen Paradoxie* erkennen werden. (Eine andere, plakativere Form wäre: »Es ist der kürzere Weg, aber ich weiß das nicht.«)[132] Die Diagnose lautet: Indem A behauptet, dass die linke Straße der kürzere Weg ist, drückt sie die Überzeugung aus, dass es so ist, und sie erhebt auch den Anspruch, darin gerechtfertigt zu sein. Diesem Geltungsanspruch widerspricht es, wenn A im Anschluss kundtut, dass sie die Information für unsicher hält. Und, das ist

132 Zu Moores Paradoxie siehe George E. Moore, »Moore's Paradox«, in: Thomas Baldwin (Hrsg.), *G. E. Moore: Selected Writings*, London 1993; Mitchell S. Green und John N. Williams (Hrsg.), *Moore's Paradox. New Essays on Belief, Rationality, and the First-Person*, New York, Oxford 2007; Tim Henning, *From a Rational Point of View. How We Represent Subjective Perspectives in Practical Discourse*, Oxford 2018, Kap. 1.

hier der springende Punkt, das gilt auch dann, wenn diese Unsicherheit sich im praktischen Überlegen anmeldet.

Darin offenbart sich der Nexus: A kann nicht gerechtfertigt sein in der Überzeugung, dass links der kürzere Weg ist, wenn sie es *nicht* gut genug *für praktische Entscheidungen* weiß. Unser Unverständnis für die Position As offenbart, dass wir keine zwei distinkten Kategorien für zuverlässige Informationen (theoretisch zuverlässig vs. praktisch zuverlässig) zur Verfügung haben. Dies führt auf das folgende Prinzip:

> *Nexus*
> Wenn die Belege für *p* für eine gerechtfertigte Überzeugung genügen, dann ist *p* gut genug bestätigt, um als Prämisse im praktischen Entscheiden zulässig zu sein.

Dieses Prinzip soll als erste Prämisse im angekündigten Hauptargument für *Pragmatic Encroachment* dienen. Wir sollten es aber nicht allein auf der Basis von Beispielen akzeptieren. Nicht nur lassen solche Beispiele immer auch andere Deutungen zu. Vor allem handelt es sich hier um einen höchst kritischen Punkt des Arguments dieses Buches. Ich suche ja, um bei der obigen Metapher zu bleiben, einen Ansatzpunkt für praktische Erwägungen im Inneren des Bereichs des Epistemischen. Da ist es wichtig, klarzustellen, ob das Prinzip *Nexus* einfach unter der Hand unterstellt, was mein Argument allererst nachzuweisen hat.

Ich glaube aber, dass diese Prämisse als ein angemessen neutraler Ausgangspunkt angesehen werden kann. Es lohnt sich, das ausführlicher zu erklären. Kritiker:innen des *Pragmatic Encroachment* könnten ja argwöhnen, hier solle die theoretische Vernunft in irgendeinem Sinne der praktischen Vernunft untergeordnet werden. Aber *Nexus* drückt in Wahrheit das Gegenteil aus. Es bekräftigt gerade, dass die theoretische Vernunft die alleinige Autorität in Wahrheitsfragen hat. Warum? Nun, was würde es heißen, *Nexus* zu bestreiten?

Ich erlaube mir kurz, die verschiedenen Fakultäten unserer Vernunft zu personifizieren. *Nexus* zurückzuweisen würde dann bedeuten, dass es vorkommen kann, dass sich zuerst unsere theoretische Vernunft mit einer bestimmten Information befasst und ihr das höchste Prädikat zuerkennt: einer vollen Überzeugung würdig zu sein. Danach aber könnte unsere praktische Vernunft sich dieser Information zuwenden und sie als für *ihre* Belange unzureichend gesichert behandeln. Das wäre, so scheint mir, abwegig. Nicht nur wäre es generell seltsam, wenn zwei Bereiche der Vernunft separat voneinander mit der Einschätzung von Wahrheitsansprüchen befasst wären. Nachgerade absurd wäre es, zu sagen, es sei die praktische Vernunft, die in Wahrheitsfragen die strengeren Maßstäbe hätte!

Nexus bestreitet also gerade, dass die theoretische Vernunft in Wahrheitsfragen der praktischen Vernunft untergeordnet ist. Freilich: Auch dann, wenn wir der theoretischen Vernunft die alleinige Autorität in Wahrheitsfragen zugestehen, ließe sich *Nexus* im Prinzip noch bestreiten. Das würde bedeuten, dass sie selbst mit zwei verschiedenen Prädikaten operiert, einmal mit epistemischer Rechtfertigung und einmal mit Rechtfertigung für praktische Zwecke. *Nexus* zu bestreiten hieße dann, dass das zweite Prädikat mitunter anspruchsvoller sein kann. Doch dieser Vorschlag ist ähnlich ungereimt. Die theoretische Vernunft *ist* ja nichts anderes als der Teil unserer rationalen Fähigkeiten, der der Prüfung von Wahrheitsansprüchen dient. Ihre hauseigenen Standards können daher wohl kaum laxer sein als diejenigen, die sie für andere Teile unserer Vernunft geltend macht.

Wir sollten davon ausgehen, dass es genau *ein* Gütesiegel für hinreichend gesicherte Information gibt und dass dies der Begriff der epistemischen Rechtfertigung ist. Diese Univozität unserer Kriterien wird von *Nexus* ausgedrückt, und sie ist es auch, die in dem obigen Beispiel sinnfällig wird: Wenn A plötzlich erklärt, sie sei doch nicht sicher, ob links der kürzere Weg ist, so haben wir eben nicht den Eindruck, dass hier zwei Begriffe von gesicherter Information kontrastiert werden, sondern, dass die Position As inkonsistent ist.

Fantl und McGrath argumentieren nun, dass dieser Nexus zeigen kann, dass die theoretische Vernunft *selbst* sensitiv für praktische Kosten ist. Denn sie beobachten weiter, dass die Frage, was eine hinreichend bestätigte Prämisse im praktischen Entscheiden ist, von praktischen Faktoren abhängt – nicht zuletzt von Kosten des Irrtums. Auch dies lässt sich leicht motivieren: Wenn nicht viel davon abhängt, ob eine Information korrekt ist, dann wäre es oft übervorsichtig, sich nicht auf sie zu verlassen. Hier eine Variante unseres Beispiels:

> *Der kürzere Weg (low stakes)*
> A ist die Strecke einige Male gefahren, und sie erinnert sich recht genau, beim letzten Mal die linke Straße genommen zu haben und schneller angekommen zu sein. Wenn sie die linke Straße empfiehlt und sich irrt, werden A und B umkehren müssen und sich zu ihrem Termin verspäten. Das wäre jedoch nicht besonders dramatisch.

As epistemische Position ist gut, obgleich nicht über *jeden* Zweifel erhaben. Klar, sie könnte sich täuschen. Vielleicht war es doch nicht jene Straße, sondern sie verwechselt die Strecke mit einer anderen? Aber das ist einigermaßen unwahrscheinlich. Und da es nicht dramatisch wäre, wenn sie sich doch irrte, scheint es einfach unvernünftig, die Straße nicht zu nehmen.

Gleichzeitig gilt natürlich: Wenn ein Irrtum überaus schädlich wäre, ist es ein Gebot der Rationalität, nur dann entsprechend zu handeln, wenn die Wahrscheinlichkeit eines solchen Irrtums extrem gering ausfällt. Betrachten wir dazu diese Variante:

> *Der kürzere Weg (high stakes)*
> A ist die Strecke einige Male gefahren, und sie erinnert sich recht genau, beim letzten Mal die linke Straße genommen zu haben und schneller angekommen zu sein. Wenn sie die linke Straße empfiehlt und sich irrt, werden A und B umkehren müssen und sich zu ihrem Termin verspäten. Das würde ihre Geschäftspartner:innen verärgern und absehbar zu einem Platzen eines Geschäfts und einem Bankrott führen.

In diesem Falle gilt: Es erscheint zulässig – sogar geboten – zu sein, wenn A zögert, die vermeintliche Abkürzung zu nehmen. Ein Irrtum ist zwar auch hier unwahrscheinlich. Aber ist er unwahrscheinlich genug, um es rational zu machen, entsprechend zu handeln? Da Wichtiges auf dem Spiel steht, kann der erwartete Wert durchaus zu gering ausfallen.

Diesen Zusammenhang zwischen der praktischen Tragweite einer Entscheidung und den Anforderungen an Prämissen, auf die wir uns in ihr verlassen, erfasst die zweite Prämisse:

> *Kosten*
> Ob *p* gut genug bestätigt ist, um als Prämisse im praktischen Entscheiden zulässig zu sein, hängt von den Kosten ab, die in einer Entscheidung im Irrtumsfalle drohen.

Das bedeutet: Wenn epistemische Rechtfertigung dafür hinreicht, dass die Überzeugung als Prämisse im praktischen Überlegen taugt, so wird die epistemische Rechtfertigung von allen Faktoren mit abhängen, die bestimmen, ob es praktisch rational ist, sich auf sie zu verlassen.

Die zwei Prämissen *Nexus* und *Kosten* ergeben nun meine Hauptthese als Konklusion:

> *Pragmatic Encroachment*
> Ob die Belege für *p* für eine gerechtfertigte Überzeugung genügen, hängt von den Kosten ab, die in einer Entscheidung im Irrtumsfalle drohen.

Dieses Resultat lässt sich durch weitere Beispiele anschaulich machen, in denen veränderte Kosten einen sinnfälligen Unterschied für die epistemische Rechtfertigung machen. Angenommen etwa, sie bereiten für Gäste ein Menu mit einer raffinierten Sauce zu. Sie werden gefragt: »Sind Erdnüsse in der Sauce?« Wenn es sich nun bloß darum handelt, dass jemand neugierig auf das Rezept ist oder keine Erdnüsse mag, so reicht es aus, wenn Sie kurz rekapitulieren, welche Zutaten Sie genommen haben. Doch angenommen, man antwortet Ihnen: »Bist du ganz sicher? Du weißt ja, Ayse hier ist höchst allergisch!« Kaum ist Ihnen dies gewärtig, sagen Sie wohl vermutlich eher so etwas wie: »Ach ja! Hm – vielleicht schaue ich nochmal nach.« Sie würden sicherlich weitere Belege suchen, etwa die Listen aller Inhaltsstoffe auf Spuren von Erdnüssen prüfen, bevor Sie sich eine Überzeugung bilden.

An dieser Stelle mag sich ein Einwand aufdrängen: Lassen sich solche Beispiele nicht einfacher erklären, wenn wir annehmen, dass die Irrtumskosten bestimmen, wann eine bestimmte *Äußerung* ratsam ist? Immerhin kommt es ja häufig vor, dass wir vollkommen gerechtfertigt in einer Überzeugung sind, dass es aber falsch wäre, etwas Entsprechendes zu *sagen*. (Es könnte unhöflich, verletzend, irreführend sein.) Vielleicht werden unsere Urteile darüber, was A über den kürzesten Weg sagen sollte oder was Sie über die Erdnüsse sagen sollten, eher von diesen Überlegungen geleitet? Dann wären diese Beispiele als Argumente für eine These über die epistemische Rechtfertigung von *Überzeugungen* ungeeignet.

Es ist richtig, dass eine Vielzahl von Faktoren eine Äußerung unangemessen machen können. Dennoch ergibt sich daraus keine hinreichende Erklärung der hier präsentierten Daten. Das Beispiel *Der kürzere Weg* etwa scheint mir ähnliche Urteile nahezulegen, wenn wir uns vorstellen, dass A in den verschiedenen Varianten allein im Wagen sitzt und eine Entscheidung treffen soll. Dann gäbe es aber natürlich keine irreführende oder sonst wie schädliche Wirkung einer Äußerung, die zu berücksichtigen wäre.

Doch wir können diesen Vorschlag auch auf allgemeiner Ebene zurückweisen. In unseren Beispielen steht gar nicht zu befürchten, dass eine unbedachte Äußerung unhöflich oder verletzend wäre. Wenn es an den fraglichen Äußerungen etwas auszusetzen gibt, dann *ist* es vielmehr epistemischer Natur – eben, dass etwas behauptet wird, das die Sprecher:in nicht gut genug weiß, um es zu behaupten. Die Äußerungen scheitern an *epistemischen Normen für Behauptungen*. Diese Normen sind ein intensiv diskutiertes Thema der aktuellen Philosophie, und es ist nicht ausgemacht, wie genau sie zu formulieren sind.[133] Aber

133 Initiiert wurde diese Debatte besonders von Williamson, *Knowledge and its Limits*, Kap. 11. Einige Beiträge zur Debatte versammeln Clayton Littlejohn und John Turri (Hrsg.), *Epistemic Norms. New Essays on Action, Belief, and Assertion*, Oxford 2014. Für einige Überlegungen meinerseits zu epistemischen Normen siehe Tim Henning, »An Epistemic Modal Norm of Practical Reasoning«, in: *Synthèse* 199 (2021), S. 6665-6686.

wir können sagen: Es wäre seltsam, wenn unsere epistemischen Maßstäbe für Überzeugungen und für Behauptungen generell divergieren könnten. Denn das hieße, dass wir uns einerseits oft hinreichend sicher sind, dass eine Information wahr ist (wir sind voll und ganz überzeugt), und dass wir uns andererseits *nicht* hinreichend sicher sind (wir zögern, es zu behaupten). Das ist unplausibel: Wenn wir zögern, etwas zu behaupten, weil wir uns nicht sicher genug sind, dass es wirklich wahr ist, so muss dieser Restzweifel auch unsere Überzeugung schwächen.

Damit ist das zentrale Argument für *Pragmatic Encroachment*, das hier präsentiert werden sollte, vollständig.[134] Es sei erwähnt, dass *Pragmatic Encroachment* noch

134 Ich habe eine Differenzierung unterschlagen. Es gibt in der Debatte zwei grundsätzlich verschiedene Weisen, *Pragmatic Encroachment* zu verstehen. Die eine Deutung, die man »metaphysisch« nennen kann, behauptet, dass die Beziehung der epistemischen Rechtfertigung (oder, in anderen Ansätzen, der epistemische Status des Wissens) selbst praktische Aspekte enthält. Rechtfertigung wäre eine Beziehung zwischen Belegen, einer Überzeugung eines Subjekts, und den praktischen Kosten, die drohen. Diese Deutung vertreten zum Beispiel Stanley, *Knowledge and Practical Interests*, und Fantl und McGrath, »Evidence, Pragmatics, and Justification«. Die andere Deutung kann man »semantisch« nennen. Hier gilt, dass epistemische Beziehungen der Rechtfertigung selbst unabhängig von praktischen Faktoren bestehen oder nicht. Es gibt lediglich eine Vielzahl solcher »rein« epistemischen Beziehungen – etwa die, die zwischen Belegen und Überzeugungen besteht, wenn erstere die letztere zu 0,7 wahrscheinlich machen; oder die, die vorliegt, wenn Belege eine Überzeugung zu 0,85 wahrscheinlich machen, etc. Praktische Faktoren haben keinen Einfluss darauf, welche dieser Beziehungen vorliegen – aber sie beeinflussen, welche dieser Beziehungen *gemeint* ist, wenn wir den Ausdruck »Rechtfertigung« verwenden. Dieser Ausdruck ist in seiner Bedeutung abhängig vom Kontext der Äußerung, und zwar speziell von praktischen Aspekten desselben, wie drohenden Kosten in einer Entscheidung. Diese

durch weitere Gründe gestützt wird. Das gilt zum Beispiel für Überlegungen im Bereich der *Metaepistemologie*, also der philosophischen Reflexion über die Funktionen epistemischer Kategorien in menschlichen Lebenszusammenhängen.[135] An späterer Stelle, im Kap. 14, werden metaepistemologische Gründe herangezogen, um meine Position zu spezifizieren und speziell die dringende Frage zu beantworten, *wessen* Kosten denn eigentlich relevant sind.

Die Frage, die sich zuvor stellt, lautet: Wie genau ist der Zusammenhang zwischen epistemischen Standards und Irrtumskosten beschaffen? Diese Frage lässt sich mit einiger Präzision beantworten. Da dies allerdings einen gewissen Grad an formaler Strenge erfordert, behandle ich sie in einem Appendix am Ende dieses Buches (S. 284-296). Es empfiehlt sich, diesen Ausführungen einen Blick zu widmen. Immerhin wird dieses Buch behaupten, dass die Irrtumskosten eine Basis dafür sein können, Wissenschaftler:innen für ihre Thesen moralisch zu kritisieren. Das erlegt mir die Bürde auf, nachzuweisen, dass der Verweis auf diese Kosten zumindest im Prinzip nichts Wolkiges hat.

Es ist jedoch nicht unabdingbar, den formalen Ausführungen im Appendix I zu folgen. Für Leser:innen, die ihn aussparen wollen, sei kurz skizziert, was er leisten soll. Ich setze mit einer einfachen Frage ein: Sind die Belege für eine bestimmte These *p* so stark, dass es praktisch rational wäre, so zu handeln, als ob *p* wahr wäre? Diese Frage formuliert eine Anforderung, die sich mit den formalen Mitteln der Entscheidungstheorie präzisieren lässt. Das

Art von Ansatz vertritt (freilich für den Ausdruck »Wissen«) DeRose, *The Case for Contextualism*.

135 Zentrale Bedeutung haben die Arbeiten von Craig. Siehe Edward Craig, *Knowledge and the State of Nature*, Oxford 1990; ders., *Was wir wissen können. Pragmatische Untersuchungen zum Wissensbegriff*, Frankfurt a.M. 1993.

Resultat ist ein mathematischer Ausdruck, aus dem sich eine präzise Verhältnisbestimmung entwickeln lässt. Dieser Ausdruck sagt uns etwas Genaues darüber, was wir wissen wollen, denn er setzt die Stärke von Belegen und die Höhe von Kosten und Nutzen in eine genaue Beziehung. Genauer gesagt, formuliert das Resultat eine Bedingung für die Mindeststärke der Belege für *p* relativ zu den Belegen für die Alternativhypothesen zu *p*. Und es bestimmt jene Mindeststärke allein in praktischen Begriffen von Kosten und Nutzen. Das Resultat in Kurzform: Die Belege für *p* müssen sich in ihrer Stärke zu den Belegen für ¬*p* so verhalten wie die *Irrtumskosten* (die entstehen, wenn wir handeln, als ob *p*, uns aber irren) zum *Nutzen bei Korrektheit* (wenn wir handeln, als ob *p*, und richtigliegen).

Um dieses Resultat in vereinfachter Form festzuhalten:

$$\frac{\textit{Stärke der Belege für p}}{\textit{Stärke der Belege für } \neg p} \geq \frac{\textit{Irrtumskosten}}{\textit{Nutzen bei Korrektheit}}$$

Eine exakte Formulierung und Herleitung dieser Bedingung findet sich, wie gesagt, im Appendix I im Anhang dieses Buches.

Das folgende Kapitel widmet sich einem Vorbehalt gegen meine bisherige Argumentation – der Frage nämlich, ob es nicht eine allzu laienhafte Vorstellung von der Wissenschaft ist, wenn man davon ausgeht, sie habe es mit dem Ausbilden und Rechtfertigen von Überzeugungen zu tun.

12. Aber funktioniert Wissenschaft nicht ganz anders?

Bislang habe ich die Idee des *Pragmatic Encroachment* so eingeführt und behandelt, wie es in aktuellen Debatten üblich ist: als etwas, das die epistemisch rationale Überzeugungsbildung individueller Akteure betrifft. Aber ist dieser Fall auf die Wissenschaft übertragbar? Ist es nicht eine allzu naive Vorstellung, davon auszugehen, dass Wissenschaftler:innen mit dem Ausbilden und Rechtfertigen von Überzeugungen befasst sind? Fragen sich denn Forscher:innen, die mit Hypothesen oder Modellen arbeiten, ob sie an deren Wahrheit glauben oder glauben sollten? Und falls nein, ist die Idee des *Pragmatic Encroachment* dann überhaupt einschlägig?

Es empfiehlt sich, verschiedene Varianten dieses Einwandes zu unterscheiden. Eine erste, radikale Version lautet, dass die Wissenschaft von anderen Formen der Wahrheitssuche so fundamental verschieden ist, dass Normen der epistemischen Rationalität auf sie gar keine Anwendung haben. Wissenschaft wäre nach vollständig anderen Prinzipien organisiert, die zwar instrumentell der Gewinnung von Wissen dienen, die den einzelnen Akteur:innen aber dennoch andere Aufgaben zuweisen als die der Suche nach gerechtfertigten Überzeugungen.

Gegen diese Auffassung wurde bereits im Kapitel 6 argumentiert. Bemängelt habe ich dabei vor allem, dass diese Auffassung – was auch immer sonst für sie sprechen mag – jedenfalls nicht unserer faktischen Auffassung von Wissenschaftsfreiheit und wissenschaftlicher Rationalität entspricht. Ich erinnere exemplarisch an die Sichtweise von Hallson und Kappel, denen zufolge auch »motiviertes Überlegen« und *confirmation bias* gute Instrumente in einer arbeitsteilig organisierten, »adversarialen« Praxis sein können. Ich habe zweierlei entgegnet: *Erstens* erwarten wir auch in den Publikationen individueller Forscher:innen, dass Belege präsentiert werden, die Hypothesen stützen oder schwächen, und zwar im ganz geläufigen Sinne wahrheitsrelevanter *evidence*. Warum sollten wir dies tun, wenn wir ihnen doch eigentlich alles zugestehen sollten, was der kollektiven Praxis der Wahrheitssuche dient, also eben auch das Herunterspielen oder Ignorieren gegenteiliger Belege? Zweitens macht diese Auffassung es schwer verständlich, warum Wissenschaftler:innen nicht im Prinzip auch explizit politische und moralische Agenden verfolgen sollten. Eben das dürfte doch den kollektiven Wettbewerb der Theorien anheizen!

Ich habe daher dafür plädiert, dass wir uns auf eine andere Auffassung der Wissenschaft konzentrieren sollten – eine, die unseren Ideen über freie und rationale Wissenschaft eher entspricht und die der Herausforderung für eine Verteidigung moralischer Kritik besondere Schärfe verleiht. Wir sollten, ganz im Sinne Kants, die Wissenschaft als den Bereich verstehen, in dem sich unsere theoretische Vernunft in ihrer Eigengesetzlichkeit verwirklichen kann und in dem also ausschließlich die Regeln *epistemischer Rationalität* gelten.

Diese These des Kapitels 6 hat also eine entscheidende argumentative Weiche gestellt. Denn es zeigt, dass ein Verständnis der Debatte um Wissenschaftsfreiheit die relevanten Maßstäbe *gerade* im Bereich der Normen epistemischer Rationalität suchen muss.

Allerdings gibt es weniger extreme Varianten des oben vorgelegten Einwandes. Hier folgt eine zweite, moderatere Version: Auch dann, wenn man akzeptiert, dass es in der Wissenschaft *letztlich* um epistemisch rationale Wahrheitssuche geht, so ist der Prozess der wissenschaftlichen Forschung doch derart langwierig und komplex, dass das Vertreten und das Rechtfertigen von Überzeugungen nur eine extrem marginale Rolle darin spielen. Was Wissenschaftle-r:innen vor allem und zumeist tun, ist vielmehr das Arbeiten an einer Vielzahl verschiedener Hypothesen, ohne dass eine doxastische Stellungnahme in Bezug auf eine von ihnen involviert wäre. Anders gesagt: Es geht um ein Ausprobieren von oder mitunter gar um ein Spielen mit Ideen, in Bezug auf die noch keinerlei Festlegung erfolgt. Das Bilden von Überzeugungen und das Vertreten von Thesen kommt allenfalls an einzelnen Etappen oder vorläufigen Endpunkten des Forschungsprozesses vor – an den Rändern, nicht im Zentrum.

Ich möchte die Beschreibung der Wissenschaft, die diesem Einwand zugrunde liegt, nicht in Zweifel ziehen. Im Gegenteil, sie erscheint mir (aus meiner eigenen Erfahrung) als sehr plausibel. Allerdings ergibt sich aus ihr auch kein Einwand gegen meinen Vorschlag. Denn dieser legt mich nicht darauf fest, das Vertreten von Thesen, das Überzeugtsein etc. als einen zentralen Teil des wissenschaftlichen Prozesses zu betrachten. Es genügt, wenn mein Vorschlag Fälle korrekt beschreibt, in denen moralische Kritik naheliegt. Und dies, so zeigen meine Beispiele (1)-(3), *sind* eben die Fälle, in denen Forscher:innen sich tatsächlich für eine These aussprechen, an der dann Anstoß genommen wird. Ob solche Stellungnahmen zum Kern oder zur Peripherie der Wissenschaft zählen, ist dabei unwichtig.

Ich möchte eine weitere Anmerkung anfügen: Es ist ein Irrtum anzunehmen, dass das »Ausprobieren« von Hypothesen frei von epistemischen Festlegungen sei. Denn wir halten es nur dann für rational, einer Hypothese – wie unverbindlich auch immer – nachzugehen, wenn sie zumindest eine *gewisse* Ausgangsplausibilität oder -wahrscheinlichkeit aufweist. (Aus diesem Grunde würden wir es nicht für gute Wissenschaft halten, wenn eine Forscher:in sich darauf verlegte, zu prüfen, ob Tarotkarten nicht *doch* unsere Zukunft vorhersagbar machen.) Und im weiteren Verlauf der Forschung werden sich diese Schwellen erhöhen; je besser eine der relevanten Hypothesen bestätigt ist, desto höher die Wahrscheinlichkeit, die wir den Alternativen zuschreiben müssen, um sie rationalerweise weiterhin in Betracht zu ziehen.

Dies macht das »Spielen« mit Hypothesen tatsächlich auch zu einem potenziellen Gegenstand moralischer Kritik. Sogar ein noch stärkerer Gedanke lässt sich verteidigen: Allein mit dem Verfolgen einer *Forschungsfrage* ist bereits epistemischer Rechtfertigungsbedarf verbunden. Einige aktuelle Beiträge in der Erkenntnistheorie argumentieren für die These, dass es epistemische Normen für das Forschen (engl. *inquiry*) gebe. Insbesondere wird oft eine Unwissens-Norm verteidigt, eine *ignorance norm of inquiry*. Es ist, so lautet diese Norm, nur dann gerechtfertigt, einer Forschungsfrage nachzugehen, wenn wir nicht bereits alles haben, um zu wissen, wie die Antwort lautet.[136] Es ist daher denkbar, dass schon eine Forschungsfrage den vorliegenden Belegen nicht gerecht wird. Und daher kann eine solche Forschungsfrage das sein, was ich an späterer Stelle als *moralisch fahrlässig* bezeichnen werde. Immerhin gibt uns eine Forscher:in, die einer solchen Frage nach-

136 Für Diskussionen siehe zum Beispiel Jane Friedman, »Why Suspend Judging?«, in: *Noûs* 51 (2017), S. 302-326, dies., »The Epistemic and the Zetetic«, in: *Philosophical Review* 129 (2020), S. 501-536, und Eliran Haziza, »Norms of Inquiry«, in: *Philosophy Compass* (2023, *online first*), e12952.

geht, etwas über das relative Gewicht der Belege zu verstehen, und auch damit kann sie Irrtumskosten ignorieren.

Ein Beispiel ist die Forschung, die zur These (1) geführt hat (der These also, dass Schwarze Menschen genetisch bedingt einen geringeren durchschnittlichen IQ aufweisen – siehe Kapitel 19 für eine ausführliche Diskussion). Speziell wäre folgendes Argument denkbar: Die Ausgangswahrscheinlichkeit, dass die beobachteten IQ-Unterschiede zwischen Schwarzen und *weißen* Menschen auf Bedingungen einer hochgradig segregierten Gesellschaft beruhen, ist extrem hoch und die Ausgangswahrscheinlichkeit für eine genetische Ursache daher entsprechend klein. Daher erfüllt schon die *Frage*, ob die Unterschiede genetisch bedingt sind, nicht die Anforderungen einer plausiblen epistemischen Norm. Infolgedessen suggeriert diese Frage, dass die Belege für eine genetische Bedingtheit eine relative Höhe haben, die sie nicht wirklich haben. (Für weitere Diskussion dieser Belege siehe ebenfalls Kapitel 19.) Schon dies kann fahrlässig sein. (Abgesehen davon gibt es uns natürlich Grund, über andere, unlautere Motive zu spekulieren, die eine solche Forschung antreiben.)

Ich kehre nun aber zu meinem eigenen Argument zurück und diskutiere eine *dritte* Variante des obigen Einwandes. Vertreten wird diese dritte Version etwa von Richard Jeffrey und von Isaac Levi in Reaktion auf Richard Rudner.[137] Rudner vertritt ja, wie gesagt, genau die These, die hier verteidigt wird – die These also, dass der Standard für hinreichende Belege unter anderem durch Irrtumskosten definiert wird und dass dies die Möglichkeit moralischer Kritik begründe. Jeffrey und Levi halten ihm entgegen, dass es in den Wissenschaften keinen solchen Standard geben müsse, weil in den Wissenschaften keine absoluten

137 Siehe auch Kapitel 9.

oder nicht-graduellen Überzeugungen vertreten werden. Wissenschaftler:innen, so die Idee, weisen Hypothesen auf der Basis ihrer Belege lediglich Wahrscheinlichkeiten zu. Eine solche Zuweisung von Wahrscheinlichkeiten braucht aber keine spezifische Schwelle. Sie ist einfach dann gerechtfertigt, wenn die verfügbaren Belege die Hypothese tatsächlich in genau dem Grade wahrscheinlich machen, in dem wir überzeugt sind. In der Einschätzung solcher Wahrscheinlichkeiten jedenfalls, so Jeffrey, erschöpfe sich die Rolle der Wissenschaftler:in. Welche Überzeugungen die Öffentlichkeit ableitet, liegt nicht bei ihr.

Auch dann, wenn wir Jeffreys Charakterisierung der Wissenschaft zustimmen (was mir beileibe nicht als zwingend erscheint), ist dies für die hier vorgelegte Konzeption keine Schwierigkeit. Es ist nicht entscheidend, ob wir sagen, eine Wissenschaftler:in habe eine Überzeugung, die nicht von ihren Belegen gerechtfertigt wird, *oder* ob wir sagen, sie weise einer Hypothese eine höhere Wahrscheinlichkeit zu, als es ihren Belegen entspricht. Der Fehler ist derselbe: Wenn die Wissenschaftler:in der Hypothese *h* die Wahrscheinlichkeit X zuweist, und X liegt oberhalb der Schwelle, die es rational macht, so zu handeln, als ob *h*, so ist das in allen relevanten Hinsichten dasselbe wie eine ungerechtfertigte Überzeugung.

Ich schließe aus diesen Überlegungen, dass Wissenschaft sich nicht aus prinzipiellen Gründen anders verhält als epistemisch rationale Wahrheitsermittlung im individuellen Falle.

IV. WESSEN KOSTEN?

13. Wessen Kosten?

Wenn wir Informationen als sicher und Überzeugungen als gerechtfertigt betrachten, müssen wir im Auge haben, was auf dem Spiel steht. Wir müssen fragen, wie wichtig es ist, dass die Information korrekt ist, und wie groß der Schaden oder Nachteil im Irrtumsfalle sein könnte.

Diese Einsicht wurde in den letzten Kapiteln verteidigt. Im großen Rahmen dieses Arguments ist das der wichtige Schritt, denn er weist die *epistemische* Behandlung von Information als etwas aus, das zugleich *praktisch* angemessen oder unangemessen sein kann. Wir können, indem wir eine bestimmte Überzeugung bilden, gleichzeitig epistemisch unvernünftig sein *und* eine ungenügende Berücksichtigung praktischer Interessen zeigen. Dies ist das Einfallstor für die Moral, das eine interne Konzeption moralischer Kritik benötigt.

Doch dieser Schritt bedarf weiterer Erläuterungen. Allem voran steht die Frage, *wessen* Kosten epistemisch relevant sind. Die formale Rekonstruktion im Appendix I hat eine Wertfunktion bemüht, die Unterschiede darin erfassen soll, wie gut oder schlecht bestimmte Handlungen in bestimmten Umständen wären. Das wirft die Frage auf: gut oder schlecht inwiefern, oder für wen? Geht es um irgendjemandes individuelles Gut (also sein oder ihr Wohlergehen), um das Gut einer Gruppe oder das Gut aller? Wenn von »Kosten« die Rede ist, wer ist die Kostenträger:in? Dieser Frage wendet sich der nun folgende Teil ausführlich zu.

Es ist wichtig, Klarheit über die Anforderungen des Arguments herzustellen. Nach wie vor ist es meine Ambition, praktische und moralische Erwägungen nicht »von außen« an die Wissenschaften heranzutragen. Falls es eine Relevanz für moralische Erwägungen geben sollte, so soll sie sich aus den Forderungen der epistemischen Vernunft allein ergeben. Die Frage lautet also, welche Arten von Irrtumskosten sich allein anhand der »Grammatik« (wie Wittgenstein es genannt hätte) unserer epistemischen Kategorien als relevant erweisen lassen.

Zu Beginn der aktuellen Debatte um *Pragmatic Encroachment* wurde zunächst eine naheliegende Hypothese in Betracht gezogen: Die relevanten Kosten könnten einfach die Kosten *des Subjekts* sein, dessen Überzeugung gerade beurteilt wird.[138] Wir würden uns also an den Interessen dieser Person orientieren und fragen, wie es um dieselben bestellt ist, wenn sie in ihrer Überzeugung irrt und aus diesem Irrtum heraus handelt. Dieser Ansatz ist allerdings mit Gegenbeispielen konfrontiert. Ich kehre zum Beispiel der Sauce zurück: Sie fragen sich, wie gesagt, ob Ihre Sauce Erdnüsse enthält. Vor dem Hintergrund der schweren Allergie eines Gastes, Ayse, kommen Sie zu dem Schluss, dass es für Sie nicht gerechtfertigt ist, davon auszugehen, dass sie Erdnuss-frei ist. Schon an dieser Stelle drängt sich der Hinweis auf, dass es nicht *Ihre* Interessen sind, die hier in erster Linie affiziert sind, sondern die Interessen von Ayse. Man könnte aber replizieren, dass Ayses Schicksal auch Sie als Gastgeber:in tangiert und dass es daher doch Ihr Interesse an Ayses Wohlergehen ist, das entscheidend ist. Diese Replik erscheint zwar als einiger-

138 So zum Beispiel Stanley, *Knowledge and Practical Interests*; Hawthorne, *Knowledge and Lotteries*; Fantl und McGrath, »Evidence, Pragmatics, and Justification«.

maßen egozentrisch, doch das ist kein schlagender Einwand.

Angenommen aber, später am Abend fällt Ihnen Ihr Großonkel ein, der diese Sauce ebenfalls gerne kocht. Sie fragen sich, ob er besser gewusst hätte, ob sie Erdnuss enthält. Sie gehen dabei davon aus, dass er vermutlich dieselben Belege hat wie Sie – auch er kennt die Zutaten, wird aber wohl kaum die Liste der Inhaltsstoffe auf Spuren geprüft haben. Wenn Sie nun an ihn und seine Überzeugung denken, steht *für ihn* nicht viel auf dem Spiel (es sei denn, er bewirtet zufällig auch gerade eine Allergiker:in mit der Sauce). Auch fungiert er nicht als potenzieller Informant für Ihre Entscheidung, denn die ist längst getroffen. Er ist also vor größeren Schäden bei Irrtum gefeit. Sollten Sie also sagen, dass er es besser weiß als Sie?

Ginge es um die Kosten für das *Subjekt* der Überzeugung, lautete die Antwort »ja«. Aber das scheint nicht das korrekte Urteil zu sein. Die Informationen Ihres Onkels sind laut Voraussetzung nicht besser als Ihre, und Sie wissen es ja eben *nicht* gut genug. Wenn dieses Urteil richtig ist, was ich annehme, so müssen die Kosten für Sie und Ihre Gäste wohl auch hier relevant sein – nicht die Kosten für das Subjekt der Überzeugung, um die es geht.

Eine naheliegende Alternativhypothese, die zu diesen Befunden passt, erklärt immer die Kosten *der Sprecher:in*, die die Rechtfertigung einer Überzeugung *beurteilt*, für ausschlaggebend. Doch auch das ist nicht korrekt. Angenommen, Ihr Großonkel erfährt im Nachhinein von Ihrem Kochabend – vielleicht, weil eine Bekannte berichtet. Angenommen, auch er versucht sich daraufhin zu besinnen, ob Erdnüsse in der Sauce sind. Es scheint nun möglich für ihn zu sein, sich ebenfalls an den hohen Kosten zu orientieren: »Oha, stimmt, so *wirklich* weiß ich es auch nicht. Ich hoffe doch sehr, die Sauce wurde nicht aufgetischt!« Dieses Urteil scheint angebracht, obwohl Ihr Großonkel dieses Mal die *Sprecherrolle* innehat, und obwohl von der Richtigkeit seiner eigenen Überzeugung für niemanden etwas abhängt.

Eine Theorie, die auf diese Befunde angemessen reagiert, ist der *Kontextualismus.*[139] Diese Theorie vertritt eine semantische Auffassung des *Pragmatic Encroachment.* Sie behauptet, dass die Bedingungen des Diskurskontextes und speziell die kontextuelle Relevanz von Kosten beeinflussen, was genau unsere epistemischen Ausdrücke beinhalten. In diesem Falle können wir sagen, dass es der Ausdruck »Rechtfertigung« ist, der auf den Diskurskontext reagiert. Werden in einem Kontext höhere Kosten thematisch oder sinnfällig, bezeichnet dieser Ausdruck eine anspruchsvollere Beziehung zwischen Belegen und Überzeugungen.

Diese kontextualistische Sichtweise ermöglicht größere Flexibilität. Denn die Regeln, nach denen ein Diskurskontext Kostenstellen zur Relevanz erhebt, können ja ohne weiteres *manchmal* das Subjekt, *manchmal* die Sprecher:in und *manchmal* unbeteiligte Dritte auszeichnen. Solche Regeln werden klarerweise keine strikten Gesetzmäßigkeiten sein, und ebenso offenkundig werden sie sich kaum erschöpfend auflisten lassen. Aber *eine* bestimmte *Regel für kontextuelle Relevanz von Kosten* wird durch die Beispiele nahegelegt: *Höhere* Kosten haben, wenn sie in einem Diskurskontext thematisch werden, *per se* eine Tendenz, relevant zu werden und die epistemischen Anforderungen zu bestimmen. Sobald also in einem Diskurs eine Person oder Gruppe sinnfällig wird, für die von irgendjemandes Urteil über *p* viel abhängt, so sind es *ceteris*

139 Siehe vor allem DeRose, »Solving the skeptical problem«; ders., *The Case for Contextualism.*

paribus ihre gewichtigen Interessen, die die Standards für *p* festlegen.

Das ist eine sehr spezielle und weitreichende Hypothese. Und natürlich kann man nicht behaupten, dass unsere wenigen Beispiele sie zweifelsfrei bestätigen. Sie bedarf daher weiterer Stützung. Zuerst soll dazu ein komplementäres Phänomen unserer Rede über Rechtfertigung, Wissen usw. beleuchtet werden. Im nächsten Kapitel tritt dann ein großformatiges, metaepistemologisches Argument hinzu.

Ein viel zitiertes Problem für kontextualistische Ansätze ergibt sich daraus, dass wir Aussagen oft freimütig in neue Kontexte weitertragen, indem wir sie *in indirekter Rede* wiedergeben.[140] Wenn wir dies tun, *erwähnen* wir die zitierten Ausdrücke nicht in Anführungszeichen (wie in direkter Rede), sondern wir *gebrauchen* sie, um dasselbe zu sagen, was in dem Ursprungskontext gesagt wurde. Genau das ist aber schwierig mit Ausdrücken, deren Bedeutung über Kontexte hinweg variiert.

Wenn z. B. Malik sagt: »Es regnet heute noch«, so kann ich seine Aussage nicht zwei Tage später wiedergeben, indem ich sage: »Malik hat vorgestern gesagt, dass es heute noch regnet.« Der expliziten Zeitangabe im Präfix zum Trotz erhält der Ausdruck »heute« seine Bedeutung aus dem Kontext, in dem er *gerade* verwendet wird. Deswegen können Aussagen mit »heute« nicht ohne linguistische Anpassungen in andere Kontexte überführt und wiedergegeben werden. (Malik könnte tatsächlich mit voller Berechtigung protestieren: »*Das* habe ich nicht gesagt.«) Dasselbe

140 Siehe zum Beispiel Hawthorne, *Knowledge and Lotteries*, Timothy Williamson, »Contextualism, subject-sensitive invariantism, and knowledge of knowledge«, in: *Philosophical Quarterly* 55 (2005), S. 213-235, und Herman Cappelen und Ernest Lepore, *Insensitive Semantics. A Defense of Semantic Minimalism and Speech Act Pluralism*, Malden 2005.

gilt etwa für »groß«. Angenommen, wir sprechen über Kinder in der nahe gelegenen Grundschule, und ich sage: »Lukas ist ziemlich groß.« Wenn dann in einem späteren Gespräch über die Auswahl für das Jugendbasketballteam gesprochen wird, kann man nicht einfach wiedergeben: »Tim hat gesagt, dass Lukas ziemlich groß ist.« Kontextabhängigkeit ist eben ein Hindernis für den freien Verkehr von Äußerungen zwischen Kontexten.

Die angekündigte Kritik am Kontextualismus fußt nun darauf, dass epistemische Aussagen (zum Beispiel darüber, wer was weiß oder wessen Überzeugung gerechtfertigt ist) *ohne* große Hindernisse Kontexte transzendieren können. Wenn ich etwa sage: »Wir können gerechtfertigt davon ausgehen, dass Siobhan daheim bleibt«, so scheint es unproblematisch, mich in anderen Zusammenhängen wie folgt wiederzugeben: »Tim sagt, wir können gerechtfertigt davon ausgehen, dass Siobhan daheim bleibt.« (Ich kann gegen dieses Zitat nicht einwenden: »Das habe ich nicht gesagt!«) Diese Möglichkeit legt nahe, dass epistemische Urteile nicht kontextvariabel sind.

Doch diese Schlussfolgerung wäre übereilt. Immerhin ist es nicht so, als könnte man Aussagen mit kontextsensitiven Ausdrücken *nie* in anderen Kontexten in indirekter Rede wiedergeben. Solange der relevante Kontextfaktor konstant bleibt, geht dies sehr wohl. Ich kann Maliks Aussage einwandfrei wiedergeben mit: »Malik hat gesagt, dass es heute noch regnet« – solange ich es *am selben Tag* tue. Auch Aussagen mit »hier« können unverändert in indirekte Rede überführt werden, wenn es *am selben Ort* geschieht, usw.

Aussagen mit kontextabhängigen Ausdrücken lassen sich also umso leichter in anderen Kontexten aufgreifen, wenn sie ihre Bedeutung von Faktoren erhalten, die über viele Kontexte hinweg stabil sind. Eine andere Möglichkeit, den

Kontexttransfer zu erleichtern, besteht darin, Aussagen so zu tätigen, dass sie relativ zu vielen verschiedenen Variationen des jeweiligen Kontextparameters etwas Wahres sagen. Diese Möglichkeit bieten graduelle Parameter. Wenn wir unsere Aussage so gestalten, dass sie auch recht anspruchsvollen Werten eines solchen Parameters genügt, so garantiert dies, dass sie auch in weniger anspruchsvollen Umständen gelten. Wenn wir also eine Person »groß« nennen, die sogar für Basketballer groß ist, so lässt sich *diese* Aussage in vielen anderen Kontexten unverändert und ohne einen sprichwörtlichen riesigen Fußnotenapparat in indirekter Rede wiedergeben.

Meine Hypothese lautet nun, dass es dieser letztere Mechanismus ist, den wir uns in epistemischen Urteilen zunutze machen. Wenn wir auf Umstände gestoßen werden, in denen besonders hohe Kosten drohen, folgen wir der Regel, unsere epistemischen Einschätzungen an ihnen zu orientieren. Denn eine solche Anpassung ist generell dem Transfer in andere Kontexte vorteilhaft. Sie erhöht die interkontextuelle Reichweite unserer Urteile – die Menge der Kontexte, in denen man unsere Einschätzung aufrufen und sich an ihr orientieren kann.

Wenn ein solcher Mechanismus Teil der Grammatik unserer epistemischen Begriffe wäre, dann wäre ein Grund gefunden, der das obige Relevanzprinzip stützt: Höhere Irrtumskosten, egal wann und wem sie drohen, bestimmen *ceteris paribus* den Standard, an dem wir uns in unseren Urteilen über Wissen, epistemische Rechtfertigung etc. orientieren. Das folgende Kapitel versucht, die Geltung einer solchen Regel weiter zu plausibilisieren.

14. Soziale Metaepistemologie und soziale Kosten

Die sprachphilosophischen Überlegungen des letzten Kapitels haben Folgendes gezeigt: Einerseits können die Wahrheitsbedingungen für Aussagen über Wissen, Rechtfertigung etc. von spezifischen kontextuellen Bedingungen abhängen – etwa davon, ob eine Allergiker:in zu Gast ist. Andererseits lassen diese Äußerungen sich häufig losgelöst vom ursprünglichen Kontext in indirekter Rede aufgreifen. Ich habe vorgeschlagen, dass diese doppelte Rolle für eine Regel spricht, höhere Kosten, wenn sie sinnfällig werden, als maßgeblich zu nehmen.

Diesem Vorschlag fehlt bislang allerdings eine gute Begründung. Wieso genau sollten diese Anforderungen an unsere epistemischen Begriffe gelten? An dieser Stelle empfiehlt sich der bereits angekündigte (vgl. Kap. 11) Exkurs in die *Metaepistemologie*.

Unter »Metaepistemologie« verstehe ich die Forschung, die auf das Werk von Edward Craig zurückgeht.[141] Craigs Ansatz, der gegenwärtig an Einfluss gewinnt, widmet sich folgender Frage: *Wozu* haben wir Menschen epistemische Begriffe, etwa Begriffe des Wissens und der Rechtfertigung?[142] Craig geht dieser Frage anhand einer fiktiven Ge-

141 Siehe Craig, *Knowledge and the State of Nature*, und ders., *Was wir wissen können*.

142 Eine Auswahl einiger wichtiger Arbeiten, in denen Craigs Ansatz eine zentrale Rolle spielt: Bernard Williams, *Truth and Truthfulness. An Essay in Genealogy*, Princeton 2002; Miranda Fricker, *Epistemic Injustice. Power and the Ethics of Knowing*, New York,

nealogie nach. In expliziter Analogie zu Naturzustandsargumenten in der klassischen politischen Philosophie beginnt er mit einfachen Annahmen über menschliche Lebenszusammenhänge und über die Bedürfnisse, die sich aus ihnen ergeben. Es wird dann, ganz im Sinne einer Naturzustandstheorie, gefragt, was die Einführung epistemischer Begriffe motivieren könnte, und welche Erwartungen bezüglich des genauen Gehalts dieser Begriffe naheliegen. Kurzum, es wird gefragt: Welche epistemischen Kategorien müssten wir im Lichte unserer allgemeinen menschlichen Belange erfinden, wenn es sie noch nicht gäbe? Wozu dienen solche Kategorien – und welche Merkmale sollten sie haben, um diese Dienste zu erfüllen?[143]

In Umrissen lässt sich die Antwort geben, indem wir ein bekanntes Zitat von Wilfrid Sellars abwandeln: Das zentrale Bedürfnis ist dasjenige des *Gebens und Nehmens von Informationen.*[144] Kaum etwas von dem, was wir wissen, wissen wir aus erster Hand. Sondern wir wissen es, weil andere ihre Informationen mit uns teilen – im Gespräch, im Unterricht, in Büchern, Zeitungen, Sendungen, Blogs, Tweets. Das Wissen der Menschheit ist nur deshalb zu seinem imposanten Umfang gediehen, weil es verfügbar gemacht und tradiert wurde. Für Wesen wie uns, deren Fähigkeit zu selbstbestimmtem und erfolgreichem Handeln elementar von ihrem verfügbaren Wissen abhängt, sind

Oxford 2007; Michael Hannon, *What's the Point of Knowledge? A Function-First Epistemology*, New York, Oxford 2019; Matthieu Queloz, *The Practical Origins of Ideas: Genealogy as Conceptual Reverse-Engineering*, Oxford 2021.

143 Matthieu Queloz bezeichnet dieses Untersuchungsverfahren treffend als eine Form des *reverse engineering*.

144 Vgl. Wilfrid Sellars, *Empiricism and the Philosophy of Mind. With a Study Guide by Robert Brandom*, Cambridge, Mass. 1997. Die gemeinte Wendung ist die des »game of giving and asking for reasons«.

der Austausch und das *pooling* von Informationen zentral.

Dieser Austausch ist eine kooperative Praxis, deren generelles Bestehen zum Vorteil aller ist. Es überrascht daher nicht, dass eine soziale Norm für diese Praxis gilt, die fordert, dass wir, die wir Nutznießer der Praxis des Austauschs von Informationen sind, uns ebenfalls mit wahrhaftigen und relevanten Beiträgen beteiligen (statt Informationen im Lichte unserer eigenen Interessen zu unterschlagen oder lügenhafte und manipulative Beiträge zu lancieren). Diese soziale Norm vermeidet Trittbrettfahrertum und Kooperationsdilemmata, und ihre Befolgung wird durch soziale Sanktionen, drohende Reputationsverluste etc. abgesichert.[145]

Epistemische Begriffe erhalten ihre Rolle nun in diesem Bereich menschlichen Lebens. Sie dienen dazu, im sozialen Geben und Nehmen von Informationen das auszuzeichnen, was zuverlässig ist und zur weiteren Verwendung verfügbar bleiben soll – und umgekehrt, das auszuscheiden, was falsch, unbegründet und zu unsicher ist. Für den Begriff des Wissens besagt Craigs Hypothese, er diene dem Zweck, *zuverlässige Informant:innen* zu zertifizieren und zu empfehlen. Indem wir einer Person Wissen zuschreiben, machen wir sie uns und anderen kenntlich: »Solltest

145 Natürlich existiert auch eine *moralische* Norm für diese Praxis, die Wahrhaftigkeit verlangt. Ich behaupte nicht, dass diese moralische Norm in dem Sinne eine soziale Norm ist, dass ihr Bestehen das Produkt sozialer Koordination oder Konvention ist. Mona Simion spricht treffend von einem *compliance contractarianism* – der These also, dass eine Art Sozialvertrag besteht, der nicht unbedingt das Bestehen oder die Richtigkeit der Norm, aber ihre *motivationale Effektivität* erklärt. Siehe Mona Simion, »Testimonial Contractarianism: A Knowledge-First Social Epistemology«, in: *Noûs* 55 (2020), S. 891-916.

du Informationen darüber benötigen, ob *p* – halte dich an sie!« Auch das Geben und Nehmen solcher epistemischen Empfehlungen ist Teil der Kooperation.

Es wurde bereits kurz angedeutet, dass dieser generelle Ansatz das Prinzip *Pragmatic Encroachment* durchaus stützen kann. Wir erkennen nun, warum: Wenn epistemische Begriffe dazu dienen, zuverlässige Quellen von Informationen auszuzeichnen, so liegt es nahe, dass eine Orientierung an den spezifischen Interessen der jeweiligen Adressat:innen erfolgt. Und in der Tat formuliert Craig – obwohl er selbst die Idee des *Pragmatic Encroachment* nicht vertritt (siehe unten) – explizit: »Indem ich dir eine Informantin empfehle, impliziere ich, dass ihre Zuverlässigkeit so groß ist, wie deine Ziele es erfordern.«[146]

Eine eingehendere metaepistemologische Analyse erlaubt es nun, etwas mehr über die Relevanz von Kosten zu sagen. Speziell lässt sich plausibel machen, dass epistemische Kategorien das Produkt zweier komplementärer Anforderungen sind. Einerseits ist es zweckmäßig, in der epistemischen Auszeichnung von Informationen und Informant:innen *exakt* die Bedürfnisse der augenblicklichen Adressat:innen vor Augen zu haben. Wenn sie wissen wollen, auf welche Informationen und auf wessen Auskünfte sie bauen können, so ist die kooperative Handlung, unsere Beiträge genau auf ihre Bedürfnisse abzustimmen. Sofern wir ihre Anliegen kennen, sollten wir also weder unvorsichtig noch allzu vorsichtig sein. Weder sollten wir leichtfertig Informant:innen empfehlen, die nicht zuverlässig genug sind, noch sollten wir Empfehlungen zurückhalten, wenn ihre Quelle für die Belange unserer Adressat:innen ausreichend sicher ist. Wir sollten die Schwelle also so auf ihre Belange abstimmen, wie unser obiger Belege-Kos-

146 Craig, *Knowledge and the State of Nature*, S. 94, Übers. T.H.

ten-Quotient es verlangt, wobei die relevanten Werte diejenigen sind, die aus den Interessen der aktuellen Adressat:innen folgen (Appendix I).

Andererseits resultiert eine komplementäre Anforderung daraus, dass wir und andere an guten Informationsquellen oft nicht zum sofortigen Gebrauch interessiert sind. Vielmehr merken wir sie für Fälle vor, in denen sie wichtig werden könnten, ohne dass wir bereits absehen können, welche Interessen dann auf dem Spiel stehen. Das heißt aber, dass eine exakte Abstimmung auf unmittelbar präsente Bedürfnisse im Rahmen unserer kooperativen Praxis allzu kurzsichtig wäre. Dies gilt insbesondere, weil es eben Teil dieser Praxis ist, dass unsere epistemischen Empfehlungen sozusagen als öffentliches Eigentum behandelt werden können. Wir bieten sie an in einem Rahmen, in dem sie zitierbar und verfügbar sind für andere, deren Umstände wir gar nicht genau kennen können – ebenso wie wir uns gerne auf Einschätzungen von Menschen verlassen möchten, die uns nicht im Sinn haben konnten.

Diese zweite Anforderung führt dazu, dass wir die Abstimmung auf die unmittelbaren Bedürfnisse unserer Zuhörer:innen ein Stück weit aufgeben, mit dem Ziel, die Reichweite und Verwendbarkeit für einen weniger exklusiven, ja sogar unbeschränkten Kreis zu ermöglichen.

Die Auswirkungen dieses zweiten Bedürfnisses stellt Craig in seiner fiktiven Genealogie als einen Prozess der *Objektivierung* dar, in dem die Semantik der einmal eingeführten Äußerungstypen schrittweise so verändert wird, dass Wahrheitsbedingungen weniger empfindlich für sehr spezielle und kontingente Bedingungen einzelner Subjekte und Kontexte werden. Der Fluchtpunkt dieser Entwicklung ist – und hier argumentiert Craig so, wie ich es im letzten Kapitel ebenfalls angedeutet habe – eine *anspruchsvolle* Verwendung. Die Objektivierung des Begriffs des

Wissens führe uns auf die Idee von »einer Person mit einem hohen Grad an Zuverlässigkeit, einer Person, die sehr wahrscheinlich richtigliegt, denn sie muss auch für einen sehr anspruchsvollen Fragesteller akzeptabel sein«.[147] Dies sei die soziale Quelle der starken Kriterien, die wir mit dem Begriff des Wissens verknüpfen.

Craig selbst, wie gesagt, vertritt den Gedanken des *Pragmatic Encroachment* nicht. Seiner Auffassung nach ist der Prozess der Objektivierung so weit gediehen, dass zumindest mit dem Begriff des Wissens letztlich konstante, sehr anspruchsvolle Kriterien verknüpft sind, ohne Sensitivität für spezifische Kontextparameter. Aber das vorige Kapitel dieses Buches hat beschrieben, dass unser Gebrauch epistemischer Ausdrücke durchaus Variabilität aufweist. Und es ist unschwer zu erkennen, dass die komplementären Anforderungen, die Craig beschreibt, eine gute Erklärung dafür ergeben. Die Bereitschaft, Standards bei Bedarf auf besonders gewichtige Interessen abzustimmen, ergibt hier sehr guten Sinn.

Craigs Metaepistemologie ist Gegenstand weiterer Diskussionen geworden, die eine solche kontextualistische Pointe stützen. Speziell hat sich der Gedanke, dass höhere Ansprüche im Zuge der Objektivierung priorisiert werden, als etwas zu einfach erwiesen. Immerhin gilt ja, dass eine allzu einseitige Orientierung an hohen Ansprüchen dafür sorgen würde, dass Informant:innen *nicht* empfohlen werden, die für einen Großteil der Gemeinschaft in weniger dramatischen Umständen ausreichend zuverlässig gewesen wären. Warum sollte nicht stattdessen eine Orientierung daran, was für die »gewöhnlichen« Belange der Mehrheit ausreichend ist, das näherliegende Resultat sein?[148]

147 Craig, *Knowledge and the State of Nature*, S. 91, Übers. T. H.

148 So schlägt Kusch vor, siehe Martin Kusch, »Knowledge and Cer-

Tatsächlich sollten wir uns die fiktive Genealogie epistemischer Kategorien als einen Prozess denken, in dem die Objektivierung auf ein Gleichgewicht zwischen niedrigen und hohen Standards zielt. Das muss aber nicht auf einen einzelnen, invarianten Standard mittlerer Stärke hinauslaufen. Vielmehr argumentiert Michael Hannon in einer Reihe von Veröffentlichungen, dass *gerade* variable Begriffe, wie der Kontextualismus sie beschreibt, eine gute Lösung darstellen.[149] Als Resultat des hypothetischen Prozesses der Objektivierung wären demnach Begriffe zu erwarten, die zwar als eine Art *default* eine Schwelle verwenden, die auf gewöhnliche Belange zugeschnitten ist, die aber kontextspezifisch von diesem *default* abweichen, sobald außergewöhnlich hohe Anforderungen auftreten.

Dieser Vorschlag ist nicht nur im Rahmen der fiktiven Genealogie stimmig, sondern er passt auch besser zu den linguistischen Daten des letzten Kapitels. In einer Konversation darüber, ob Ihre Sauce Erdnüsse enthält, sind Sie zu Anfang nicht darauf angewiesen, sich erst ein Bild von der spezifischen Interessenlage in Ihrem Kontext zu machen. Sie verlassen sich zunächst auf Annahmen darüber, wie wichtig die Korrektheit solcher Informationen im Allgemeinen ist. Sobald allerdings spezielle Informationen über gewichtige Interessen bekannt werden, zögern Sie nicht, den Standard für das, was sicher genug ist, anzuheben.

Ein weiterer wichtiger Vorschlag zur Ergänzung des

tainties in the Epistemic State of Nature«, in: *Episteme* 8 (2011), S. 6-23.

149 Michael Hannon, »The Practical Origins of Epistemic Contextualism«, in: *Erkenntnis* 78 (2013), S. 899-919; ders., »Stabilizing Knowledge«, in: *Pacific Philosophical Quarterly* 96 (2015), S. 116-139; ders., »A Solution to Knowledge's Threshold Problem«, in: *Philosophical Studies* 174 (2017), S. 607-629; ders., *What's the Point of Knowledge?*.

Craig'schen Narrativs stammt von David Henderson.[150] Er beobachtet, dass in unserer Praxis des Informationsaustauschs verschiedene *Typen* von Kontexten mit jeweils typischen Anforderungen vorkommen. Zwar dürfte in alltäglichen Kontexten tatsächlich ein flexibler Kontextualismus herrschen (vielleicht mit einer *default*-Struktur, wie sie Hannon beschreibt). Aber wir haben auch Institutionen, die sich auf die Bereitstellung besonders zertifizierter Informationen für alle möglichen sozialen Zwecke spezialisieren: die Wissenschaft und ihre Expert:innen. Die Wissenschaft befragen wir, wo wir es genau wissen müssen. Sie bildet in unserer Praxis den Goldstandard gesicherter Informationen. Für sie, so Henderson, werden sich in der Tat die stärksten Interessen als maßgeblich erweisen, so wie es Craig vorschwebt.

All diese Überlegungen führen auf eine wichtige Einsicht für mein Argument. Sie erklären, warum gewichtige praktische Interessen besonderen Einfluss auf epistemische Standards haben und warum solche Interessen ohne Beschränkung auf bestimmte Personen gelten. Im Anschluss an Henderson lässt sich begründen, warum dies besonders für die Wissenschaft gilt. Ich gebe diesem Gedanken einen Titel und eine explizite Formulierung:

> *Stakeholder*
> Im Falle wissenschaftlicher Behauptungen sind die praktischen Kosten all derjenigen relevant, die von den Auswirkungen von Handlungen betroffen wären, die im Lichte dieser Behauptungen rational wären, wobei Personen mit besonders hohen Kosten besondere Berücksichtigung erhalten.

150 David Henderson, »Motivated Contextualism«, in: *Philosophical Studies* 142 (2009), S. 119-131; ders., »Gate-Keeping Contextualism«, in: *Episteme* 8 (2001), S. 83-98.

Dieses Prinzip bedarf weiterer Präzisierungen. Ich schlage vor, die Einsichten Hannons und Hendersons zu kombinieren. Mit Letzterem sollten wir annehmen, dass der Kontext der Wissenschaft generell auf besonders hohe Ansprüche zugeschnitten ist. Aber auch für die Wissenschaft müssen wir nicht jegliche Variabilität bestreiten. Immerhin ist es schwierig, eine einheitliche und kontextunabhängige Bestimmung der »besonders hohen« Standards zu geben. Daher sollten wir auch hier auf Hannons Idee zurückkommen. Auch in der Wissenschaft dürfte ein *default* eine wichtige Rolle spielen – also eine allgemeine, meist implizite und nicht problematisierte Idee von den relevanten typischen Anforderungen. Zugleich aber gibt es eine Sensitivität für besondere Interessenlagen und Bedürfnisse.

Die metaepistemologischen Überlegungen dieses Kapitels legen nahe, dass es eine solche besondere Sensitivität für hohe Irrtumskosten gibt.[151]

151 Der Appendix 2 im Anhang dieses Buches stellt einige Überlegungen dazu an, wie dieses Resultat (*Stakeholder*) noch präziser zu fassen ist.

15. Irrtumskosten in der innerwissenschaftlichen Diskussion

Das letzte Kapitel hat für *Stakeholder* argumentiert – ein Prinzip, das die epistemischen Standards der Wissenschaften an Irrtumskosten bindet, und zwar ohne Beschränkung des Kreises der Betroffenen und mit Priorisierung besonders Betroffener.

In Diskussionen innerhalb der *scientific community* sind die Überlegungen, für deren Relevanz ich hier argumentiere, nicht fremd. Ein Beispiel: Im März 2012 publiziert *Nature* einen Kommentar zweier Krebsforscher, die mit den epistemischen Praktiken ihrer Disziplin hart ins Gericht gehen.[152] Die Abteilung für Hämatologie und Onkologie des Biotechnologie-Unternehmens Amden, dem einer der Autoren angehört, hatte über einen Zeitraum von 10 Jahren versucht, die Resultate von 53 einflussreichen Studien über neue Diagnose- und Therapiemöglichkeiten in der Krebsforschung zu replizieren. Das alarmierende Resultat: Die Erfolgsquote der Replikation lag nur bei 11 % (6 Studien). Diese Quote ist, so die Autoren, deutlich niedriger als in den anderen Bereichen der medizinischen und pharmakologischen Forschung. Die Ursachen, die sie benennen, reichen dabei von inadäquaten Materialien (Zelllinien, Tiermodelle) über die Vernachlässigung des Doppelblindstandards bis hin zum professionellen Publikationsdruck, der in Form des bekannten *publication bias*

152 C. Glenn Begley und Lee M. Ellis, »Raise Standards for Clinical Cancer Research«, in: *Nature* 483 (2012), S. 531-533.

dazu verführt, nur ausgewählte Resultate überhaupt zu publizieren.

Diese Form von wissenschaftsinterner Kritik ist nicht außergewöhnlich. Und sie richtet sich eindeutig auf Defizite, die epistemischer Natur sind, also auf Mängel in der systematischen Produktion zuverlässiger Erkenntnisse. Bemerkenswert ist aber, dass in ganz bruchloser Weise auch die *praktische Tragweite* dieser Resultate angeführt wird:

> Die Wissenschaftsgemeinschaft geht davon aus, dass die Ergebnisse präklinischer Studien beim Wort genommen werden können – dass, obwohl es kleinere Fehler im Detail geben mag, die wesentliche Botschaft des Artikels zuverlässig ist und dass die Daten im Großen und Ganzen den Test der Zeit bestehen.[153]

Und genau diese Funktion als Garant zuverlässiger Informationen macht es fatal, wenn epistemische Standards unterschritten werden:

> Einige der nicht-reproduzierbaren präklinischen Artikel haben ganze Forschungsfelder initiiert, mit hunderten von sekundären Publikationen, die Teile der ursprünglichen Arbeiten weiter ausarbeiten, aber nicht versuchen, deren Grundlagen erneut zu bestätigen. Noch beunruhigender: Einige dieser Publikationen haben zu einer Reihe von klinischen Studien geführt, was vermuten lässt, dass sich Patienten einem Versuch mit einer Behandlung oder einem Agens unterzogen haben, die wahrscheinlich nicht funktionieren.[154]

153 Begley und Ellis, »Raise Standards«, S. 532, Übers. T. H.
154 Begley und Ellis, »Raise Standards«, ibid., Übers. T. H.

Hier ist ein Hinweis auf Kosten Teil einer epistemischen Kritik. Meine Argumentation besagt: Der Hinweis erfolgt zu Recht. Man mag dies an dieser Stelle für selbstverständlich halten. Aber wir sollten uns vor Augen führen, dass es um dasselbe Phänomen geht, das in anderen Fällen kontrovers diskutiert wird. Auch hier ließe sich ja fragen, warum *epistemische* Standards der Forschung mit *praktischen* Irrtumskosten vermengt werden. Sollten wir nicht auch die präklinische Krebsforschung als autonom auffassen – als eine Disziplin, in der es nur um rein wissenschaftliche Kriterien geht, also »einzig allein um wahr und falsch«? Sollten Forscher:innen die Frage, ob ihre Resultate hinreichend sicher *für klinische Studien* sind, nicht der Praxis überlassen dürfen?

Gewiss, in der Krebsforschung liegt die Frage nach dem therapeutischen Nutzen oder Schaden besonders nahe – deshalb wähle ich ja dieses Beispiel. Aber haben die Argumente für eine autonome Wissenschaft nicht gerade deshalb maximale Schlagkraft? Sollten wir nicht auch (und ganz besonders) hier Sorge tragen, dass Forschung *Forschung* sein kann und sich über praktische Entscheidungen nicht beunruhigen muss?

Doch diesen Eindruck haben wir an dieser Stelle nicht. Es scheint kein unzulässiges oder sachfremdes Moralisieren zu sein, wenn die Autoren daran erinnern, wie viel an den Resultaten hängt. Vielmehr erklären die Kosten, *warum* die epistemischen Mängel der aktuellen Forschung denn Mängel *sind* – warum die epistemischen Anforderungen an diese Forschung eine Strenge haben müssen, der die aktuelle Praxis nicht genügt.

Nehmen wir ein fiktives Beispiel. Angenommen, eine Studie zu einer neuen Anwendung einer Behandlungsmethode in der Krebstherapie lege nahe, dass diese neue Anwendung positive Effekte auf den Krankheitsverlauf hat.

Die Autor:innen hatten aber schon frühere Anläufe genommen, die ohne positive Resultate blieben. Publiziert haben sie aber nur die Resultate des letzten Versuchs. Damit scheinen die Autor:innen einen falschen Rechtfertigungsanspruch zu erheben. Sie präsentieren etwas als eine bestätigte Hypothese, das im Lichte ihrer *gesamten* Forschung eher einen geringen Grad an Bestätigung aufweist. Das wäre nun weniger problematisch, wenn die Kosten eines falschen positiven Urteils gering wären – wenn es vielleicht sogar ratsam wäre, möglichst viele neue Ideen auszuprobieren, solange auch nur eine geringe Aussicht auf Erfolg besteht. Da es sich aber nicht so verhält, sondern die Irrtumskosten speziell für die besonders Betroffenen ganz erheblich sein können, sind diese Standards nicht gut genug.

Damit haben wir die Natur epistemischer Kriterien ausführlich genug diskutiert, um zum Hauptthema des Buches zurückzukehren und moralische Implikationen zu beleuchten.

V. EINE INTERNE KONZEPTION MORALISCHER KRITIK

16. Von epistemischen zu moralischen Defiziten

Ob eine Überzeugung oder Behauptung epistemisch gerechtfertigt sind, hängt von den Kosten ab, die anfallen, wenn sie falsch sind und wir so handeln, wie sie es nahelegen. Die Relevanz dieser Irrtumskosten kennt kein Ansehen der Person. Auch für eine autonome Wissenschaft, die sich gänzlich an epistemischen Kriterien orientieren soll, sind Irrtumskosten daher keine äußerlichen Erwägungen. Für die Wissenschaft gilt sogar, dass etwaige höhere Kosten für besonders betroffene Menschen erhöhte Rechtfertigungsforderungen nach sich ziehen.

So lauten die bisherigen Erkenntnisse. Dieser Teil des Buches macht sich nun daran, diese Resultate für eine Verteidigung moralischer Kritik nutzbar zu machen.

Der Grundgedanke wurde wiederholt angekündigt: Die Irrtumskosten, die über die Höhe des epistemischen Standards mitbestimmen, sind aus prinzipiellen Gründen auch moralisch signifikant. Eine These zu vertreten, die gemessen an diesen Kosten nicht gut genug bestätigt ist, ist daher zugleich epistemisch und moralisch kritikwürdig.

Worin besteht diese moralische Signifikanz? Um dies genau zu beschreiben, möchte ich zunächst die Kategorie eines *epistemischen Anspruchs* einführen. Sie bezeichnet einen Geltungsanspruch, der mit jedem Sprechakt des Behauptens erhoben wird. Er besteht darin, dass die Sprecher:in sich darauf festlegt, hinsichtlich der Wahrheit des Behaupteten in einer hinreichend guten epistemischen Position zu sein.

Dass jede Behauptung einen solchen Anspruch erhebt, ist unkontrovers. Es wird in der aktuellen philosophischen Literatur zumeist so erläutert, dass eine *epistemische Norm* für den Sprechakt des Behauptens existiert. Zu den Spielregeln, die diesen Sprechakttyp definieren, gehört also, dass eine Sprecher:in nur dann zu einer Behauptung berechtigt ist, wenn ihr Informationsstand hinsichtlich des Behaupteten das Soll dieser Norm erreicht. Unter Philosoph:innen besteht dabei keine Einigkeit, was genau die Norm verlangt. Ein einflussreicher Vorschlag von Timothy Williamson erklärt *Wissen* zur Norm des Behauptens.[155] Wer etwas behauptet, wäre demnach an dem Anspruch zu messen, dass sie *weiß*, was sie da behauptet. Wir müssen uns hinsichtlich der spezifischen Anforderung allerdings nicht festlegen, sondern gehen einfach davon aus, dass sie *mindestens* epistemische Rechtfertigung umfasst.

Jede Sprecher:in, die etwas behauptet, erhebt also den Anspruch, dass sie hinsichtlich des Behaupteten zumindest epistemisch gerechtfertigt ist. Kompetente Teilnehmer:innen am Diskurs reagieren auf diesen Anspruch, indem sie ihn entweder in Anschlusssprechakten prüfen und hinterfragen oder seine Erfüllung stillschweigend voraussetzen. Dieser Umstand gibt sich z. B. darin zu erkennen, dass jede Behauptung ohne weiteres Anschlussfragen zulässt, die bereits die *pragmatische Präsupposition* erfordern, dass die Sprecher:in entsprechend gut informiert ist. Wir können an jeden behauptenden Sprechakt mit einer Frage wie dieser anschließen: »Woher weißt du das?« Und die Frage nach dem Woher erfordert natürlich bereits die Präsupposition, *dass* die Sprecher:in es tatsächlich weiß.

155 Vgl. Williamson, *Knowledge and its Limits*. Siehe für weitere Hinweise Kapitel 11, Fußnote 133.

Auch Behauptungen von Wissenschaftler:innen unterliegen natürlich dieser epistemischen Norm. Und sofern sie diese Behauptungen in ihrer Rolle als Wissenschaftler:innen tätigen, gelten entsprechend hohe Anforderungen für epistemische Rechtfertigung. Aus unseren bisherigen Überlegungen wissen wir, dass die Prinzipien *Pragmatic Encroachment* und *Stakeholder* die Höhe dieser Anforderungen bestimmen. Daraus folgt, dass wissenschaftliche Behauptungen mit folgendem Anspruch auftreten:

> *Epistemisch-praktischer Geltungsanspruch wissenschaftlicher Behauptungen*
> Eine Behauptung, die eine Wissenschaftler:in (als Wissenschaftler:in) vertritt, erhebt den Anspruch, dass das Behauptete gut genug epistemisch gerechtfertigt ist, um es rational zu machen, entsprechend zu handeln, auch aus der Perspektive derjenigen, für die diese Handlungen besondere Irrtumskosten hätten.

Nun wird erklärbar, warum eine Behauptung, deren Inhalt gemessen an den Irrtumskosten epistemisch ungerechtfertigt ist, zugleich moralisch kritikwürdig ist. Zunächst einmal folgt aus dem Prinzip, dass in so einem Falle ein epistemischer Geltungsanspruch der Behauptung unerfüllt ist und wir sie also zurückweisen müssen. Darüber hinaus erklärt dieses Prinzip aber auch, warum diese Behauptung eine gravierende Irreführung darstellt.

Ich erinnere an die Herleitung des Zusammenhangs von Irrtumskosten und dem epistemischen Standard für eine Hypothese. Sie basierte ja auf der Forderung, dass die Handlung, die im Falle der Wahrheit einer These die beste ist, auch die rationale Option im Lichte der Belege ist (vgl. Appendix I, S. 284-296). Daraus können wir nun schließen: Wenn die Belege für die These, die wir vertreten, *nicht* stark genug sind im Lichte der Irrtumskosten, ist jene Forderung unerfüllt. Wenn Menschen im Vertrauen auf diese Behauptung so handeln, als wäre die These wahr, sind ihre Handlungen in einigen Fällen *nicht* die, die *eigentlich* im Lichte der Belege rational wären. Einige dieser Handlungen haben geringeren erwarteten Wert für alle Betroffenen, und mit einiger Wahrscheinlichkeit gerade für die besonders Betroffenen. Unsere Behauptung täuscht darüber, dass solches Handeln *erwartbar schädlich* ist.

Dieser Zusammenhang ergibt sich unmittelbar aus unserer Herleitung des Maßes für hinreichende epistemische Rechtfertigung. Und der Umstand, dass jene Handlungen gerade die besonders Betroffenen in der Erwartung schlechter stellen können, ist natürlich ein moralisch relevanter Faktor – er macht es *riskant*, ja: *unverantwortlich*, die These zu vertreten. Denn das Prinzip für den epistemisch-pragmatischen Geltungsanspruch zeigt, dass so eine Behauptung mit der Versicherung einhergeht, dass entsprechende Handlungen rational *sind*! Die Öffentlichkeit wird irregeführt in einer Frage, die große Tragweite für sie besitzt. Ich werde diese Form der erwartbar schädlichen Irreführung *moralische Fahrlässigkeit* nennen.

Denken wir an eines unserer Beispiele zurück. Wir befinden uns wieder in Ihrem Speisezimmer, wo Ihre Gäste Sie gerade mit der Frage konfrontiert haben, ob Erdnüsse in Ihrer Sauce sind. Sie sind geneigt, es zu verneinen, werden aber dann daran erinnert, dass Ihr Gast Ayse allergisch ist. Wie wir bereits festgehalten haben, scheinen Sie nun nicht mehr in der epistemischen Position zu sein, fest davon auszugehen, dass Ihre Sauce wirklich keinerlei Erdnüsse enthält. Wenn Sie ungerührt sagen: »Nein, da sind keine Erdnüsse drin«, scheinen Sie also den Bereich dessen zu verlassen, was Sie hinreichend gut wissen, um es zum Gegenstand einer Überzeugung oder Behauptung zu machen. Und gleichzeitig gilt natürlich: Sie versichern Ayse, dass sie entsprechend handeln und beherzt zugreifen kann – eine Handlung, die im Lichte Ihrer eigenen Belege als zu riskant gelten muss.

Dasselbe gilt für unseren fiktiven Fall der methodisch unsauberen Studie zu einer Krebsbehandlung (siehe letztes Kapitel). Die praktischen Kosten der Betroffenen erklären hier erstens, warum die epistemischen Ansprüche so hoch sind, dass diese Studie sie verfehlt. Und zugleich zeigen sie natürlich, dass eine Publikation, indem sie Anspruch auf hinreichende Rechtfertigung erhebt, praktisch und moralisch in die Irre führt. Wer also dem Publikationsdruck nachgibt und Resultate veröffentlicht, die im Hinblick auf die Irrtumskosten der Kranken nicht gut genug begründet sind, treibt nicht nur schlechte Wissenschaft. Außerdem signalisiert er oder sie, dass etwa klinische Studien ratsam sind, die Hoffnungen enttäuschen und hohe Opportunitätskosten erzeugen dürften.

Nun ist zu berücksichtigen, dass diese Überlegungen sich ausschließlich auf allgemeine Fragen über Normen des Behauptens, diskursive Geltungsansprüche und epistemische Rechtfertigung stützen – nicht etwa auf spezifische Merkmale einzelner Behauptungen. Daher können wir den Zusammenhang zwischen Belegen, die im Lichte der Irrtumskosten epistemisch ungenügend sind, und einer moralischen Fahrlässigkeit als *allgemein* auffassen.

Ich formuliere daher ein weiteres Prinzip:

Irrtumskosten als moralische Falschmacher
Wenn eine Überzeugung für eine Wissenschaftler:in epistemisch ungerechtfertigt ist, weil sie im Lichte der Irrtumskosten (wie das Prinzip *Stakeholder* sie bestimmt) durch ihre Belege nicht gut genug bestätigt ist, dann ist es moralisch fahrlässig, wenn die Wissenschaftler:in diese These (als Wissenschaftler:in) behauptet.

Ich gehe davon aus, dass eine ausführlichere Begründung im Rahmen einer umfassenden Moraltheorie nicht erforderlich ist. Jede adäquate ethische Theorie wird derlei fahrlässige Irreführung als unmoralisch qualifizieren. In aller Kürze: Konsequentialistische Theorien würden sicherlich auf die erwartbaren Schäden verweisen, die eine irreführende Behauptung wie diese zumindest in einem »subjektiven« Sinne falsch machen. (Diese »subjektive« Falschheit ist für die deliberative Perspektive, für moralische Kritik und Vorwürfe maßgeblich.[156]) Deontologische Theorien würden natürlich anders argumentieren. In Kants Ethik etwa könnte schon der Aspekt der Irreführung als solcher die Behauptung als falsch ausweisen. Oder der Vorwurf könnte lauten, dass die Maxime der Wissenschaftler:in das Wohl der Betroffenen (ihre »Glückseligkeit«) nicht als oberste einschränkende Bedingung (»Zweck an sich«) behandelt.[157] Eine kontraktualistische Argumentation würde lauten, dass jedes Prinzip, das eine irreführende und potenziell schädliche Ausnutzung des Vertrauens in die Wissenschaft erlaubt, aus ebendiesem Grunde vernünftigerweise zurückweisbar wäre.[158]

Wir müssen uns an dieser Stelle auf keine dieser Antworten festlegen. Der wichtigere Punkt ist: Da sich der Fahrlässigkeitsvorwurf, wie gesagt, aus unseren ganz und gar allgemeinen Überlegungen zu epistemischer Rechtfertigung ergibt, ist diese Fahrlässigkeit Teil dessen, *was es heißt*, Irrtumskosten zu missachten. Dieser Zusammen-

156 Für eine detaillierte Studie zur Rolle eines subjektiven Sollens, Holly M. Smith, *Making Morality Work*, Oxford 2018.

157 Für Genaueres zu Kants Ethik (und meinem Verständnis derselben) siehe Tim Henning, *Kants Ethik. Eine Einführung*, Stuttgart 2016.

158 Den Kontraktualismus formuliert und verteidigt Thomas M. Scanlon, *What We Owe to Each Other*, Cambridge, Mass. 1996.

hang gilt also allgemein und unterfüttert das obige Prinzip *Irrtumskosten als moralische Falschmacher*.

Wichtig ist, dass der moralische Einwand (anders als die epistemische Kritik im Lichte der Irrtumskosten) nur den Aspekt der *Äußerung* betrifft, also das Behaupten der These, nicht die Überzeugung. Eine These zu *glauben*, die im Lichte der Irrtumskosten ungenügend belegt ist, wäre demnach nicht unmoralisch, sondern »nur« epistemisch irrational. Moralisch falsch ist es erst, wenn ich diese These in meiner Position als Wissenschaftler:in vertrete und damit als etwas präsentiere, das zuverlässig ist.

Freilich wirft dies die Frage auf, was es heißt, eine These »als Wissenschaftler:in« zu vertreten. Oft besteht darüber jedoch keine ernsthafte Unsicherheit. Die Anwendungsfälle, die wir im folgenden Teil dieses Buches im Detail besprechen, erfüllen dieses Kriterium eindeutig. Immerhin sind sie Fälle, in denen sich Wissenschaftler:innen in akademischen Veröffentlichungen zu ihrem eigenen Fachgebiet äußern. Ich will aber betonen, dass auch andere Fälle unter jene Beschreibung fallen. So sollte es z.B. unstrittig sein, dass eine Wissenschaftler:in mit dem Forschungsschwerpunkt Osteuropa nicht dadurch von den Standards der Wissenschaft entbunden wird, dass sie ihre brisanten Aussagen zu Ursachen und Verantwortung für den Krieg in der Ukraine als einen »Essay« deklariert.[159] Aber die Verpflichtungen akademischer Wissenschaftler:innen gehen sogar noch weiter. Da sie Ansehen und Vertrauen als epis-

159 Das entsprechende Beispiel: Ulrike Guérot und Hauke Ritz, *Endspiel Europa. Warum das politische Projekt Europa gescheitert ist und wie wir wieder davon träumen können*, Frankfurt a.M. 2022. Für eine Stellungnahme meinerseits siehe: »Es ist schlechte Wissenschaft, weil es schlecht belegt ist«, Interview vom 4.11.2022 auf *Zeit Online*, ⟨https://www.zeit.de/campus/2022-11/ulrike-guerot-forschungsfreiheit-universitaet-bonn-tim-henning-interview⟩.

temische Autoritäten genießen, dürfen auch öffentliche Behauptungen, die sie zu Gegenständen fremder Fachgebiete tätigen, an den Maßstäben der Wissenschaft gemessen werden, sofern sie nicht explizit und transparent qualifiziert werden (etwa: »Ich bin freilich auf diesem Gebiet keine Expert:in.«).

Damit ist ein entscheidender Schritt des Arguments getan: Wir haben, indem wir uns ganz den Bedingungen epistemischer Rechtfertigung gewidmet haben, Faktoren identifiziert, die *einerseits* epistemisch Relevanz haben, die sich aber in einem weiteren Schritt *auch* als moralisch signifikant erwiesen haben. Diese Faktoren, die Irrtumskosten, können dafür sorgen, dass eine These zugleich und aus denselben Gründen *epistemisch* kritikwürdig ist, wenn sie Gegenstand einer Überzeugung oder Behauptung durch die Wissenschaftler:in wird, und ebenso *moralisch* kritikwürdig ist, wenn sie öffentlich von ihr (in ihrer Funktion als Wissenschaftler:in) vertreten wird. Wir haben damit, wie beabsichtigt, einen Ansatzpunkt für moralische Kritik gefunden, der für die epistemische Rationalität nicht äußerlich ist. Im kommenden Kapitel geht es darum, die Rolle der Moral in diesem Modell zu präzisieren.

Zuvor komme ich kurz auf eine mögliche Erweiterung meines Arguments zu sprechen, die bereits an früherer Stelle thematisch war. Ich habe schon erwähnt, dass es neben Normen für epistemisch rationale *Überzeugungen* auch Normen für rationales *Forschen* zu geben scheint – sogenannte *zetetische* Normen.[160] Einer Forschungsfrage nachzugehen, so lautet dabei ein prominenter Vorschlag, ist nur bei *Mangel an Belegen* gerechtfertigt – also nur dann, wenn wir nicht bereits wissen, wie die Antwort lau-

160 Friedman, »Why Suspend Judging?«; dies., »The Epistemic and the Zetetic«; Haziza, »Norms of Inquiry«.

tet. Wenn dem so ist, dann *erhebt bereits das Verfolgen einer Forschungsfrage einen epistemischen Anspruch*. Der Anspruch wäre, dass unsere Belege die Frage nicht bereits beantworten und dass verschiedene mögliche Antworten sich im Grad ihrer evidentiellen Stützung nicht ausreichend unterscheiden. Auch eine solche Frage kann daher etwas Irreführendes über die Stärke von Belegen mitteilen, und sogar *moralisch fahrlässig* sein. Ich habe bereits angedeutet, und werde im Kapitel 19 darauf zurückkommen, dass dies für unser erstes Beispiel, die Forschung zu Hautfarbe, Genetik und IQ, gelten könnte.

17. *Moral Encroachment* – direkt oder indirekt?

Das letzte Kapitel konnte einen Zusammenhang zwischen epistemischer Rechtfertigung und Moral identifizieren: Eine Behauptung, deren Inhalt im Lichte der Irrtumskosten nicht ausreichend epistemisch gerechtfertigt ist, wird in der Regel auch moralisch fahrlässig sein.

Damit ist klar, dass wir in Analogie zu unserer früheren Argumentation einen weiteren »Nexus« zwischen zwei normativen Status identifizieren können. Das Kapitel 11 hatte ja dafür argumentiert, dass der epistemische und der praktische Status von Informationen in interessanter Weise verknüpft sind – dergestalt, dass eine Überzeugung, die als epistemisch gerechtfertigt gelten kann, auch zuverlässig genug sein wird, um als Prämisse im praktischen Entscheiden zu fungieren. Eine analoge Verbindung lässt sich nun für die Moral formulieren:

> *Moralischer Nexus*
> Wenn die Belege für *p* für eine gerechtfertigte Überzeugung genügen, dann ist es nicht moralisch fahrlässig, *p* als eine zulässige Prämisse im praktischen Überlegen zu behandeln und zu empfehlen.

Im Umkehrschluss heißt dies natürlich, dass eine Behauptung, die im Lichte der Belege moralisch fahrlässig ist, auch nicht epistemisch gerechtfertigt ist. Kehren wir zum Beispiel des Abendessens zurück: Ihre Gäste fragen Sie, ob die Sauce, die Sie zu servieren im Begriff sind, Erdnüsse enthält. Sie führen sich das Risiko vor Augen, dem Sie Ayse aussetzen würden. Das Prinzip *Moralischer Nexus* besagt nun, dass Ihre moralische und Ihre epistemische Einschätzung nicht divergieren können. Sie können nicht moralisch davor zurückschrecken, die Sauce als unbedenklich zu empfehlen, aber zugleich überzeugt bleiben, dass sie es ist.

Gerade so wie im früheren Falle lässt sich dieser Zusammenhang durch Überlegungen zur Autorität der theoretischen Vernunft stützen. Wäre es nicht absurd, wenn zuerst Ihre *theoretische* Vernunft einer Information das höchste epistemische Gütesiegel zuerkennte und danach Ihre *moralische* Vernunft mit *höheren* Standards für Wahrheitsansprüche daherkäme?

Dieses Prinzip stellt eine Verbindung zwischen epistemischer Rechtfertigung und Moral her, die in der aktuellen Literatur den Titel *Moral Encroachment* trägt.[161] Es dürfte leicht ersichtlich sein, was gemeint ist: Ähnlich, wie das Prinzip *Nexus* auf einen Zusammenhang zwischen pragmatischem und epistemischem Status hinweist, etabliert dieses Prinzip einen Zusammenhang zwischen moralischem und epistemischem Status. Wenn eine Behauptung

161 Siehe zum Beispiel: James Fritz, »Pragmatic Encroachment and Moral Encroachment«, in: *Pacific Philosophical Quarterly* 98 (2017), S. 643-661; Sarah Moss, »Moral Encroachment«, in: *Proceedings of the Aristotelian Society* 118 (2018), S. 177-205; dies., *Probabilistic Knowledge*, Oxford 2018; Renée Jorgensen Bolinger, »The Rational Impermissibility of Accepting (some) Racial Generalizations«, in: *Synthèse* 197 (2018), S. 2415-2431; Renée Jorgensen Bolinger, »Varieties of Moral Encroachment«, in: *Philosophical Perspectives* 34 (2020), S. 5-26; Rima Basu, »Radical Moral Encroachment: The Moral Stakes of Racist Beliefs«, in: *Philosophical Issues* 29 (2019), S. 9-23; Rima Basu und Mark Schroeder, »Doxastic Wronging«, in: Brian Kim und Matthew McGrath (Hrsg.), *Pragmatic Encroachment in Epistemology*, New York 2019, S. 181-205.

in einer bestimmten Weise moralisch kritikwürdig ist (nämlich als eine fahrlässige Einladung zu erwartbar schädlichem Handeln), kann sie nicht epistemisch gerechtfertigt sein.

Meine bisherige Argumentation spricht also dafür, dass es *Moral Encroachment* gibt. Allerdings ist an diesem Punkt Genauigkeit wichtig. Denn für mein übergeordnetes Beweisziel ist es entscheidend, dass ich nur eine sehr spezielle Form des *Moral Encroachment* behaupte. Der Klarheit halber führe ich nun eine Unterscheidung zwischen indirektem und direktem *Moral Encroachment* ein. Dann erkläre ich, wieso es für meine »interne« Konzeption moralischer Kritik von Bedeutung ist, dass es um die indirekte Variante geht.

Zunächst einmal liegt *Moral Encroachment* in einem generischen Sinne vor, wenn der epistemische und der moralische Status von Überzeugungen oder Behauptungen koordiniert sind. Von *direktem Moral Encroachment* spreche ich dann, wenn der moralische Status gegenüber dem epistemischen Status *explanatorisch primär* ist. Das bedeutet: Es gäbe dann Fälle, in denen eine Behauptung (vielleicht auch eine Überzeugung) eines bestimmten Inhalts moralisch falsch wäre und in denen dieser moralische Befund erklären würde, warum diese Behauptung (oder Überzeugung) auch epistemisch ungerechtfertigt ist. *Indirektes Moral Encroachment* hingegen bedeutet, dass der epistemische Status nicht durch den moralischen Status erklärt wird, sondern explanatorisch eigenständig ist.

Diese Unterscheidung wird klarer, wenn meine eigene Idee mit dem verwandten Vorschlag von Heather Douglas kontrastiert wird.[162] Douglas argumentiert, in Übereinstimmung mit Rudners klassischem Aufsatz und mit mei-

162 Siehe Douglas, *Science, Policy, and the Value-Free Ideal.*

nen Überlegungen in diesem Buch, dass der Standard für Rechtfertigung nicht allein durch die relative Stärke der Belege für alternative Überzeugungen bestimmt wird. Sie behauptet dabei, ähnlich wie Rudner, dass epistemische Kriterien hier eine Leerstelle lassen, die es zu füllen gelte – also Raum für weitere Gründe, die uns dabei helfen, den Standard zu definieren. In einem nächsten Schritt fährt Douglas dann mit einem moralischen Argument fort: Wissenschaftler:innen unterstehen ebenso moralischen Forderungen wie alle anderen Menschen auch. Insbesondere tragen auch sie für erwartbare Konsequenzen dessen, was sie tun, Verantwortung. Das schließt ihre Behauptungen ein. Wenn nun eine Behauptung mit bestimmten Irrtumskosten *moralisch* nicht zu verantworten ist, und wenn die Belege allein über die epistemische Rechtfertigung nicht entscheiden können, so liegt es nahe, dass die moralische Signifikanz dabei hilft.

Dies ist eine direkte Variante des *Moral Encroachment*. Ihr zufolge kann es epistemisch ungerechtfertigt sein, eine bestimmte These zu vertreten, *weil* es moralisch fahrlässig wäre. Der epistemische Status und der moralische Status sind nicht nur koordiniert, sondern der moralische Status ist explanatorisch fundamentaler.

Die explanatorischen Prioritäten, die sich daraus ergeben, lassen sich so darstellen:

Direktes *Moral Enchroachment*

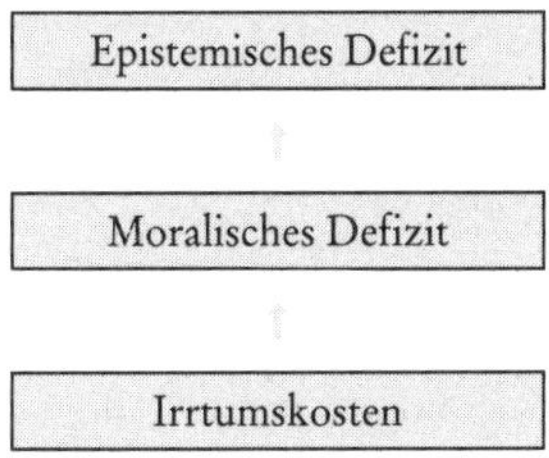

Direktes *Moral Encroachment* kann auch andere Formen annehmen. So verhält es sich zum Beispiel in einigen kritischen Analysen der Praxis des *racial profiling*. Wenn polizeiliche Ordnungskräfte, Fahrkartenkontrolleur:innen oder Kaufhausdetektiv:innen Menschen mit einer bestimmten Hautfarbe besonders in den Fokus nehmen, so erscheint diese Praxis vielen Menschen (so auch mir) als problematisch. Zum einen ist sie *moralisch* problematisch, weil sie Menschen nicht als Individuen, sondern als bloße Fälle einer Referenzklasse behandelt,[163] oder auch deshalb, weil sie Minderheiten für die Effekte objektiver Missstände bestraft, die wir als Mehrheit verschuldet haben.[164] Zum anderen wird diese Praxis oft auch erkenntnistheoretisch kritisiert. Es erscheint *epistemisch ungerechtfertigt*, Individuen aufgrund rein statistischer Belege eines Fehlverhaltens zu verdächtigen (vgl. den Fall des Gefängnisaufstandes von Nesson, siehe Kapitel 10). Autor:innen wie Moss und Basu verknüpfen diese beiden Diagnosen nun im Sinne eines *direkten Moral Encroachment*: Das moralische Defizit, so ihre These, *erklärt* das epistemische Defizit. *Weil* der Anfangsverdacht ein moralisches Unrecht wäre, ist er auch epistemisch ungerechtfertigt.[165]

Diese Form des direkten *Moral Encroachment* ist noch weiter von meinem Ansatz entfernt als Douglas' Theorie. Das zeigt sich schon daran, dass es hier gar nicht um Irrtumskosten geht. Die moralischen Mängel von Überzeugungen, die auf *racial profiling* beruhen, sind unabhängig

163 So zum Beispiel Benjamin Eidelson, *Discrimination and Disrespect*, Oxford 2015.

164 Diesen Erklärungsvorschlag macht Kasper Lippert-Rasmussen, *Born Free and Equal? A Philosophical Inquiry Into the Nature of Discrimination*, New York 2013.

165 Vgl. Moss, »Moral Encroachment«, Basu »Radical Moral Encroachment«.

davon, ob diese Überzeugungen wahr oder falsch sind. Wenn eine Person nur deshalb von einer Kaufhausdetektivin kontrolliert wird, weil sie eine bestimmte Hautfarbe hat, ist dies auch dann problematisch, wenn die Detektivin fündig wird. Es ist also ein Typ von *Encroachment*, der strukturell anders funktioniert.[166]

In diesem Zusammenhang lautet eine der interessanten Thesen von Basu, dass eine Überzeugung *selbst*, unabhängig von den Konsequenzen etwaiger Handlungen, unmoralisch sein kann. (Wenn etwa ein neuer Professor beim ersten Institutsbesuch auf eine Frau trifft und direkt annimmt, sie sei gewiss die Sekretärin, ist dies auch dann eine moralische Fehlleistung, wenn es unbemerkt und ohne praktische Effekte bleibt.) Auch in diesem Punkt ist mein Vorschlag neutraler. Während die Irrtumskosten für die *epistemische* Rechtfertigung von Überzeugung und Behauptungen gleichermaßen relevant sind, trifft die moralische Bewertung in meinem Ansatz nur entsprechende Sprechakte.

Vieles an den genannten Vorschlägen erscheint mir bedenkenswert. In unserem Kontext ist es aber von Wichtigkeit, dass mein Vorschlag ein anderer ist. Und das bezieht sich nicht nur auf die zuletzt genannten Ideen, sondern auch auf den Ansatz von Douglas. Meine Argumentation stützt nur *indirektes Moral Encroachment*. Irrtumskosten erklären *sowohl* das epistemische *als auch* das moralische Defizit bestimmter Thesen; der moralische Mangel hat dabei keine explanatorische Priorität. Die fraglichen Thesen sind also nicht etwa deshalb epistemisch ungerechtfertigt, *weil* sie moralisch fahrlässig sind.

Deshalb ist es auch von so großer Bedeutung, dass mei-

166 Darauf weist auch Moss, »Moral Encroachment«, hin.

ne Argumentation zu wissenschaftlichen Standards und Irrtumskosten moralische Fragen zunächst ganz ausgespart hat. Sie hat nur gefragt, welche Irrtumskosten sich aus einer *metaepistemologischen* Perspektive als relevant erweisen. Die geneigte Leser:in wird sich ja zwischenzeitlich gefragt haben, warum sie lange Einlassungen zur Sprachphilosophie und zur fiktiven Genealogie epistemischer Begriffe lesen muss. Die Antwort: So zeigt sich, dass Irrtumskosten auch *unabhängig von der Moral* als epistemisch relevant gelten müssen. Erst im jetzigen Teil argumentiere ich, dass diese Kosten *auch* ein moralisches Defizit konstituieren können.

Beide Status, der epistemische und der moralische, werden so durch ein und denselben Faktor (Irrtumskosten) erklärt und sind deshalb koordiniert (daher gilt *Moral Encroachment*), aber keiner der Status ist Teil der Erklärung des jeweils anderen. Auch hier eine Grafik:

Indirektes *Moral Enchroachment*

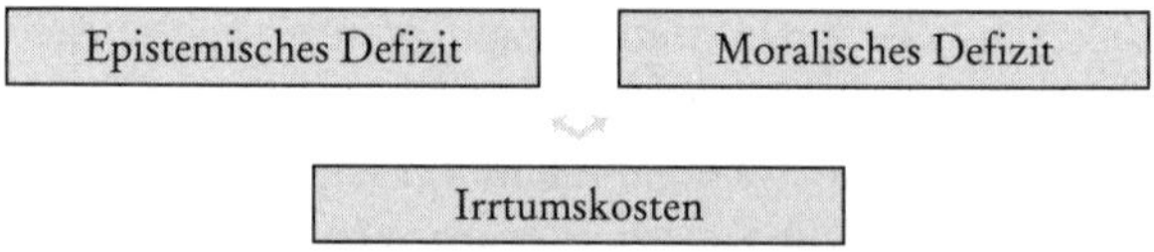

Warum beharre ich auf diesen subtilen Unterschieden? Weil sich so der Gedanke der *Autonomie der Wissenschaft* noch eindeutiger verteidigen lässt. Eine Kritik einer wissenschaftlichen These, die auf Irrtumskosten abhebt, hat zwar auch einen moralischen Charakter. Aber sie funktioniert auch unabhängig, als rein epistemische Kritik. Wir können sie begründen, ohne moralische Erwägungen ins Spiel bringen oder gar verteidigen zu müssen. Der epistemische Aspekt unserer Kritik ist gegenüber dem moralischen *autark*.

Das heißt, dass die hier vorgelegte Theorie mit dem folgenden Prinzip vereinbar ist:

> *Autarkie des Epistemischen*
> Eine legitime Kritik an einer wissenschaftlichen These darf nur Gründe anführen, die sich auch ohne Rekurs auf oder Einigung über moralische Grundsätze als epistemisch relevant (i. e. relevant für Rechtfertigung oder Wissen) ausweisen lassen.

Etwas weniger umständlich gesagt: Berechtigte Kritik an Wissenschaft muss so beschaffen sein, dass sie auch als rein epistemische Kritik funktionieren kann.

Wir können dieses Prinzip als ein weiteres Element einer anspruchsvollen Konzeption der Autonomie der Wissenschaft verstehen. Dass es in meiner bisherigen Konzeption nicht implizit schon enthalten ist, ist daraus ersichtlich, dass z. B. der Vorschlag von Douglas mit *Autonomie der Wissenschaft* (also mit der obigen Kombination aus *Autonomie*, *Evidentialismus* und *Anti-Moralismus*) kompatibel ist, mit diesem letzten Prinzip aber nicht. Mein eigener Vorschlag hingegen verträgt sich sogar mit diesem letzteren Prinzip.

Ich will aber betonen, dass ich *Autarkie des Epistemischen* weniger plausibel finde als die drei anderen Prinzipien, die Eingang in *Autonomie der Wissenschaft* gefunden haben. Das liegt nicht zuletzt daran, dass ich Basus Ideen auch im Hinblick auf mein Beispiel (1) (also die These von Herrnstein und Murray, dass Schwarze Menschen genetisch bedingt einen geringeren durchschnittlichen IQ haben) einiges abgewinnen kann. Aber es ist von Vorteil, dass meine Vorschläge sogar zu einer noch strengeren Idee der Autonomie passen.

18. Fazit: Wie moralische Kritik mit der Autonomie der Wissenschaft vereinbar ist

Zumindest auf einer abstrakten, theoretischen Ebene ist deutlich geworden, wie die Lösung unserer Aufgabe aussieht. Die Einleitung hat diese Aufgabe durch zwei Thesen dargestellt, die ich hier der Übersichtlichkeit halber noch einmal in offizieller Form wiederholen möchte:

> *Autonomie der Wissenschaft (kurz)*
> Wissenschaftliche Thesen sind gerechtfertigterweise nur daran zu messen, ob es hinreichende Belege für ihre Wahrheit gibt, und (Nicht-)Übereinstimmung mit moralischen Ansichten ist kein solcher Beleg.

> *Moralische Kritik*
> Es kann gerechtfertigt sein, Wissenschaftler:innen für ihre wissenschaftlichen Thesen mit moralischen Gründen zu kritisieren, sie nicht zu Veranstaltungen einzuladen, ihre Artikel und Drittmittelanträge abzulehnen.

Wie, so lautete unsere Leitfrage, können diese beiden Prinzipien vereinbar sein? Ich kann nicht behaupten, das Prinzip *Moralische Kritik* bereits in allen Aspekten plausibilisiert zu haben. Speziell von seinen praktischen Implikationen (etwa die Einladungspolitik betreffend) war noch keine Rede. Aber eine allgemeine Einsicht halten wir in Händen: Die Vereinbarkeit von *Autonomie der Wissenschaft* und *Moralische Kritik* rührt daher, dass die Kriterien der Wissenschaft in den Bereich der Moral hineinreichen. Es gibt einen Faktor, nämlich praktische Irrtumskosten, der in beide Hoheitsgebiete zugleich fällt. Was hier entwickelt wurde, ist daher die angekündigte *interne Konzeption* moralischer Kritik.

Auch unberechtigte Formen moralistischer Kritik gibt es allerdings. Sie zeichnen sich dadurch aus, dass sie moralische Erwägungen als *Belege* behandeln, also als epistemische Gründe, die gegen die Wahrheit bestimmter wissenschaftlicher Hypothesen und für die Wahrheit anderer Hypothesen sprechen sollen. Diese Rolle können wir ihnen jedoch nicht geben. Andernfalls machen wir uns eines moralistischen Fehlschlusses schuldig (siehe Kapitel 5) und missachten die *Autonomie der Wissenschaft* (Kapitel 8). Gegen solchen Moralismus wehren sich Kritiker:innen wie Zehnpfennig und Sarrazin mit gutem Recht.

Nicht-moralistische moralische Kritik zeichnet sich hingegen dadurch aus, dass sie mit der Autarkie des Epistemischen vereinbar ist. Sie führt also Erwägungen an, die zwar moralisches Gewicht besitzen, ist aber auch ohne Rekurs auf (oder auch nur Einigkeit über) moralische Beurteilung möglich. Diese Form der Kritik ist *autark* im Hinblick auf ihre moralische Signifikanz – sie besteht auch als rein epistemische. Darüber hinaus verwechselt eine solche Kritik die moralisch relevanten Faktoren nicht mit Belegen. Sie behandelt sie also nicht als Gründe für bestimmte positive Überzeugungen, sondern nur als Gründe für *Enthaltungen*. Legitime moralische Kritik zielt also wesentlich nur darauf, positive Rechtfertigungsansprüche zu bestreiten, und nicht darauf, alternative Thesen zu begründen.

VI. ANWENDUNG

19. Der erste Anwendungsfall: Hautfarbe, Genetik und IQ

Es ist an der Zeit, meine abstrakten Überlegungen einer konkreten Anwendung zuzuführen. Die folgenden drei Kapitel widmen sich dieser Aufgabe. Da speziell die ersten beiden einige Ausführlichkeit erfordern, ist es hilfreich, sie in nummerierte Unterabschnitte zu gliedern.

1. Der erste Anwendungsfall ist, wie angekündigt, (1) von Jensen, Herrnstein und Murray:

> (1) Schwarze Menschen haben genetisch bedingt durchschnittlich einen geringeren IQ.

Ich werde darlegen, dass die verfügbaren Belege diese These nicht hinreichend epistemisch rechtfertigen. Die kritischen Überlegungen, die ich zu dieser Frage anbieten werde, sind dabei allerdings nicht neu, sondern lange bekannt, und zwar nicht nur unter Expert:innen, sondern auch in öffentlichen Debatten.[167] Mein eigener Beitrag betrifft etwas anderes: Ausgehend von der Diagnose, dass die Belege für (1) wissenschaftlichen Anforderungen nicht standhalten, kann meine philosophische Theorie erklären, wieso

167 Eine Auswahl von Debattenbeiträgen (vor allem aus den Fachwissenschaften) bietet Ashley Montagu (Hrsg.), *Race and IQ, Expanded Edition*, Oxford 1999. Ein lesenswerter Beitrag aus dem deutschen Feuilleton ist Armin Nassehi, »Die Biologie spricht gegen Biologismus«, in: *Frankfurter Allgemeine Zeitung* vom 13. Oktober 2013, Natur und Wissenschaft, S. N3.

dieser Befund zugleich auch eine *moralische* Kritik an der These (1) begründen kann.

Dazu zeige ich, dass die Belege für (1) sich speziell im Lichte der hohen Irrtumskosten als ungenügend erweisen – Irrtumskosten, die der Gesellschaft als ganzer drohen, aber insbesondere den betroffenen Schwarzen Menschen. Dies macht (1) nicht nur epistemisch unhaltbar, sondern auch zu einer moralisch kritikwürdigen Fahrlässigkeit.

Zusätzlich argumentiere ich, dass mit dem Defizit der Belege in diesem speziellen Falle noch andere moralische Einwände einhergehen. Dies wird mir Gelegenheit geben, auf den Konflikt mit Gleichheitsidealen zurückzukommen, der im Kapitel 4 besprochen wurde. Dort hatte ich noch erklärt, dass der Rekurs auf egalitäre politische Ideale in einer Kritik an (1) Gefahr läuft, einen moralistischen Fehlschluss zu begehen. Das aktuelle Kapitel wird eine Gelegenheit bieten, den Appell an Gleichheit zu rehabilitieren. Die interne Konzeption moralischer Kritik zeigt, dass wir die These (1) im Lichte egalitaristischer Überzeugungen (wie etwa dem Prinzip (A), das in Kapitel 4 angeführt wurde) kritisieren können, *ohne* einen moralistischen Fehlschluss zu begehen – wenn wir diese Kritik dabei recht verstehen.

Schließlich und zu guter Letzt wird sich zeigen, dass wir die These (1) auch in legitimer Weise wegen ihrer beleidigenden, rassistischen Bedeutung im Sinne Hellmans (vgl. Kapitel 3) kritisieren können. Auch dies ist möglich, weil wir diese Kritik als *intern* konzipieren können.

2. Die These (1) eignet sich schon deswegen als erster Anwendungsfall, weil sowohl Jensen als auch Herrnstein und Murray diese These gerade mit Blick auf ihre politische Umsetzung behaupten. Unter anderem bedeutet dies, dass

diese Autoren selbst zumindest einen Teil der relevanten Kosten und des relevanten Nutzens benennen.

Um Kosten und Nutzen in der Weise zu diskutieren, die mein Modell nahelegt, unterscheide ich – ähnlich wie Herrnstein und Murray – zwei praktische und politische Optionen, *Gleichheit anstreben* und *Ungleichheit akzeptieren*. (Was diese Optionen beinhalten, wird in Kürze erklärt.) Und ich gestehe den Autoren für die Zwecke des Arguments zu, dass die Option *Ungleichheit akzeptieren* die rationale Alternative ist, falls (1) wahr ist. Auf der Basis dieser systematisierten Auffassung des Problems ergibt sich dies *Belege-Kosten-Verhältnis* (siehe Appendix I):

$$\frac{P((1))}{P(\neg(1))} \geq \frac{v(\textit{Gleichheit anstreben}, \neg(1)) - v(\textit{Ungleichheit akzeptieren}, \neg(1))}{v(\textit{Ungleichheit akzeptieren}, (1)) - v(\textit{Gleichheit anstreben}, (1))}$$

Wie genau ist die rechte Seite zu verstehen? Sie fordert, zwei Differenzen zu vergleichen:

a) *Kosten bei Irrtum:* Angenommen, (1) ist falsch. Was verlieren alle Betroffenen, wenn wir »Ungleichheit akzeptieren«, statt »Gleichheit anzustreben«?

b) *Nutzen bei Korrektheit:* Angenommen, (1) ist wahr. Was gewinnen alle Betroffenen, wenn wir »Ungleichheit akzeptieren«, statt »Gleichheit anzustreben«?

Um beide Faktoren abzuschätzen, müssen wir klären, was mit den Handlungsstrategien gemeint ist. Natürlich kann es hier nicht darum gehen, politische Programme auszuarbeiten. Aber einige Andeutungen sollten jedenfalls möglich sein – mindestens in dem Rahmen, in dem Herrnstein und Murray selbst dies tun.

Was ist gemeint mit der politischen Option, *Gleichheit anzustreben*? Es würde generell heißen, dass wir systematische Ungleichheit in Einkommen und Positionen zwischen Schwarzen und *weißen* Menschen nicht als unvermeidliche Effekte »natürlicher Talente« betrachten. Stattdessen würden wir den ernsthaften und fortgesetzten Versuch unternehmen, benachteiligende Umweltbedingungen und andere Schranken für Gleichheit in Einkommen und Positionen zu ändern. Das wird nicht nur Förderprogramme in der Bildung einschließen, sondern umfassendere Revisionen bestehender sozialer Strukturen.

Was bedeutet es im Gegenteil, *Ungleichheit zu akzeptieren* oder, wie Herrnstein und Murray formulieren, mit ihr zu leben? Es bedeutet den Verzicht auf Maßnahmen, die dem Ziel einer dauerhaften Herstellung von Chancengleichheit für Einkommen und Positionen dienen. Förderangebote würden nur mit einer bescheideneren Zielsetzung unternommen und finanziert – der Zielsetzung, bloß im Rahmen des »natürlich Möglichen« Unterschiede in der durchschnittlichen Intelligenz zu beheben. Gleichzeitig, so Herrnstein und Murray, würde es bedeuten, weniger Talentierten geschützte Sphären anzubieten, in denen sie nicht mit den Talentierteren in einen vermeintlich »fairen« Wettstreit treten. So würde etwa dafür Sorge getragen, dass Arbeitsmöglichkeiten für weniger Talentierte nicht weiter automatisiert und zentralisiert werden, so dass auch sie eine bedeutsame, sozial wertgeschätzte Rolle spielen können. Abgesehen davon würde es sicherlich eine Form von Sozialhilfe geben, die die Annahme ernst nimmt, dass Schlechtergestellte aus bestimmten Gruppen durch eine naturgegebene Benachteiligung in ihre schwierigere Position geraten sind.

Was lässt sich im Lichte dieser knappen Überlegungen über den Quotienten sagen? Wie lassen sich Kosten und Nutzen abschätzen, die wir zu vergleichen haben? Betrachten wir zunächst Frage *a)*, also den Zähler. Eine Welt, in der wir *Gleichheit anstreben* und (1) falsch ist, ist eine

Welt, in der es einer unterprivilegierten Gruppe dauerhaft besser ergehen würde. Unsere Anstrengungen in dieser Hinsicht würden zwar Kosten verursachen, aber zugleich würden sich langfristig die Kosten reduzieren, die der Gesellschaft aus der bestehenden Ungleichheit entstehen. Auch abgesehen davon ist zu betonen, dass die Verbesserung für die Schlechtergestellten nicht einfach durch Zugeständnisse der Privilegierten erkauft werden würde. Wenn die Möglichkeit besteht, die gemessenen IQ-Differenzen durch *Anhebung* des durchschnittlichen IQ von Schwarzen Menschen auszuräumen, so wäre das schwerlich ein Nullsummenspiel. Die Zunahme der durchschnittlichen Intelligenz würde die Produktivität erhöhen. Dies kann in Form einer wachsenden Wirtschaft allen Beteiligten zugutekommen.

Würden wir hingegen *Ungleichheit akzeptieren* (nach wie vor unter der Annahme, dass (1) falsch ist), blieben diese Vorteile aus. Wir würden zwar die Kosten sparen, die durch die Anstrengungen zur Verringerung der Ungleichheit anfallen. Dafür würden die Kosten der Ungleichheit bestehen bleiben und die Produktivitätsvorteile durch die Erhöhung der durchschnittlichen Intelligenz würde ausbleiben. Schließlich der wichtigste Punkt: Die Position der Gruppe Schwarzer Menschen bliebe schlechter, als sie sein muss. Im Lichte dieser Überlegungen erscheint die Differenz im Zähler, die Irrtumskosten, groß. Das ist, wie angedeutet, sogar dann plausibel, wenn wir lediglich das aggregative Maß berücksichtigen. Noch klarer ist es, wenn besonders Betroffene Priorität haben (siehe Appendix II, S. 297-299).

Wenden wir uns nun der Frage *b)* zu, dem Nenner des Quotienten: Eine Welt, in der wir eine naturgegebene Ungleichheit akzeptieren, die in der Tat existiert, ist eine, in der wir weniger Ressourcen für etwas ausgeben, das den erwünschten Effekt nicht erreichen kann. Diese Ressourcen könnten stattdessen genutzt werden, um die unvermeidliche Ungleichheit erträglicher zu machen, etwa durch Arbeitsangebote und Sozialhilfe für weniger Talentierte.

Eine weitere Überlegung: Herrnstein und Murray stellen es bisweilen so dar, dass wir dann, wenn wir (1) ablehnen, Tür und Tor öffnen für einen vermeintlich fairen, in Wahrheit aber fatalen ökonomischen Wettstreit, einen, in dem sich die von der Natur Bevorzugten auf Kosten der weniger Talentierten durchsetzen und schrankenlos bereichern könnten. Ich glaube jedoch nicht, dass dies die rationale Konsequenz ist, wenn wir (1) zurückweisen. Auch dann folgt nämlich nicht, dass wir alle Menschen einem ungezügelten Wettkampf überlassen sollten. Erstens werden wir die bestehenden ungleichen Ausgangsbedingungen der Parteien ja nicht leugnen, sondern nur *anders erklären*, eben durch Umweltbedingungen. Dies kann uns sogar dazu führen, *stärkere* Pflichten zur Kompensation anzuerkennen (so Nagels Argument, siehe Kapitel 4). Zum anderen können wir (1) ablehnen, ohne zu bestreiten, dass es generell von der Natur benachteiligte Menschen gibt, die besonderen Schutz benötigen. Wir müssen also nicht generell *bestreiten*, dass es naturgegebene Unterschiede im IQ oder anderen Merkmalen gibt. Wir gehen nur nicht davon aus, dass die Unterschiede in Einkommen und Chancen *zwischen Schwarzen und* weißen *Menschen* zum Teil dadurch zu erklären sind. Besonderen Schutz für weniger Talentierte werden wir deswegen aber keineswegs aufgeben.

Im Lichte dieser Überlegungen lässt sich, so glaube ich, Folgendes festhalten: Auch wenn der Nutzen der Korrektheit in Bezug auf (1) gewiss nicht unbeträchtlich ist, erscheinen die Irrtumskosten dennoch deutlich höher zu sein. Das liegt zum einen daran, dass sich diese Kosten gerade für die am stärksten Betroffenen bemerkbar machen, die in meinem Modell eine wichtige Rolle in der Bestimmung der Schwelle für epistemische Rechtfertigung spielen. Zum anderen liegt der Grund in der Überlegung, dass wir bei irrtümlicher Akzeptanz von (1) immense Intelligenzpotenziale einer ganzen Bevölkerungsgruppe verloren geben würden, die sonst nicht nur für diese Betroffenen, sondern für alle eine produktive Ressource sind.

Diese Überlegungen zu Irrtumskosten und Nutzen bei Korrektheit sind nicht nur extrem kursorisch. Die Leser:in mag sich außerdem an dieser nüchternen Kalkulation rein prudentieller Gewinne und Verluste stören, wenn die *eigentlichen* Kostenpunkte so offenkundig moralischer Natur sind. Eine irrtümliche Akzeptanz von (1) würde Schwarze Menschen doch immerhin *abstempeln*, ihre sozialen Nachteile zu einer bedauerlichen Härte der Natur erklären – sie zutiefst ungerecht behandeln! Es liegt mir fern, dies zu bestreiten. Aber ich versuche hier im Einklang mit meiner internen Konzeption moralischer Kritik, die Defizite der These zunächst in nicht spezifisch moralischen Begriffen zu erfassen.

3. Es scheint mir plausibel, dass die Differenz im Zähler diejenige im Nenner übersteigt. Die *stakes* für eine Akzeptanz von (1) sind also höher als für Skepsis bzgl. (1). Deswegen benötigt die Akzeptanz von (1) besonders gute Belege. Liegen solche Belege vor?

Die Diskussionen um Jensen[168] und um Herrnstein und Murray[169] machen deutlich, dass die Belege für eine *geneti-*

168 Speziell Richard C. Lewontin, »Race and Intelligence«, in: *Bulletin of the Atomic Scientists* 26 (1970), S. 2-8.

169 Siehe vor allem Ned Block, »How Heritability Misleads about Race«, in: *Cognition* 56 (1995), S. 99-128; Wilholt, *Die Freiheit der Forschung*; Karl-Friedrich Fischbach und Martin Niggeschmidt, *Erblichkeit der Intelligenz. Eine Klarstellung aus biologischer Sicht*, Wiesbaden 2016.

sche Bedingtheit der Durchschnitts-Differenz sehr schwach bis fragwürdig sind. Freilich betonen schon Herrnstein und Murray, dass es unfundiert wäre, eine genaue Ansicht darüber zu vertreten, *in welchem Ausmaß* die Divergenz im IQ genetisch bedingt sei. Aber sie behandeln es unumwunden als sehr wahrscheinlich, dass zumindest ein Teil dieser Divergenz genetisch determiniert ist. Das ist immerhin eine Pointe ihres Buches!

Da die Autoren ihre These (1) also als sehr ernst zu nehmen präsentieren, müssen wir ihre Belege daran messen, ob sie sie stützen. Und die genannten kritischen Beiträge zeigen, dass davon keine Rede sein kann. Diese Kritik entzündet sich hauptsächlich daran, dass die vorliegenden Daten zu Genetik und IQ das betreffen, was technisch *generelle Heritabilität* (oder H^2) heißt. Es ist in der Tat belegt, dass der IQ in Populationen, die daraufhin untersucht wurden, hohe generelle Heritabilität hat. Typische Angaben schwanken meist im Bereich von 60-80 %. Aber Heritabilität ist eine Größe, die in der öffentlichen Diskussion, mitunter aber auch von Wissenschaftler:innen, bestürzend oft missverstanden wird.[170] Der Namensgebung zum Trotz ist Heritabilität nämlich kein Maß dafür, wie viel von einem Merkmal in einem bestimmten Individuum »angeboren« ist. Heritabilität ist eine Größe, die für Individuen und ihre Merkmalsausprägungen gar nicht definiert ist,

170 Das betonen besonders Fischbach und Niggeschmidt, *Erblichkeit der Intelligenz*, etwa in dieser eindringlichen Form: »Nicht Sarrazin hat die Wissenschaft falsch verstanden. Die Fehler waren bereits in der von Sarrazin rezipierten Fachliteratur vorhanden«, ibid., S. 1. David. S. Moore und David Shenk behaupten sogar, der Terminus »Heritabilität« sei »einer der irreführendsten in der modernen Wissenschaft«, David S. Moore und David Shenk, »The Heritability Fallacy«, in: *Wiley Interdisciplinary Reviews. Cognitive science* 8 (2017), e1400, ⟨https://doi.org/10.1002/wcs.1400⟩.

und sie ist etwas ganz anderes als die Eigenschaft, genetisch verursacht oder angeboren zu sein. Betrachten wir dies etwas genauer.

Heritabilität ist, technisch gesprochen, ein statistisches Maß für den *genotypisch bedingten Varianzanteil* – ein Quotient, der das Verhältnis derjenigen Varianz in einem phänotypischen Merkmal, die durch vererbte Faktoren verursacht ist, zur gesamten Varianz desselben angibt. Etwas ausführlicher: Wir können für beliebige Merkmale (oder »Variablen«) nicht nur Werte benennen, die die Ausprägung dieser Merkmale in einer Population zusammenfassen, etwa den Mittelwert, sondern auch Werte, die angeben, wie stark einzelne Ausprägungen von jenem vorhergehenden Wert im Mittel *abweichen*, etwa die *Varianz*. Heritabilität ist ein Maß dafür, wie groß der relative Anteil der Varianz ist, der durch genetische Faktoren bedingt ist.

Ein Beispiel zur Illustration: Studien zur Körpergröße bei Menschen führen zu Schätzungen einer Heritabilität von etwa 90 %.[171] Eines der üblichen Verfahren[172] für diese Schätzung vergleicht eineiige Zwillinge mit zweieiigen Zwillingen oder anderen Geschwisterpaaren. Es wird bestimmt, um wie viel größer die Ähnlichkeit in der Körpergröße bei monozygotischen Paaren im Vergleich zu dizygotischen Paaren ist (indem, technisch gesprochen, die Differenz der Korrelationskoeffizienten berechnet wird). Da monozygotische Paare doppelt so viele ihrer Allele teilen (100 % statt etwa 50 % in der anderen Gruppe), wird dieses Maß dann

171 Siehe zum Beispiel Karri Silventoinen et al., »Heritability of Adult Body Height: A Comparative Study of Twin Cohorts in Eight Countries«, in: *Twin Research and Human Genetics* 6 (2003), S. 399-408.

172 Wir betrachten das Zwillingsverfahren, das *Falconer's Formula* verwendet. Vgl. Douglas S. Falconer und Trudy F. Mackay, *Introduction to Quantitative Genetics*, Essex [4]1998.

mit zwei multipliziert. Das Resultat ergibt den Schätzwert für die Heritabilität. Was bedeutet dann der Wert 90 %? Er besagt offenkundig nicht, dass 90 % der Körpergröße eines Individuums genetisch bedingt ist – das ergäbe kaum Sinn. Ebenso wenig heißt es, dass in 90 % aller Fälle die Körpergröße genetisch bedingt ist, etc. Es bedeutet, dass 90 % der beobachteten *Unterschiede* des Merkmals in dieser Population durch genetische Bedingungen erklärt wird.

Es gibt andere, neuere Methoden zur Schätzung der Heritabilität. Aber die Kritik an der Forschung zu Hautfarbe und IQ, die ich nun darstellen möchte, beruht nicht auf diesen speziellen Verfahren, sondern hat mit der ermittelten Größe, der Heritabilität, selbst zu tun.

Die Schwierigkeiten mit dieser Größe im Zusammenhang unserer Fragestellung sind vielfältig. Aber im Wesentlichen sind sie von zweierlei Art. Auf die *erste Schwierigkeit* wurde schon früh (im Anschluss an Jensens Studien) hingewiesen: Die Heritabilität eines Merkmals *innerhalb* einer Gruppe erlaubt keinen Rückschluss auf die Ursachen von Unterschieden *zwischen* Gruppen. Auch dann also, wenn der IQ innerhalb der Gruppe der *weißen* Menschen und innerhalb der Gruppe der Schwarzen Menschen eine hohe Heritabilität aufweist, lässt sich nichts darüber schließen, ob die Unterschiede im IQ *zwischen* den Gruppen ihre Ursache in den Genen, in der Umwelt oder in beidem haben. Diesen Punkt hat insbesondere Richard Lewontin in einer Replik auf Jensen veranschaulicht.[173] Hier sein bekanntes Beispiel: Angenommen, Sie entnehmen einem und demselben Sack zwei Handvoll Getreide und pflanzen sie in unterschiedlichen, aber jeweils vollkommen homogenen Umgebungen ein. Gruppe B erhält guten, nährstoffreichen Boden, viel Licht und Wasser; Grup-

173 Lewontin, »Race and Intelligence«, S. 7f.

pe A weniger von alldem. Sie vergleichen dann die Wachstumsfortschritte der Pflanzen nach einer gegebenen Zeit. Dann gilt: Innerhalb jeder Gruppe ist, da ihre Umweltbedingungen ganz homogen sind, die gesamte phänotypische Varianz genotypisch bedingt. *Innerhalb* jeder Gruppe ist die Heritabilität also 100 %. Die Unterschiede *zwischen* den Gruppen hingegen sind *vollständig umweltbedingt* – sie beruhen auf Unterschieden im Boden, Nährstoffen, Licht etc. (Das liegt daran, dass Sie zwei zufällige Handvoll aus demselben Sack genommen haben. Es ist also quasi ausgeschlossen, dass die weitreichenden Unterschiede darauf beruhen, dass Sie durch Zufall zwei große Mengen von Saatgut mit systematischen Unterschieden im Genotyp erwischt haben. Falls dieser Punkt Ihnen eine Unsicherheit bereitet, können Sie sich einfach vorstellen, dass jeder Teil des Saatguts in einer Gruppe eine genetische Kopie eines entsprechenden Teils des Saatguts in der anderen Gruppe ist.)

Eine beliebig hohe Heritabilität eines Merkmals *innerhalb* zweier Gruppen ist also kompatibel mit einem beliebig großen Einfluss der Umwelt auf Unterschiede *zwischen* ihnen:

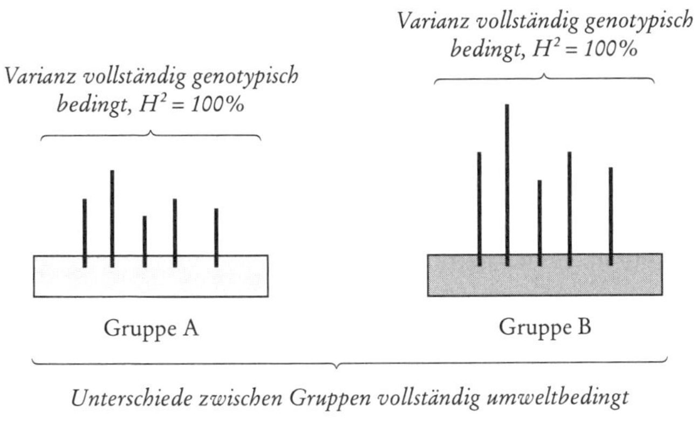

Weil nun wichtigste Quelle für statistische Schätzungen der Heritabilität des IQ noch immer Zwillingsstudien sind (siehe oben), betreffen unsere Daten zur Heritabilität des IQ die Heritabilität des Merkmals innerhalb von Gruppen *einer* bestimmten Hautfarbe. Über die Ursachen der Unterschiede zwischen den Gruppen der Schwarzen und der *weißen* Menschen können wir mithin nichts aussagen.

4. Nun mag eingewendet werden, dass es zwar vielleicht keinen *zwingenden* Schluss von der Heritabilität auf die Ursachen der Unterschiede zwischen Gruppen gebe – dass es ja aber dennoch höchst *plausibel* sei, genetische Ursachen anzunehmen. Dies wäre ein *Plausibilitätsargument*: Die hohe Heritabilität innerhalb von Gruppen zeigt, dass Intelligenz zumindest in gewissem Ausmaß genetisch bedingt ist. Woher sonst der hohe genotypische Varianzanteil? Wäre es da nicht blauäugig, so zu tun, als gäbe es keinerlei Anhaltspunkte dafür, dass die Gene auch die Unterschiede zwischen Gruppen bedingen?

Dieses Plausibilitätsargument beruht auf einem weiteren Fehler. Um ihn zu erkennen, müssen wir die angekündigte *zweite Schwierigkeit* diskutieren, die sich aus dem Verweis auf die Heritabilität ergibt. Tatsächlich sagt uns nämlich sogar die Heritabilität innerhalb einer Gruppe nichts über die Ursachen von Merkmalen und ihren Unterschieden in dieser Gruppe. Insbesondere sagt diese Größe uns nicht, ob das fragliche Merkmal ganz oder auch nur zum Teil angeboren oder aber umweltbedingt ist.

Den begrifflichen Unterschied zwischen Heritabilität und genetischer Bedingtheit arbeitet vor allem Ned Block heraus.[174] Er beobachtet erstens, dass ein klarerweise genetisch bedingtes oder »angeborenes« Merkmal eine extrem

174 Block, »How Heritability Misleads«.

geringe Heritabilität haben kann. Ein Beispiel geben Fischbach und Niggeschmidt: Die Anzahl der Beine von Krabben in einer Population ist ein »fest genetisch programmiertes« Merkmal. Wenn es nun Krabben gibt, die nicht die typischen acht Beine haben, so liegt das ausnahmslos an Umweltfaktoren (Unfälle, Gewalt). Trotzdem, oder vielmehr deshalb, ist die Heritabilität null – weil es *keine* genotypisch bedingte Varianz gibt und ihr Anteil an der gesamten Varianz folglich eben null ist.[175]

Zweitens gibt es auch den umgekehrten Fall, und dieser ist in unserem Zusammenhang besonders aufschlussreich. Wie Block erklärt, kann ein Merkmal von kontingenten und leicht veränderlichen Umweltbedingungen, etwa von sozialen Konventionen, bestimmt sein und dennoch hohe Heritabilität aufweisen. Block lädt uns ein, an eine Zeit zurückzudenken, in der Ohrringe überwiegend und recht häufig von biologisch weiblichen Personen getragen wurden, von biologisch männlichen Personen hingegen gar nicht oder kaum. Angenommen, wir würden uns in dieser Zeit dem Merkmal, Ohrringe zu tragen, mit den statistischen Mitteln der Schätzung von Heritabilität nähern. Wir würden feststellen, dass das Merkmal zwischen monozygotischen Zwillingen deutlich stärker korreliert ist als zwischen dizygotischen (weil natürlich alle monozygotischen Zwillinge im biologischen Geschlecht übereinstimmen). Diese Differenz in der Korrelation würde uns dann zu einem hohen Schätzwert führen. Das Tragen von Ohrringen hat in diesem Zusammenhang dann *hohe Heritabilität*. Aber selbstredend ist es nicht angeboren, sondern eine Frage von Konventionen und leicht veränderbar.

Zusammengefasst: Auch wenn wir wissen, dass der IQ in der Gruppe der *weißen* Menschen eine Heritabilität

175 Fischbach und Niggeschmidt, *Erblichkeit der Intelligenz*, S. 13.

von 60-80 % hat, sagt uns dies weder etwas über die Ursachen von Unterschieden zu anderen Gruppen, noch sagt es uns überhaupt etwas darüber, ob dieses Merkmal (auch innerhalb der Gruppe) in *irgendeinem* Sinne angeboren ist oder nicht.

Schließlich sei angemerkt, dass es starke Belege dafür gibt, dass Umweltbedingungen Unterschiede im durchschnittlichen IQ in der relevanten Höhe oft verursachen. Der sogenannte Flynn-Effekt[176] besteht darin, dass die seit Beginn des 20. Jahrhunderts gemessenen IQ-Werte in einem weltweiten und umfassenden Trend ansteigen (was natürlich nur sichtbar wird, wenn man von der kontinuierlichen Test-Nacheichung absieht): »Nach aktuellen Maßstäben käme die Bevölkerung der Industrieländer des Jahres 1900 beim Lösen der Test-Aufgaben ähnlich schlecht weg wie die heutige Bevölkerung von Entwicklungsländern. Legt man jedoch die Test-Maßstäbe des Jahres 1900 an, erreicht die heutige Weltbevölkerung im Schnitt beinahe die Grenze zur ›Hochbegabung‹.«[177] Es ist aber sonnenklar, dass derart ausgeprägte Unterschiede nicht in einer konzertierten und atemberaubend schnellen Veränderung des menschlichen Genotyps ihre Ursache haben.

In Anbetracht all dessen erweist sich auch das Plausibilitätsargument als nicht tragfähig. Freilich: All diese Tatsachen sind auch Herrnstein und Murray vertraut. (Ja, der Ausdruck »Flynn-Effekt« scheint sogar in ihrem Buch erstmals verwendet worden zu sein.) Und doch sehen sie sich eben zu der These berechtigt, die Unterschiede im IQ seien zumindest in Teilen genetisch bedingt. Zwar beto-

176 Benannt nach James R. Flynn, vgl. ders., »Massive IQ gains in 14 nations: What IQ tests really measure«, in: *Psychological Bulletin* 101 (1987), S. 171-191.

177 Fischbach und Niggeschmidt, *Erblichkeit der Intelligenz*, S. 25.

nen sie, dass sie nicht behaupten könnten, ihre These über alle Zweifel belegt zu haben.[178] Aber *de facto* behandeln sie sie als gut genug belegt, um als ihre Kernthese und als Basis für politische Empfehlungen zu dienen. Und darin erweist sich eben ein krasses Missverhältnis: Gerade im Hinblick auf die praktische Tragweite erlauben die Erkenntnisse zur Heritabilität eine solche These nicht.

Tatsächlich geht Ned Block so weit, zu sagen, die These könne in Anbetracht der vorliegenden Daten bestenfalls als *geraten* (»a guess«) eingestuft werden. Und er selbst betont das Missverhältnis zwischen dieser dürftigen epistemischen Basis und der sozialen Tragweite: »In Anbetracht der sozialen Wichtigkeit der Frage ist *Schätzen* unangebracht.«[179]

5. Es gibt freilich noch einen weiteren Befund, der die These (1) zu stützen scheint und den Herrnstein und Murray hervorheben. Die Differenzen im durchschnittlichen IQ zwischen Schwarzen und *weißen* Menschen, die einen niedrigeren sozioökonomischen Status haben, sind geringer als der entsprechende durchschnittliche Unterschied bei Menschen mit höherem Status.[180] Den Autoren zufolge wirft dies die folgende Frage auf:

> Warum sollte, wenn die S/W Differenz vollständig umweltbedingt ist, der Vorteil einer ›weißen‹ Umwelt im Vergleich zu einer ›schwarzen‹ bei bessergestellten und gebildeteren Schwarzen und Weißen größer sein? Wir waren nicht imstande, eine plausible Begründung dafür zu finden.[181]

178 Vgl. Herrnstein und Murray, *The Bell Curve*, S. 311.
179 Block, »How Heritability Misleads«, S. 112, Hervorhebung im Original, Übers. T.H.
180 Vgl. Herrnstein und Murray, *The Bell Curve*, S. 299.
181 Ebd., Übers. T.H.

Allerdings ist dieser Umstand in Wahrheit gar nicht schwierig zu erklären, wie Block lakonisch bemerkt.[182] Eine naheliegende Erklärung wäre etwa: Die Umweltnachteile, die sich aus Armut (und allgemeiner: aus einem niedrigen sozioökonomischen Status) ergeben, sind denen vergleichbar, die sich in den untersuchten Gesellschaften auch aus dem Schwarz-Sein ergeben. Sie bestehen in ähnlichen Formen der Marginalisierung, mit Effekten auf Stereotype, Selbstwahrnehmung usw. Schwarze Menschen in Armut sind demnach doppelt marginalisiert. Nun verhalten sich die Effekte einer solchen doppelten Marginalisierung aber oftmals nicht rein additiv. (Dies ist einer der Gründe, warum *Intersektionalität* ein so wichtiges Thema ist.[183]) Und sofern diese Effekte sich nicht einfach aufsummieren, wird erklärlich, warum der komparative Umweltnachteil, den arme Schwarze Menschen gegenüber armen *weißen* Menschen haben, kleiner ausfällt, als es bei den entsprechenden sozioökonomisch nicht benachteiligten Gruppen der Fall ist. Denn *ohne* die sozioökonomische Marginalisierung bleibt ein Vergleich zwischen Schwarzen Menschen, die noch immer einen großen Teil der Umweltnachteile haben, und *weißen*, die *keinerlei* benachteiligenden Bedingungen unterliegen.

Block verweist hier auf die Arbeiten von John Ogbu,

182 Vgl. Block, »How Heritability Misleads«, S. 113.

183 Der Begriff »Intersektionalität« wurde geprägt von Kimberlee Crenshaw, »Mapping the Margins: Intersectionality, Identity Politics, and Violence Against Women of Color«, in: *Stanford Law Review* 43 (1991), S. 1241-1299. Die zugrunde liegende Idee reicht weiter zurück in Schriften Schwarzer feministischer Autor:innen, vgl. Cherríe Moraga und Gloria Anzaldúa (Hrsg.), *This Bridge Called My Back. Writings by Radical Women of Colour*, Albany ^{4}2015. Für einen Überblick: Patricia Hill Collins, *Intersectionality as Critical Social Theory*, Durham 2019.

dem zufolge die Zugehörigkeit zu einer »kasten-mäßigen Minderheit« die IQ-Differenz erklären könnte.[184] Es ist allerdings im vorliegenden Falle gar nicht so entscheidend, ob diese spezifische Erklärung der Datenlage korrekt ist. Die Frage ist, ob eine Erklärung dieser generellen Art, wie sie eben skizziert wurde, unplausibel ist – und zwar *derart* unplausibel, dass Herrnstein und Murray zu ihrem suggestiven abduktiven Schluss auf (1) berechtigt sind. Es sind dabei Herrnstein und Murray, die zu zeigen hätten, dass ihre Behauptung einer genetischen Basis für die IQ-Differenz eine *überlegene* Erklärung darstellt. Dafür bleibt ihre Monographie jegliches Argument schuldig.

6. An dieser Stelle mag sich eine letzte Erwiderung aufdrängen, die auch Herrnstein und Murray vorbringen. Viele der angeführten Einwände werden in ihrem Buch, wie gesagt, ausführlich diskutiert. Aber sie argumentieren, dass die argumentative Lage asymmetrisch sei.[185] Sie selbst verträten ja immerhin keine spezifische Aussage über das genaue Ausmaß der genetischen Bedingtheit der IQ-Divergenz. Es seien ihre Gegner:innen, die die starke These verträten, es gebe *keine* solche Bedingtheit. Und dies sei unbelegt.

Diese Erwiderung verfängt nicht. Erstens legen sich Herrnstein und Murray darauf fest, dass das Ausmaß genetischer Bedingtheit beträchtlich genug ist, um ihre weitreichenden politischen Vorschläge zu rechtfertigen. Und das heißt *ipso facto*, dass ihre These so stark sein muss, dass sich die Belege für sie an *dieser* Tragweite bewähren müssen – was sie nicht tun.

184 John Ogbu, »The consequences of the American caste system«, in: Ulric Neisser (Hrsg.), *The School Achievement of Minority Children: New Perspectives*, Hillsdale 1986, S. 19-56.

185 Vgl. Herrnstein und Murray, *The Bell Curve*, S. 304.

Zweitens, und dieser Punkt ist etwas subtiler, müssen ihre Gegner:innen eben *keine* starke These des Inhalts vertreten, dass es *keine* genetische Bedingtheit gebe. Kritik an Herrnstein und Murray muss, wie in diesem Buch dargelegt, nicht die Wahrheit ihrer These bestreiten (und mithin ihr Gegenteil behaupten). Sondern sie wird die *Rechtfertigung* der These bestreiten. Die Konsequenz aus dieser Kritik kann also auch einfach eine *Enthaltung* sein.

Tatsächlich scheint es sich mir hier um einen Fall von der Art zu handeln, der im Appendix I (S. 284-296) abstrakt geschildert wird. Es geht um eine dyadische Entscheidung, in der sich *eine* der zwei praktischen Optionen (Gleichheit anstreben) bei *zwei* der drei doxastischen Optionen (der Enthaltung und der Überzeugung, dass (1) falsch ist) als angemessen entpuppt. »Mit Ungleichheit zu leben« wäre also im Irrtumsfalle derart schädlich, dass die Alternative, nämlich Gleichheit anzustreben, schon dann die richtige Wahl ist, wenn wir in der Frage der Wahrheit oder Falschheit von (1) keinerlei Meinung vertreten.

Ich fasse zusammen: In Anbetracht der hohen Irrtumskosten ist es ungerechtfertigt, (1) zu vertreten. Tatsächlich ist das Missverhältnis zwischen Belegen und praktischen Implikationen ganz besonders deswegen alarmierend, *weil* den Autoren die Beschränkung ihrer evidentiellen Basis klar ist. Ein ebenso deutliches Beispiel im deutschsprachigen Raum findet sich in einem Buch des Journalisten Dieter E. Zimmer. Dieser nimmt zu der Debatte Stellung, die um Thilo Sarrazins Buch *Deutschland schafft sich ab* entbrannt ist.[186] Auch Sarrazin behauptet, Intelligenz sei genetisch bedingt, und führt dazu die bekannten Belege zur Heritabilität an. Speziell schneidet Sarrazin wiederholt

186 Dieter E. Zimmer, *Ist Intelligenz erblich? Eine Klarstellung*, Reinbek 2012.

die Frage an, ob der mangelnde Bildungserfolg muslimischer Migrant:innen (den er konstatiert) auf angeborenen Begabungen beruht. Während er dies an einigen Stellen zu verneinen scheint,[187] heißt es an anderer Stelle z. B.:

> Es ist bekannt, dass der Anteil an angeborenen Behinderungen unter den türkischen und kurdischen Migranten weit überdurchschnittlich ist […]. Aber das Thema wird gerne totgeschwiegen. Man könnte ja auf die Idee kommen, dass auch Erbfaktoren für das Versagen von Teilen der türkischen Bevölkerung im Schulsystem verantwortlich sind.[188]

Zimmer schreibt über diese Andeutung: »Ist der Leistungsrückstand turkstämmiger Schüler in Deutschland genetisch mitbedingt?« Nach einer Rekapitulation der Belege zur Heritabilität antwortet Zimmer: »So nahe die Antwort liegen mag: Beweisen lässt sich die genetische Entstehung und Transmission von Gruppenunterschieden durch Populationsvergleiche grundsätzlich nicht. Widerlegen aber auch nicht.«[189]

Mit der Bemerkung »So nahe die Antwort liegen mag …« deutet Zimmer hier das an, was oben das Plausibilitätsargument genannt wurde. Es sei hier abermals betont: Dieses Argument schlägt fehl. Auch wenn die Heritabilität der Intelligenz unbestritten ist, »liegt« die Antwort auf Zimmers Frage noch nicht einmal »nahe«.

Abgesehen von diesem Punkt gesteht Zimmer unumwunden zu, dass die Beleglage für die entscheidende These nur zum Versuch einer Beweislastumkehr ausreicht. Aber

187 Vgl. Sarrazin, *Deutschland schafft sich ab*, S. 287.
188 Ebd., S. 316.
189 Zimmer, *Ist Intelligenz erblich?*, S. 226.

eine solche Umkehr ist im Lichte der asymmetrischen Irrtumskosten einfach grotesk.

7. Wir können festhalten: Die Belege für (1) sind denkbar schwach – Lewontin bestreitet sogar, dass es überhaupt entsprechende Belege gibt.[190] In Anbetracht der Irrtumskosten ist (1) daher epistemisch ungerechtfertigt, eben im Sinne der Wissenschaft *nicht haltbar*.

Gleichzeitig können wir es wegen dieser Irrtumskosten auch als moralisch fahrlässig erkennen, wenn diese These vertreten und sogar explizit *als* Basis weitreichender politischer Maßnahmen angeboten wird. Wir haben es hier also mit einem ersten Fall zu tun, in dem legitime moralische Kritik möglich ist. Dies ist eine Kritik im Sinne meiner internen Konzeption: Sie hebt auf Mängel ab, die auch in rein epistemischer Hinsicht Defizite sind. Und sie behauptet nicht, gegen die Wahrheit von (1) zu sprechen, sondern zieht nur die Rechtfertigung für (1) in Zweifel und empfiehlt daher eine Enthaltung.

Weiterhin eignet sich dieses Beispiel dafür, zu zeigen, dass die Irrtumskosten in verschiedenen Hinsichten moralisch signifikant sein können. Zum einen begründen sie natürlich, hier wie in allen anderen Fällen, einen Vorwurf der *Fahrlässigkeit*. Aber hier gibt es darüber hinaus noch mehr: Wenn wir irrtümlich von (1) ausgehen und »mit Ungleichheit leben«, dann ist dies nicht nur ein Schaden für die Betroffenen. Sondern es führt dazu, dass eine sozial bedingte Ungerechtigkeit nicht behoben, sondern verschleiert wird. Also riskiert eine Behauptung von (1) neben dem Schaden insbesondere auch eine *Ungerechtigkeit*.

Dies ist ein Punkt, an dem wir auf die Überlegungen aus Kap. 4 zurückkommen sollten. Ich hatte mich dort

190 Vgl. Lewontin, »Race and Intelligence«, S. 8.

für ein egalitaristisches Prinzip ausgesprochen, nämlich dieses:

> (A) In einer gerechten Gesellschaft darf die Verteilung von Einkommen, sozialen Positionen etc. nicht von der Hautfarbe abhängig sein.

Ebenso hatte ich dargelegt, dass dieses Prinzip in Bedrängnis gerät, *wenn* die These (1) wahr sein sollte. Nun befassen wir uns aber mit Irrtumskosten – also mit den Kosten, die uns drohen, wenn (1) falsch ist und wir dennoch so handeln, als wäre (1) wahr. Das bedeutet aber, dass es gerade im Irrtumsfalle *nichts* gibt, was der These (A) widerspricht. Und das heißt: Solange die Irrtumskosten dafür sorgen, dass These (1) ungerechtfertigt ist, haben wir *ipso facto* keinen guten Grund, an (A) zu zweifeln. Das wiederum bedeutet, dass wir in der Aussicht, fälschlich »mit Ungleichheit zu leben«, zugleich etwas erblicken müssen, das nach allem, was wir wissen, eine Ungerechtigkeit wäre. Die *Irrtumskosten* zu leicht zu nehmen, würde also in diesem Kontext bedeuten, *die Ansprüche der Gerechtigkeit* zu leicht zu nehmen.

Ich hatte oben argumentiert, dass der Konflikt mit Prinzip (A) *kein* guter Grund ist, (1) für *falsch* zu halten. Dabei bleibt es natürlich. Wir erkennen nun aber, dass (A) für die Bewertung der These (1) dennoch kein ganz irrelevanter oder äußerlicher Faktor ist. Wenn wir auf Irrtumskosten abheben, können wir begründen, warum es *epistemisch ungerechtfertigt* ist, (1) zu behaupten. Und zugleich können wir erklären, warum es Ungerechtigkeit riskiert.

Es gibt noch eine weitere moralphilosophische Überlegung, zu der wir an dieser Stelle zurückkehren können. In Kapitel 3 habe ich Deborah Hellman beigepflichtet, dass bestimmte Handlungen und Sprechakte in bestimmten sozial-historischen Kontexten ein symbolisches Eigenleben haben können.[191] Wir können auch diese Überlegungen nun so verändern, dass sie einer internen Konzeption moralischer Kritik entsprechen. Denn wir können sagen, dass gerade die *epistemischen* Mängel der These (1) dafür sorgen, dass ihre Behauptung eine symbolische Signifikanz hat.

Wenn etwa ein Autor wie Dieter Zimmer scheinbar *nonchalant* schreibt: »So nahe die Antwort liegen mag ...«, *obwohl* es klar ist, dass die Belege nicht einmal dazu taugen, eine Antwort nahezulegen, dann ist dieser laxe Umgang mit den Belegen *selbst* etwas, das in diesem Kontext symbolisch nicht unschuldig ist. Mir scheint also, wir dürfen eine Behauptung von (1) gerade *aufgrund ihrer ungenügenden Belege* als eine Beleidigung verstehen, die diesen Charakter aus einer rassistischen Geschichte erhält. Auch dies ist, in der reformulierten Version, kein Einwand mehr, der den epistemischen Maßstäben der Wissenschaft gegenüber äußerlich ist – sondern einer, der diese ernst nimmt.

8. Abschließend komme ich auf etwas zurück, das ich mehrfach angedeutet habe. Die Forschung, mit der wir uns hier befasst haben, könnte für eine mögliche Erweiterung meines Ansatzes sprechen. Denn schon die *Forschungsfrage*, ob die erhobenen Unterschiede im durchschnittlichen IQ zwischen Schwarzen und *weißen* Menschen partiell genetisch bedingt sind, ist weder epistemisch noch moralisch unproblematisch.

Ich habe darauf hingewiesen, dass schon für das Forschen zu einer Frage (engl. *inquiry*) epistemische Standards gelten, sogenannte *zetetische Normen*.[192] Sie erlauben es nur

191 Vgl. Hellman, *When is Discrimination Wrong?*.

192 Um Verwirrung vorzubeugen: In der Debatte werden zetetische

dann, eine Forschungsfrage zu verfolgen, wenn wir *hinreichende epistemische Unsicherheit* in Bezug auf die richtige Antwort haben. (Ein prominenter Vorschlag verlangt zumindest, dass wir nicht bereits in der Position sind, zu wissen, wie die Antwort lautet.[193]) Indem Forscher:innen wie Herrnstein und Murray es nun als eine offene Frage behandeln, ob jene durchschnittliche IQ-Differenz genetisch bedingt ist, erheben sie den epistemischen Anspruch, dass die Belege Raum für hinreichende Unsicherheit lassen. Schon dies kann moralisch problematisch sein.

Wir können dazu einen spezifischen Vorschlag machen (auch wenn mir hier der Raum fehlt, ihn ausführlich zu begründen): Mit dem Verfolgen einer Forschungsfrage wird, so die Idee, speziell der Anspruch erhoben, dass mehr als eine Antwort sich als epistemisch aussichtsreich präsentiert. Das wiederum würde bedeuten, dass der Grad, in dem die konkurrierenden Antworten (die Differenz *ist* partiell genetisch bedingt vs. sie ist es nicht) durch die Belege gestützt werden, beide Antworten als potenziell epistemisch gerechtfertigt zulässt. Der Grad der relativen Stärke der Belege wäre also in beiden Fällen zumindest in der Nähe der Schwellen, die unsere Formel als Standards für praktisches Ausreichen bestimmt. Da sich aber die Belege *für* eine genetische Bedingtheit in diesem Falle plausiblerweise in großer Ferne davon befinden, ist diese Forschungsfrage nicht nur epistemisch ungerechtfertigt, sondern auch in einer moralisch relevanten Weise zumindest irreführend.

Normen oft von epistemischen Normen *unterschieden*. Das liegt daran, dass der Begriff »epistemisch« hier enger verstanden und nur auf *Zustände* (etwa des Überzeugtseins) bezogen wird. Ich verwende den Begriff etwas weiter.

193 Siehe Friedman, »Why Suspend Judging?«; dies., »The Epistemic and the Zetetic«; Haziza, »Norms of Inquiry«.

20. Der zweite Anwendungsfall: Biologie und Geschlecht

Das zweite Beispiel, auf das ich meine Theorie zur Anwendung bringe, ist die These (2). Sie wird in der aktuellen philosophischen Literatur u. a. von Kathleen Stock und Alex Byrne vertreten:

> (2) Der Begriff der Frau trifft nur auf biologisch weibliche Erwachsene zu.[194]

Es gibt in der Debatte um diese These vor allem zwei Positionen, die ihr widersprechen. Zum einen ist dies eine Ansicht, die ihre Ursprünge bei Simone de Beauvoir hat und die vor allem in der sogenannten »zweiten Welle« der feministischen Bewegung verfochten wird. Ihr zufolge ist Frau zu sein (anders als biologisch weiblich zu sein) nichts, womit frau geboren wird. Stattdessen besteht es in einer *sozialen Rolle*, die durch bestimmte Erwartungen und Normen charakterisiert ist – das *gender*, nicht der biologische *sex*. Zum anderen ist es die im Zuge der Bewegung für die Rechte von trans Personen verfochtene These, eine Frau zu sein sei letztlich eine Frage der *Identifikation* der Person selbst – eine Weise also, sich einem *sex* oder *gender* zugehörig zu fühlen, die nicht dem *sex* oder dem *gender* entsprechen müssen, welche der Person von Geburt an zukommen oder (im Falle des *gender*) zugewiesen wurden.

194 Stock, *Material Girls*; Alex Byrne, »Are Women Adult Human Females?«, in: *Philosophical Studies* 177 (2020), S. 3783-3803.

1. In einem ersten Schritt ist es wichtig, die These (2) zu verstehen. Das schließt ein, die *Frage* vor Augen zu haben, auf die diese These zu antworten beansprucht. Kurz gesagt: Es geht in (2) darum, zu beantworten, was unser faktischer Begriff davon ist, was eine Frau ausmacht.

Zwei Punkte sind dabei von Bedeutung. *Erstens* geht es in (2) um den *faktischen* Begriff. Viele Beiträge in der Debatte um Geschlecht und Biologie sind nämlich mit einer anderen Frage befasst: mit der *normativen* Frage, was unser Begriff der Frau sein *sollte*, was wir also unter einer Frau verstehen *sollten*. So verficht zum Beispiel Sally Haslanger ein einflussreiches *amelioratives* Projekt.[195] Ihr zufolge sollten wir unter einer Frau eine Person verstehen, die aufgrund ihrer (vermuteten) biologischen Geschlechtsmerkmale eine untergeordnete Position in einer sozialen Hierarchie einnimmt. Diese Analyse beansprucht dabei nicht, zu erläutern, was wir faktisch bereits unter einer Frau verstehen, sondern zu zeigen, welches Verständnis für eine emanzipatorische Praxis hilfreich ist. Haslangers Projekt gilt dabei oftmals als wichtige Form des sogenannten *conceptual engineering*, der *Begriffsgestaltung*.[196]

Eine andere Variante eines solchen normativen und revisionären Ansatzes formulieren Dembroff (2018) und Jenkins (2016; 2023).[197] Sie unterscheiden zwischen Fragen der *Ontologie* sozialer Arten und der Frage, ob unser Ge-

195 Vgl. die Arbeiten in Sally Haslanger, *Der Wirklichkeit widerstehen. Soziale Konstruktion und Sozialkritik*, Berlin 2021.

196 Siehe dazu Herman Cappelen, *Fixing Language: An Essay on Conceptual Engineering*, Oxford 2018; Alexis Burgess, Herman Cappelen, David Plunkett (Hrsg.), *Conceptual Engineering and Conceptual Ethics*, Oxford 2020.

197 Robin Dembroff, »Real Talk on the Metaphysics of Gender«, in: *Philosophical Topics* 46 (2018), S. 21-50; Katharine Jenkins, »Amelioration and Inclusion: Gender Identity and the Concept

brauch *sprachlicher Ausdrücke* sich darauf verpflichten lassen sollte, diese Ontologie extensional korrekt abzubilden. Die sozialen Arten, die es nun einmal gibt, mögen zwar faktisch bestimmte Individuen ein- oder ausschließen. Aber als *soziale* Arten sind sie nicht naturgegeben, sondern das Resultat veränderbarer Einstellungen und Regeln.[198] Insbesondere, so Dembroff und Jenkins, sind unsere sozialen Kategorisierungen kritisierbar als mögliche Quellen *ontischer Ungerechtigkeit*. Wo eine solche Ungerechtigkeit vorliegt, sollten wir uns in unserem Sprechen über diese Kategorien nicht darauf verpflichten, die ungerechte soziale Wirklichkeit an ihren faktischen Gelenkstellen einzuteilen, sondern es dazu nutzen, neue Einteilungen vorzunehmen.

Diese Ansätze sind von großer Wichtigkeit. Eine zentrale Frage ist in der Tat die, was wir unter einer Frau verstehen sollten. Die These (2) wird aber von ihren Verfechter:innen nicht als eine direkte Antwort auf *diese* Frage angeboten. Sie soll vielmehr eine Realdefinition unseres faktischen Begriffs der Frau geben. Aber auch dieses Projekt hat seine Bedeutung. Auch für ein potenziell revisionäres Projekt ist es nicht unwichtig, wie nahe die normativen Vorschläge an unserem faktischen Begriff bleiben. Denn diese bestehende Kategorie hat für viele der Betroffenen besondere Bedeutung. Viele trans Frauen bestehen ja gerade darauf, dass sie nicht nur in einer besonderen, neuen und vorerst rein akademischen Bedeutung Frauen sind – sondern eben

of Woman«, in: *Ethics* 126 (2016), S. 394-421; dies., *Ontology and Oppression: Race, Gender, and Social Reality*, Oxford 2023.

198 Siehe dazu z. B. John R. Searle, *The Construction of Social Reality*, New York 1995; Ásta, *Categories We Live By. The Construction of Sex, Gender, Race, and Other Social Categories*, New York, Oxford 2018.

Frauen *simpliciter*. Das muss nicht ausschließen, dass ein aufgeklärtes Verständnis des Begriffs der Frau revisionäre Aspekte hat. Aber es ist ebenso wichtig, dass *ein Kern* dessen erhalten bleibt, was wir faktisch mit einer Frau meinen.

Der *zweite* wichtige Punkt ist, dass es in (2) eben um den *Begriff* der Frau geht. So wird diese These jedenfalls von Vertreter:innen wie Stock und Byrne eingeführt und verteidigt. Was genau ein Begriff ist, ist selbstredend ein hochkomplexes und kontroverses Thema. Aber im vorliegenden Kontext können wir uns darauf beschränken, dass mit einem *Begriff* etwas gemeint ist, das in der bloßen kompetenten Verwendung eines *sprachlichen Ausdrucks* nicht aufgeht. Schon Sokrates belehrt seine Gegenüber in den platonischen Dialogen ja gerne darüber, dass es eines ist, einen Ausdruck wie etwa »fromm« zuverlässig auf verschiedene Fälle anzuwenden, aber etwas anderes, zu erklären, was es *heißt*, fromm zu sein.

Genau so ist auch die Debatte um (2) zu verstehen. Hier geht es um eine Frage, die sogar dann noch offenbleiben kann, wenn Einigkeit darüber bestünde (was nicht der Fall ist), auf welche Individuen der Ausdruck »Frau« zutrifft. Wir könnten dann noch immer die Frage stellen, was es denn *heißt*, dass alle diese Individuen Frauen sind – was sie also gemein haben, das sie zu Frauen *macht*. Wir fragen in diesem Sinne nach dem *Begriff* der Frau.

Es lassen sich noch weitere Analyseebenen unterscheiden. Wir könnten die Frage, was es heißt, eine Frau zu sein, statt als eine begriffliche Frage auch als eine *metaphysische* Frage verstehen, als eine Frage nach dem Wesen oder der Natur des Frauseins.[199] Ich lasse diese weitere Differenzierung aber im Folgenden im Hintergrund und führe die

199 So sind schon Dembroff und Jenkins zu verstehen (siehe oben). Für die Distinktheit der metaphysischen Frage argumentiert auch Eliz-

Debatte um (2) so, wie die Verfechter:innen sie verstanden wissen wollen, als eine begriffliche.

2. Auch wenn professionelle Philosoph:innen, die (2) vertreten, diese begriffliche Natur ihrer These zumeist klar vor Augen haben, ist es gleichwohl sinnvoll, diesen Punkt weiter zu veranschaulichen. Diskussionen (in Person und in den sozialen Medien) zeigen, dass viele andere Teilnehmer:innen an der Debatte einem einfachen Fehler unterliegen. Sie gehen nämlich davon aus, dass die Biologie bestimme, ob (2) wahr ist. Das ist ein Irrtum. Auch dann, wenn unser Begriff lediglich biologische Kriterien erfasst, so ist *diese* Tatsache (den Inhalt unseres Begriffs betreffend) doch keine biologische. Verteidiger:innen von (2), die diesen Fehler machen, werfen ihren Gegner:innen vor, sie wären naturwissenschaftlich ahnungslos oder würden Erkenntnisse der Biologie leugnen. Diejenigen Gegner:innen, die denselben Fehler machen, sehen sich dann oft irrtümlich gezwungen, sich auf Diskussionen über biologische Forschungsergebnisse einzulassen. All dies verkennt *die Natur des Problems.*

Um dies deutlich zu machen, möchte ich eine Analogie bemühen. Es gibt eine weitere wichtige Kategorie von Menschen, bei der man einerseits den Eindruck haben darf, dass die Biologie für diese Kategorie nicht irrelevant ist, bei der es aber anderseits klar ist, dass man andere Faktoren für relevant halten kann – und es, im Falle unseres Rechtssystems, auch tut.

Die Kategorie, von der ich spreche, ist die der *Eltern.* Betrachten wir folgende These:

abeth Barnes, »Gender and Gender Terms«, in: *Noûs* 54 (2020), S. 704-730.

(E) Der Begriff der Eltern trifft nur auf direkte biologische Vorfahren zu.

Es gibt durchaus vieles, das für (E) spricht. Zum Beispiel behandeln wir in der Praxis einen Nachweis einer genetischen Verwandtschaft als die sicherste Form, Vaterschaft festzustellen. Wie wäre das möglich, wenn es beim Vatersein um mehr oder anderes als um Biologie ginge? Und auch allgemeine Erwägungen stützen (E): Ist es nicht plausibel, dass die Beziehung der direkten biologischen Vorfahrenschaft naturgeschichtlich große Bedeutung für uns hatte? Ist es daher nicht zu erwarten, dass unser zentraler Begriff in diesem Bereich *sie* herausgreift?

Gleichwohl liegt auch eine Schwierigkeit mit (E) auf der Hand: Einige Adoptiveltern und -kinder dürften der Meinung sein, dass die Beziehung der Elternschaft zwischen *ihnen* besteht und nicht zu den – zuweilen so genannten – »Erzeugern«. Eltern zu sein, so wäre der Gedanke, ist eine soziale Rolle – es schließt ein, Kinder groß zu ziehen, sich um sie zu kümmern, emotionale Verbindungen von Liebe und Vertrauen zu ihnen zu haben. Dabei muss nicht geleugnet werden, dass es enge Zusammenhänge und eine umfangreiche Überlagerung zwischen der Biologie und dieser sozialen Rolle gibt. Es lässt sich ja einfach erklären, warum es z.B. evolutionär vorteilhaft für Menschen war, gerade dem direkten biologischen Nachwuchs die Fürsorge und die emotionale Bindung angedeihen zu lassen, die die soziale Rolle der Eltern definiert. Gleichwohl wäre diese Rolle deshalb noch keine biologische, sondern könnte ohne biologische Verwandtschaft bestehen. Kritiker:innen der These (E) können insistieren, dass es die Rolle ist, nicht die Biologie, die Elternsein ausmacht. Der Gesetzgeber in der Bundesrepublik stimmt dieser Ansicht zumindest insofern zu, als Adoptiveltern und -kinder rechtlich anderen Eltern und ihren Kindern gleichgestellt sind.

Schließlich besteht die Möglichkeit, zuzulassen, dass der Begriff der Elternschaft eine gewisse Ambiguität mit sich führt, die dafür sorgt, dass in *einem* Sinne die Biologie, in einem *anderen* Sinne die soziale Rolle Elternschaft ausmacht. Und noch viele weitere, komplexere Vorschläge zur Natur des Begriffs wären möglich. Nun soll es hier nicht darum gehen, diese Debatte über (E) zu vertiefen. Was die Analogie deutlich machen soll: Es ist offenkundig, dass eine Diskussion der These (E) keine biologische Diskussion ist. Wer findet, dass Adoptiveltern im vollen Sinne Eltern sind, muss sich nicht vorwerfen lassen, biologische Tatsachen zu verkennen. Ebenso wenig sollten sich Verfechter:innen der These (E) als Verteidiger:innen der wissenschaftlichen Wahrheit gebärden (und sich, wie es bei (2) passiert, unter dem Banner von Hashtags wie #*TeamBiologie* oder #*TeamRealität* sammeln).

Im Gegenteil: Kritiker:innen von (E) können mit den Verteidiger:innen *vollständig einer Meinung* sein über die biologische Natur der direkten Vorfahrenschaft. Sie können sogar über das avancierteste Wissen über diese biologische Relation verfügen. Der Streitpunkt bleibt, denn er betrifft den *Begriff* der Eltern: Ist es diese biologische Relation, die über das Zutreffen dieses Begriffs entscheidet? Ist sie das, was wir *meinen*, wenn wir Menschen als Eltern begreifen? Diese Frage, es sei wiederholt, ist schlicht keine biologische.

3. Kehren wir also zu (2) zurück und behalten die Lektion, dass es um eine begriffliche Analyse geht, fest im Blick. Wie lässt sich nun über eine Analyse wie (2) begründet urteilen?

Wir können uns in der Frage der Methode an die Verfechter:innen von (2) halten. Besonders transparent unterscheidet Byrne drei verschiedene Weisen, eine solche Analyse zu stützen: Erstens leisten dies linguistische Daten, also Daten dazu, wie die sprachlichen Ausdrücke, die den gesuchten Begriff ausdrücken (in diesem Falle vor allem der Ausdruck »Frau«), verwendet werden. *Zweitens* kann die Stützung eine direktere und beispielbasierte Form annehmen. Es werden dann mögliche Szenarien präsentiert, und wir prüfen, ob uns der Begriff auf sie zuzutreffen scheint. *Drittens* können wir metasemantische Überlegungen darüber anstellen, von welchen Merkmalen wohl naheliegenderweise zu erwarten ist, dass wir Interesse und Gelegenheit hatten, einen Begriff für sie zu entwickeln.[200]

Ich wende mich nun den konkreten Argumenten zu. Welche Erwägungen sprechen zunächst einmal *zugunsten* von These (2)? Bei allem Bemühen um Fairness muss gesagt werden: Stocks Buch bleibt diese Antwort weitgehend schuldig. Sie behandelt es im fraglichen Kapitel (Kapitel 5, »What makes a Woman?«) kurzerhand als *unstrittig*, dass der Begriff der Frau, über den wir *bisher* verfügen, so funktioniert, wie (2) es sagt. Stock schreibt:

> [Theorien der Gender-Identität] schlagen radikal revidierte Verständnisse der existierenden Begriffe der Frau und des Mannes vor. Diese Begriffe wurden traditionell wie folgt verstanden: ›Frau: erwachsener weiblicher Mensch‹, ›Mann: erwachsener männlicher Mensch‹.[201]

Stocks Diskussion konkurrierender Vorschläge behandelt dieselben also von vornherein als Vorschläge zur *Revision* eines Begriffs, dessen jetzigen Inhalt klarerweise (2) charakterisiere.

200 Byrne, »Are Women Adult Human Females?«, S. 3785.
201 Stock, *Material Girls*, S. 148, Übers. T. H.

Dieser argumentative Schachzug wäre natürlich nur gerechtfertigt, wenn Stocks Aussage über das hergebrachte Verständnis der Begriffe unkontrovers wäre. Das ist aber, wie wir sehen werden, gerade nicht der Fall. Freilich ist dies lediglich ein Problem damit, wie These (2) *in Stocks Buch* (nicht) begründet wird. Es heißt nicht, dass diese These nicht in der Tat einiges für sich hat. Tatsächlich kommen einige Gründe für (2) *prima facie* so schlagend daher, dass man vermuten darf, dass Stock ihren Vorschlag aufrichtig für offensichtlich hält.

Um eine transparentere Verteidigung dieser These bemüht sich Alex Byrne. Es wurde ja bereits erwähnt, welche drei Kategorien von Belegen und Argumenten er unterscheidet. Er beginnt mit linguistischen Daten zur Verwendung des Ausdrucks »woman«. Speziell weist er darauf hin, dass (2) dem *Wörterbucheintrag* des Ausdrucks »woman« entspricht. Und in der Tat können sich Verfechter:innen von (2) auch im deutschsprachigen Raum auf diesen Umstand berufen. Der Duden charakterisiert die relevante Bedeutung des deutschen Ausdrucks »Frau« als: »erwachsene Person weiblichen Geschlechts«.[202]

Byrne ist jedoch umsichtig genug, das Gewicht dieses Datums nicht zu überschätzen. Er warnt sogar vor dem Kurzschluss, in einem Wörterbuch eine autoritative Quelle für Begriffsanalysen zu sehen, und witzelt, ein solcher Schluss vom Wörterbucheintrag auf These (2) »mag das populärste Argument auf Twitter sein, aber es erscheint als sehr schwach«.[203] Der Grund wurde bereits genannt: Wir wissen seit Sokrates, dass die Kriterien, die uns in

202 Siehe etwa Uwe Steinhoff, »Das Gerede vom ›sozialen Geschlecht‹«, in: *Cicero online* vom 7. November 2022 ⟨https://www.cicero.de/kultur/gender-ideologie-das-gerede-vom-sozialen-geschlecht⟩.

203 Byrne, »Are Women Adult Human Females?«, S. 3786, Übers. T. H.

der Verwendung eines Ausdrucks leiten, nicht immer die sind, die uns auch dazu befähigen, die Frage nach dem Inhalt des Begriffs zu beantworten. Genau diesen Grad der Unabhängigkeit von unserer linguistischen Praxis soll der Bezug auf Begriffe ja gerade wahren.

Byrne erkennt also: Wörterbücher beschreiben vorherrschende Verwendungsweisen, aber diese sind fallible und unvollständige Indikatoren für den Gehalt des zugrunde liegenden Begriffs. Vor allem kann es sein, dass Verwendungen systematisch fehlerhaft oder ungenau sind.[204] Daher sollten wir in Wörterbucheinträgen eine Zusammenfassung von Daten sehen, welche eine gute Analyse zwar in der Summe erklären sollte, die aber auch Verzerrungen enthalten. (Diese Ansicht dürfte unter Philosoph:innen, deren Geschäft das Analysieren von Begriffen ist, unkontrovers sein. Sie kämen nicht auf die Idee, die Arbeit der Analyse von »Wissen« oder »Wahrheit« ließe sich durch den Griff zum Duden abkürzen.)

Wir können die Daten, die den Wörterbucheinträgen zugrunde liegen und die auch eine Basis für die Begriffsanalyse sind, vielleicht in der folgenden Form zusammenfassen:

> *Datum*
> In typischen Fällen behandeln kompetente Sprecher:innen Informationen über das biologische Geschlecht als entscheidend für die Verwendung des Ausdrucks »Frau«.

Diese Charakterisierung der Verwendung von »Frau« erscheint mir korrekt, und sie wird auch von Autor:innen geteilt, die die These (2) ablehnen.[205] Saul und Byrne geben

204 Vgl. Byrne, »Are Women Adult Human Females?«, S. 3785.
205 Zum Beispiel Jennifer Saul, »Politically Significant Terms and Philosophy of Language: Methodological Issues«, in: Sharon L. Crasnow und Anita M. Superson (Hrsg.), *Out from the Shadows: Ana-*

etwa das Beispiel eines prähistorischen Skeletts, das durch eine DNA-Analyse als das Skelett eines biologisch weiblichen Menschen erkannt wird. Niemand, so die Autor:innen, würde zögern, zu sagen, dass wir es mit dem Skelett einer Frau zu tun haben.

Andere Argumente Byrnes sind, wie angekündigt, direkt und beispielbasiert. Sein vielleicht eindrücklichstes Beispiel ist ein französischer Kurzfilm (*Majorité Opprimée*, 2010, Regie: E. Pourriat), in dem ein kollektiver Tausch der sozialen Rollen dargestellt wird: »Männliche Menschen schieben Kinder in Kinderwagen herum, werden sexuell belästigt und angegriffen von weiblichen Menschen, die dreist ohne Shirt durch die Straßen joggen.«[206] Das korrekte Urteil scheint hier, wie gesagt, zu lauten, dass die sozialen Rollen getauscht wurden: Männer sind den Entwürdigungen und Angriffen ausgesetzt, unter denen faktisch Frauen leiden. Aber genau diese Beschreibung impliziert, dass das Frausein und das Mannsein eben *nicht* mit der sozialen Rolle zugleich wechselt. Die Pointe des Films scheint also darauf zu basieren, dass wir Männer und Frauen an biologischen Merkmalen identifizieren.

Schließlich gibt es die angekündigte Kategorie der metasemantischen Argumentation: Wir sollten, so Byrne, erwarten, dass Sprachen wie das Englische (und das Deutsche) eigene Ausdrücke für eine Kategorie wie die der biologisch weiblichen Erwachsenen hat – und »woman« (bzw. »Frau«) sei tatsächlich der einzige plausible Kandidat dafür.[207]

lytical Feminist Contributions to Traditional Philosophy, Oxford 2012, S. 197-216; Talia Mae Bettcher, »Trans Women and the Meaning of ›Woman‹«, in: Alan Soble et al. (Hrsg.), *Philosophy of Sex: Contemporary Readings*, Lanham ^{6}2013, S. 233-250.

206 Byrne, »Are Women Adult Human Females?«, S. 3789, Übers. T. H.

207 Vgl. Byrne, »Are Women Adult Human Females?«, S. 3787.

4. So viel zu den Argumenten Byrnes. Wie sind sie in einem ersten Anlauf einzuschätzen? Ohne Zweifel stützen sie die These (2) zu einem gewissen Grad. Das gilt zunächst für die Beobachtung über den alltäglichen Sprachgebrauch, die in *Datum* zusammengefasst wird. Tatsächlich ergäbe These (2) eine elegante Erklärung: Wir behandeln Informationen über das biologische Geschlecht deshalb als entscheidend, weil die fraglichen Ausdrücke einfach Ausdrücke *für* das biologische Geschlecht *sind*!

Allerdings ist dieses Argument nicht zwingend. Viele andere Vorschläge zur Analyse des Begriffs der Frau können *Datum* ebenfalls erklären. Gehen wir also davon aus, dass Sprecher:innen in der Geschichte des Ausdrucks »Frau« mit hoher Zuverlässigkeit das biologische Geschlecht als ausschlaggebendes Kriterium behandelt haben. Es ist plausibel, zu spekulieren, dass Sprecher:innen im Zuge dieser Geschichte unter der Annahme einer weitgehenden *Koinzidenz* von Merkmalen operiert haben. Sie gingen also plausiblerweise davon aus, dass die Menschen mit weiblichen biologischen Merkmalen meist auch diejenigen sind, die die soziale Rolle und das Selbstverständnis von Frauen exemplifizieren. Entsprechend kamen sie gar nicht in die Verlegenheit, diese Bedingungen voneinander abzugrenzen und zu fragen, welche denn eigentlich das Frausein *ausmacht*. Eine sokratische Frage, die diese Bedingungen gegeneinander in Stellung bringt, hätte sie dann überfordert.

Wir können es an dieser Stelle bei solchen spekulativen Hypothesen belassen und uns darauf konzentrieren, dass faktisch noch immer eine relativ große Koinzidenz besteht. Schon das erlaubt es uns, den Begriff der Frau in einer Weise zu analysieren, die zwar den (mehr oder minder) sinnfälligen biologischen Kriterien eine Funktion einräumt, die aber dennoch etwas anderes (eben eine soziale

Rolle oder eine Geschlechtsidentität) als *Gehalt* des Begriffs identifiziert. Ich schlage nun solche Analysen vor. Sie sind, das sei betont, hochgradig vereinfacht und dienen lediglich der Veranschaulichung meines Arguments.

Hier kommt also zunächst eine überaus simple Version einer Soziale-Rollen-Analyse:

> *Einfache Soziale-Rollen-Analyse*[208]
> X instantiiert den Begriff der Frau genau dann, wenn (und dadurch, dass) X den sozialen Erwartungen und Normen unterworfen ist, denen Menschen aktuell im Allgemeinen auf der Basis ihres weiblichen Geschlechts unterworfen werden.

Der wichtige Punkt ist, dass auch ein solcher Vorschlag erklärt, warum biologische Merkmale unsere Sprache so zentral bestimmen. Der zugrunde liegende Begriff erfasst zwar eine soziale Rolle, die nicht notwendig an der Biologie hängt, aber es ist eine Rolle, die wir an typischen biologisch weiblichen Menschen kennen und identifizieren gelernt haben. Die Definition kann daher *hinweisend* verfahren, anhand einer langen und fortbestehenden Tradition, in der Menschen jene Rolle wegen ihrer Biologie zugewiesen bekommen. Nichts an dieser Analyse spricht aber dagegen, dass *auch andere* Menschen diese Rolle spielen und dass es biologisch weibliche Menschen gibt oder geben kann, die sie keineswegs spielen.

Ähnliches gilt für diese (ebenso vereinfachte) Gender-Identitäts-basierte Analyse:

208 Analysen, in denen eine soziale Rolle zentral ist, werden formuliert und verteidigt von: Haslanger, *Der Wirklichkeit widerstehen*; Ásta, *Categories We Live By*; Charlotte Witt, *The Metaphysics of Gender*, Oxford 2011.

Einfache Gender-Identitäts-Analyse[209]
X instantiiert den Begriff der Frau genau dann, wenn (und dadurch, dass) X das Selbstverständnis und/oder die Gefühls- und Verhaltensdispositionen hat, welche die sozialen Normen und Erwartungen verinnerlichen, denen Menschen im Allgemeinen auf der Basis ihres weiblichen Geschlechts unterworfen werden.

Diese Analyse bestimmt Gender-Identität indirekt im Rückgriff auf die soziale Rolle, und diese wird ihrerseits (wie zuvor) durch Hinweis auf das biologische Geschlecht identifiziert.

Wir bemerken also: Der Umstand, dass sich unsere Verwendung von »Frau« vorrangig an biologischen Merkmalen orientiert (vgl. *Datum*), gibt (2) keinen entscheidenden Vorteil. Allenfalls kann man behaupten, dass (2) die *einfachste* Erklärung dieses Umstands darstellt. Nun ist Einfachheit nicht unerheblich. Doch eine Erklärung sollte auch nur so einfach sein, wie es mit Adäquatheit als Erklärung für unseren Gebrauch in allen Aspekten vereinbar ist.

Und an dieser Stelle gibt es Zweifel. Bevor wir aber dazu kommen, müssen die weiteren Argumente zugunsten von (2) geprüft werden. Wie verhält es sich mit Byrnes Szenario des Rollentauschs? Auch dieses können die beiden zuletzt vorgeschlagenen Alternativen zu (2) erklären. Wir müssen lediglich behaupten, dass die Bezugnahme auf die soziale Rolle in diesen Definitionen nicht immer als ein »starrer Bezeichner« (im Sinne von Kripke) zu ver-

209 Vorschläge, die der Identität oder dem Selbstverständnis einen zentralen Stellenwert einräumen, sind z. B. Jennifer McKitrick, »A Dispositional Account of Gender«, in: *Philosophical Studies* 172 (2015), S. 2575-2589; Bettcher, »Trans Women and the Meaning of ›Woman‹«; Jenkins, »Amelioration and Inclusion«.

stehen ist.[210] Das heißt: In dem Film *sind* es ja die Frauen, die den sozialen Erwartungen und Normen unterworfen sind, denen Menschen generell auf der Basis ihres weiblichen Geschlechts unterworfen werden – freilich nicht denjenigen Normen und Erwartungen, denen weibliche Menschen in *unserer* Welt unterworfen sind, sondern eben denjenigen, denen weibliche Menschen *in ihrer Welt* (will heißen: der Welt des Films) unterworfen sind. Wenn wir zudem zulassen, dass starre *und* nicht-starre Verwendungen möglich sind, können wir sogar sagen, dass Frauen in diesem Film die soziale Rolle von Männern spielen.

Was die Metasemantik betrifft: Gewiss liegt es nahe, dass das Englische und das Deutsche Ausdrücke für biologisch weibliche Erwachsene haben. Aber dass es so ist, ist auch völlig unstrittig: Im Deutschen ist es mindestens die Beschreibung »biologisch weibliche Erwachsene«. Byrnes eigentlicher Punkt wird daher sein, dass das *biologische* Geschlecht erwachsener Menschen wichtig genug ist, um ein eigenes *Nomen* zu verdienen. Aber diese Erwägung könnte ebenso für die soziale Rolle und das Selbstverständnis angeführt werden.

5. Dies waren erste Einschätzungen der Argumente, die Byrne zugunsten von (2) anführt. Ich wende mich nun einem zentralen Argument *gegen* (2) (und für die Alternativen) zu. Auch dieses Argument nimmt seinen Ausgang von Beobachtungen über den Sprachgebrauch. Diese Beobachtungen sprechen dafür, dass wir den Ausdruck »Frau« (ebenso den Ausdruck »Mann«) zumindest *auch* in Weisen verwenden, die *nicht* auf das biologische Geschlecht zielen. In diesen Verwendungen kontrastieren wir ein »wahres«

210 Saul A. Kripke, *Name und Notwendigkeit*, übersetzt von Ursula Wolf, Frankfurt a. M. 1993.

Frausein oder Mannsein mit dem biologischen Geschlecht. Bekanntlich müssen sich Erwachsene, die biologisch weiblich sind, dennoch darüber belehren lassen, was eine »wahre« Frau tut und was nicht. Ebenso ergeht an Menschen, die biologisch männlich sind, die Forderung: »Sei ein Mann!«

Welches Argument ergibt sich aus solchen Beobachtungen? Eine wegweisende Formulierung (auf die zum Beispiel auch Stock verweist) findet sich auf den ersten Seiten von Simone de Beauvoirs Buch *Le Deuxième Sexe*:

> Von allen wird einmütig anerkannt, dass es innerhalb der menschlichen Spezies ›Weibchen‹ gibt. Sie stellen heute wie ehedem etwa die Hälfte der Menschheit. Und doch […] ermahnt [man] uns: ›Seid Frauen, bleibt Frauen, werdet Frauen!‹ Nicht jeder weibliche Mensch ist also zwangsläufig eine Frau; er muss an jener geheimnisvollen, bedrohten Realität, der Weiblichkeit, teilhaben.[211]

Diese Verwendungsweisen legen nahe, dass die Ausdrücke »Frau« und »Mann« auf eine soziale Rolle, also eine Menge von Normen und Erwartungen verweisen. Und während wir de Beauvoir so lesen können, dass diese Rolle *zusätzlich* zur weiblichen Biologie erforderlich sei, wirft das Argument die Frage auf, ob nicht vielleicht *nur* die soziale Rolle das eigentliche Referenzobjekt ist. (Auch für diese Ansicht gibt es einige Belege, siehe unten.)

Wie dem auch sei, Stock hält diese Belege gegen (2) für unzureichend. Sie argumentiert, dass die Ausdrucksweise »Das ist kein *wahres* F« ein ganz allgemeines linguistisches

211 Simone de Beauvoir, *Das andere Geschlecht. Sexus und Sitte der Frau*, aus dem Französischen von Uli Aumüller und Grete Osterwald, Reinbek 1992, S. 9.

Manöver nutzt, das lediglich darauf hinweist, dass der Bezugsgegenstand kein *exemplarisches* F ist. Damit ist aber gar nicht ausgeschlossen, dass es sehr wohl trotzdem um ein (nicht-exemplarisches) F geht. Wer etwa sagt: »Das soll ein Messer sein? Komm, lass mich dir ein wahres Messer zeigen!« (wie etwa in einer bekannten Passage der Filmkomödie *Crocodile Dundee*), bestreitet nicht, dass das Objekt seines Spotts ein Messer ist. Es ist sehr wohl eines – nur kein *gutes*. Wie Stock bemerkt, ist dieses Manöver beliebig anwendbar: »Probieren Sie es mit Dingen um sich herum: ›Das nennst du ein Sofa?‹, ›Wenn du ein wahrer Ehemann wärest …‹.«[212]

Stock zufolge handelt es sich in all diesen Fällen um vorübergehende Anpassungen der Interpretation der Ausdrücke, in denen gerade der Kontrast mit den typischen Kriterien für Kategorienzugehörigkeit deutlich macht, dass es um eine nicht-wörtliche Verwendung geht. Alles in allem seien diese Beobachtungen demnach »schlechte Gründe« gegen ihre These (2).

Hier ist Stock zu widersprechen. Es stimmt natürlich, dass die kontrastive Rede davon, etwas sei kein »wahres« F (wo F ein beliebiger Sozialbegriff ist), *nicht* impliziert, dass es sich *gar nicht* um ein F handelt. Etwas oder jemand kann eine Frau, ein Messer oder eine Pianist:in sein, ohne in diesem Sinne eine »wahre« Frau, ein »wahres« Messer oder eine »wahre« Pianist:in zu sein. Jedoch folgt daraus keineswegs, dass diese Sortalbegriffe in ihrer gewöhnlichen Verwendung etwas ausdrücken, was mit jenen Normen *nichts zu tun hat*.

Um das zu erkennen, empfiehlt sich – in aller Kürze – ein Rückbezug auf die Philosophiegeschichte, und zwar speziell auf Buch I, Kap. 6 der *Nikomachischen Ethik*

212 Stock, *Material Girls*, S. 165, Übers. T. H.

des Aristoteles.[213] Aristoteles beobachtet dort, dass die Rede von einer wahren oder guten Instantiierung einer Art immer auf ein Maß der Gutheit rekurriert, das *spezifisch für diese Art* ist. So ist ein gutes Auge nicht eines, das in *irgendeiner* Hinsicht gut ist – sondern nur eines, das gutes Sehen erlaubt. Ebenso kann ein Messer sich noch so gut als Briefbeschwerer eignen: das macht es nicht zu einem *guten Messer*. Schließlich: Mike Tyson ist ein guter Boxer, aber das allein macht ihn nicht zu einem guten oder »wahren« Menschen. Aristoteles schließt: Zu unserem Verständnis einer Art oder Kategorie gehört eine spezifische Aktivität oder Funktion, ein *ergon*. Das *ergon* des Auges ist das Sehen, das *ergon* des Messers das Schneiden (nicht das Briefebeschweren) und das *ergon* des Menschen – nun, jedenfalls nicht das Boxen. Aus diesem *ergon* ergibt sich das spezifische Maß für Gutheit oder Vollkommenheit für diese Art oder Kategorie, und nur auf dieses *spezifische* Maß zielen wir, wenn wir Ausdrücke für die Kategorie mit »wahr« oder »gut« attributiv modifizieren, sie vorschreibend verwenden etc.

Das heißt: Wenn wir etwas ein »wahres« F nennen und es mit dem bloßen F-sein kontrastieren, kontrastieren wir verschiedene Verwirklichungsgrade einer spezifischen Art von Gutheit. Die Beobachtungen des Aristoteles geben uns Grund, davon auszugehen, dass diese Kategorien oder Begriffe intrinsisch auf bestimmte Normen für Gutheit bezogen sind.

Aus genau diesem Grunde überzeugt Stocks Entgegnung auf de Beauvoir nicht. Wenn die Rede von einer »wahren« Frau ist oder wenn eine Aufforderung ergeht, sich dieser Kategorie als würdig zu erweisen, so wird ein normativer

213 Aristoteles, *Nikomachische Ethik*, übersetzt von Eugen Rolfes, hrsg. von Günther Bien, Hamburg ^{4}1985.

Standard angelegt, der bereits *zu unserem Verständnis dieser Kategorie gehört*. Diese Verwendungen sind also sehr wohl Belege dafür, dass der Begriff der Frau Normen und Erwartungen ausdrückt – Normen und Erwartungen, die in kontrastiver Rede verschärft werden, aber generell darin enthalten sind.

Diese Belege nun lassen sich besser durch Begriffsanalysen der Art erklären, die ich in simplen Formen skizziert habe. Offenkundig gilt dies für die *Soziale-Rollen-Analyse*, aber auch für die *Gender-Identitäts-Analyse* lässt es sich plausibel geltend machen. Die normativen Ideen, die mit dem Begriff verknüpft sind und die ein attributives »wahr« unterstreicht, lassen sich ja auch als solche verstehen, von denen unterstellt wird, dass Frauen sich mit ihnen identifizieren. Der von de Beauvoir zitierte Aufruf: »Seid Frauen, bleibt Frauen, werdet Frauen!«, ist ja als Appell an ein angeblich geteiltes normatives Selbstverständnis zu verstehen.

These (2) hingegen macht es schwierig, diese Verwendungsweisen zu erklären: Wenn wir von einem erwachsenen männlichen Menschen verlangen, er solle ein *wahrer* Mann sein, so sind damit meist keine Verhaltensweisen gemeint, die z.B. seine Fähigkeit, bestimmte Keimzellen zu produzieren, vervollkommnen. Was auch immer das evaluative Kriterium ist, das ein attributives »wahr« oder der Imperativ abruft, findet in These (2) keine Erwähnung.

An dieser Stelle steht noch der angekündigte Beleg dafür aus, dass die Rede von Mann und Frau mitunter auch möglich ist, wo *nur* eine soziale Rolle (oder Identität) und *keine* entsprechende Biologie vorliegt. Ich beziehe mich auf die christliche Idee von Gott als dem »Herrn« oder dem »Vater«. Wohlgemerkt: Ich selbst halte die These für plausibel, dass diese Rede figurativ ist, und ich könnte mir denken, dass auch Theolog:innen das so sehen.

Wichtig ist hier: Es ist nicht so, als hätte die Gesamtheit der gläubigen Christ:innen in der Geschichte die Rede von Gott als dem »Herrn« oder dem »Vater« hinsichtlich des Geschlechts ebenfalls nur als figurativ verstanden. (Das Klischee vom weißbärtigen Mann in den Wolken ist nicht grundlos ein Klischee.) Noch in einigen aktuellen Debatten (etwa darum, ob »Gott« gegendert werden sollte) legen konservative Autor:innen sich unzweideutig darauf fest, dass diese Rede wörtlich zu nehmen ist, dass Gott also buchstäblich ein Mann ist.[214] Ich will nicht diskutieren, wie gut die Gründe für diese Ansicht sind. In jedem Falle dürfen wir unterstellen, dass jene Autor:innen (unter ihnen die AfD-Abgeordnete Beatrix von Storch[215]) in *diesem* Kontext den Begriff des Mannes *nicht* biologisch verstehen können. Sie dürften kaum annehmen, dass Gott bestimmte Keimzellen produziert, Chromosomen oder Geschlechtsteile hat. (Man möchte fragen: *Wozu* hätte Gott reproduktive biologische Merkmale? Und ketzerischer: Wieso dann *unbefleckte* Empfängnis?)

Nun mögen wir den fraglichen Autor:innen zwar widersprechen, aber wir können ihre Aussagen und Überzeugungen immerhin *verstehen*. Daher können sie kaum widersprüchlich sein. Folglich können wir nicht immer da, wo Sprecher:innen beteuern, dass jemand (wie etwa

214 So z.B. Dr. J. Heimerl im Januar 2023 auf der Internetseite der *Catholic News Agency*, ⟨https://de.catholicnewsagency.com/article/2029/nein-gott-lasst-sich-nicht-gendern⟩ (letzter Zugriff 14.11.23).

215 Sie schreibt: »Genesis 1,27: Gott schuf den Menschen … als Mann und Frau. Und Gott selbst ist dabei der Vater. Nicht die Mutter. Und auch nix mit Stern oder Binnen-I.« ⟨https://www.afd.de/beatrix-von-storch-gott-zu-gendern-ist-ein-alberner-und-untaugli cher-versuch-sich-dem-zeitgeist-anzupassen/⟩ (letzter Zugriff 14.11.23).

Gott) buchstäblich ein Mann sei, mit dem Wort »Mann« etwas Biologisches verbinden. Es gibt also Verwendungsweisen, in denen wir Ausdrücke wie »Mann« verwenden, ohne implizit oder explizit biologische Kriterien zu unterstellen. Das legt zumindest nahe, dass es für den Ausdruck »Frau« ebenfalls eine solche Verwendungsmöglichkeit gibt.

6. Ich fasse an dieser Stelle kurz zusammen: Die bisher vorgelegten Belege lassen keinen Vorteil für die These (2) erkennen. Die zunächst vorgebrachten Belege zugunsten von (2) lassen sich zumindest in größerem Umfang auch von den Alternativen erklären. Und die zuletzt angeführten Belege für die Alternativen werden durch diese tatsächlich besser erfasst.

Nun ließe sich entgegnen, dass gerade dieser Befund ja aber zeige, dass unsere Urteile über die Verwendung und das Zutreffen der fraglichen Kategorien offenkundig etwas Ungereimtes haben, und dass daher ein Teil der Belege irreführend sein müsse. Ist es nicht gerade diese unklare Lage, die den Rekurs auf ein glasklares Kriterium wie in (2) empfiehlt?

Im Gegenteil: Ein klares Kriterium ist nur dann als Begriffsanalyse geeignet, wenn wir den Eindruck haben dürfen, dass der Inhalt des Begriffs in genau dieser Weise klar *ist*. Andernfalls müssten wir auch (2) als eine revisionäre und unmittelbar normative Analyse verstehen, die wir im Vergleich zu anderen ameliorativen Projekten diskutieren müssten.

Für die Analyse unseres *faktischen* Begriffs wäre es besser, wenn die vielfältigen und zum Teil divergierenden Intuitionen selbst durch diese Analyse erklärt würden. Und auch dazu, so möchte ich nun darstellen, gibt es Vorschläge. Jennifer Saul diskutiert eine *kontextualistische* Theorie, eine Analyse also, der zufolge die Ausdrücke »Frau« und »Mann« sich insofern wie indexikalische Ausdrücke wie »hier« oder »ich« verhalten, als ihr Bezug kontextuell variiert:

> *Kontextualistische Analyse*
> X instantiiert den Begriff der Frau relativ zum Kontext K genau dann, wenn (und dadurch, dass) X mit typischen biologisch weiblichen Menschen in den Hinsichten übereinstimmt, die in K relevant sind.[216]

Diese (wiederum vereinfachte) Analyse räumt abermals dem Hinweis auf die Biologie eine zentrale Rolle ein. Sie ist aber genauso gut mit Verwendungen kompatibel, die auf soziale Rollen oder auf das Selbstverständnis abheben. Auch wenn die Vergleichsgruppe biologisch beschrieben ist, heißt das nicht, dass die relevante Übereinstimmung biologisch ist. Es ist gut möglich, dass uns an dieser Gruppe in einem Kontext *nicht* ihre Biologie interessiert, sondern ihre soziohistorisch bedingte Rolle oder Identität. Und diese letzteren Faktoren, die auch ohne die weibliche Biologie vorliegen können, bestimmen dann die Extension im Kontext.

Ein solcher Vorschlag hat, wie mir scheint, sehr große Aussicht darauf, der Vielfalt unserer Urteile darüber, wer eine Frau ist, ganz gerecht zu werden. Aber auch diese Analyse ist natürlich nicht die These (2), sondern eine Alternative – und einstweilen *besser* belegt.

Gerade weil mir dieser Vorschlag gut begründet erscheint, gebe ich mich (anders als bei den anderen obigen Vorschlägen) nicht mit der obigen, simplifizierten und ein-

216 Sauls etwas elaborierterer Vorschlag ist in »Politically Significant Terms«, S. 201.

gängigen Form zufrieden, sondern erwähne Komplikationen. Erstens rückt Saul selbst von ihrem Vorschlag ab, weil sie die Zugehörigkeit zu dieser Kategorie zu einfach mache. Sie erlaube zwar die Inklusion von trans Frauen, trivialisiere aber zugleich auch. Selbstverständlich, so der Vorbehalt Sauls, wird es *irgendwelche* Kontexte geben, in denen eine Übereinstimmung im Selbstverständnis relevant ist – aber das liegt daran, dass Relevanz in einem Kontext so leicht hergestellt ist. Mir scheint jedoch, dass Saul an dieser Stelle zu bereitwillig von ihrem Vorschlag abrückt. Denn kontextuelle Relevanz wird auch in anderen kontextualistischen Theorien nicht als völlig unrestringiert aufgefasst. Stattdessen ließe sich sagen: Es gibt eine beschränkte Menge von Hinsichten, in denen Personen übereinstimmen können, die unser Begriff der Frau als potenziell relevant gelten lässt. Dazu zählen biologisches Geschlecht, soziale Rolle, Gender-Identität und vielleicht mehr, aber eben beileibe nicht *alles*.

Eine weitere Anmerkung betrifft den Umstand, dass Kontextabhängigkeit in diesem Falle auch plausibel als Abhängigkeit vom *Kontext der Beurteilenden* aufgefasst werden kann.[217] Es wäre also nicht der Kontext der Sprecher:in, der die Deutung des Gesagten hoheitlich bestimmt. Sondern ein und dieselbe Äußerung könnte aus verschiedenen Kontexten der Beurteilung, relativ zur Relevanz in *diesen* Kontexten, verschieden bewertet werden. Wenn etwa in einem Kontext, in dem es um die soziale Rolle geht, gesagt wird: »Sie ist eine Frau«, so können andere Sprecher:innen in anderen Kontexten dieser Äußerung widersprechen,

217 Für eine Verteidigung der Möglichkeit einer solchen Abhängigkeit vom Urteilskontext vgl. John MacFarlane, *Assessment Sensitivity: Relative Truth and its Applications*, Oxford 2014.

wenn es bei ihnen nur um die Biologie geht, und umgekehrt.

Diese Variante einer kontextabhängigen Semantik könnte womöglich besser erklären, wann Sprecher:innen unterschiedlicher Meinung zu sein glauben und wann sie Äußerungen aus anderen Kontexten zurückweisen können. Zugleich könnten wir sagen, dass die fraglichen Dissense und Zurückweisungen möglich sind, ohne dass sich eine der Sprecher:innen irrt oder einen Fehler macht. Im Fachjargon: Es wäre möglich, Dissense darüber, wer eine Frau ist, als Fälle von *faultless disagreement* zu behandeln.

Wie immer wir die Kontextabhängigkeit genau verstehen, ihr Erklärungspotenzial ist immens. Sie lässt zu, dass wir mitunter mit »Frau« ganz allein und ausschließlich biologisch weibliche Erwachsene meinen können, in anderen Fällen aber im geraden Gegensatz dazu nur diejenigen, die die soziale Rolle spielen oder sich in entsprechender Weise identifizieren.

Um diese Erklärungskraft an einem weiteren Beispiel zu illustrieren: Sarah-Jane Leslie zitiert mehrere Fälle, in denen divergierende Geschlechtszuschreibungen in spöttischer Absicht kontrastiert werden. Dies gilt etwa in der Aussage, die sie zum Titel ihres Artikels wählt: »Hillary Clinton ist der einzige Mann in der Regierung Obama«.[218] Ähnlich wie Leslie würde auch ich diagnostizieren, dass hier zwei Bedeutungsaspekte des Begriffs »Mann« gegeneinander ausgespielt werden. Die Bemerkung bezeichnet Clinton in dem Sinne als Mann, dass sie den entsprechenden sozialen Erwartungen und Normen genügt; aber sie bezieht ihren derogatorischen Charakter daher, dass Lese-

218 Sarah-Jane Leslie, »›Hillary Clinton is the Only Man in the Obama Administration‹: Dual Character Concepts, Generics, and Gender«, in: *Analytic Philosophy* 56 (2015), S. 111-141.

r:innen die andere, biologische Lesart von »Mann« ebenfalls vor Augen steht. Ein Kontextualismus kann dies leicht erklären.

Auch in metasemantischer Hinsicht ist der Kontextualismus überaus plausibel. Ich wiederhole noch einmal meine obige Hypothese: In einem großen Teil der Geschichte der Verwendung des Ausdrucks »Frau« haben Sprecher:innen unter der Annahme operiert, dass biologische Merkmale, soziale Rolle und Selbstverständnis koinzidieren. Das dürfte dazu geführt haben, dass keiner dieser Aspekte beanspruchen kann, sich in dieser Geschichte zu *dem* eindeutigen Referenten des Ausdrucks gemausert zu haben. Denn es hätte dann (zumindest im Bewusstsein typischer Sprecher:innen) an Fällen gemangelt, in denen eine entsprechende semantische Trennschärfe erforderlich gewesen wäre. Nun aber, seit wir in der Gegenwart zunehmend realisieren, dass jene Kriterien divergieren können, müssen wir der Verwendung des Ausdrucks eine gewisse Flexibilität zugestehen – oder ihn fallen lassen.

7. So viel zu den vorliegenden Belegen, die die These (2) bzw. ihre Konkurrenz stützen. Wie ist die relative Stärke dieser Belege in einem ersten Schritt einzuschätzen – das heißt, noch bevor wir uns über die Schwelle für Rechtfertigung klar geworden sind? Aus den benannten Gründen müssen wir der Behauptung, dass (2) besser begründet ist als die Alternativen, widersprechen. Verglichen mit den (hier nur schematisch formulierten) Analysen, die auf eine soziale Rolle oder auf eine Gender-Identität abheben, ergibt sich ein komplexerer Befund. Einige sprachliche Daten werden zwar durch (2) einfacher erklärt, manche anderen, die eindeutig eine Rolle thematisieren, hingegen schlechter. Aber es gibt mindestens eine Alternative, die alle genannten Daten gut erfassen kann und die sich außer-

dem, wie gesagt, auch metasemantisch gut plausibilisieren lässt – eine kontextualistische Semantik nach dem Vorbild von Jennifer Saul (womöglich in einer Beurteiler:innen-relativierten Variante). Daher schließe ich, dass (2) weniger starke Belege für sich hat als mindestens eine Alternative.

Im nächsten Schritt müssen wir uns nun den *stakes*, also den Irrtumskosten zuwenden, die für die Rechtfertigung von (2) einschlägig sind. Diese Kosten haben, wie mir scheint, im Wesentlichen mit zweierlei zu tun: Zum einen dienen uns die Kategorien der Frau und des Mannes dazu, rechtliche und soziale Status, Ansprüche und Rechte zu definieren. Ob Sie Mann oder Frau oder etwas anderes sind, bestimmt, zu welchen Räumen Sie Zugang haben, welche Formen von Schutz Sie in Anspruch nehmen dürfen, etc. Zum anderen sind diese Kategorien für viele Menschen Gegenstand von Wertschätzung und Identifikation.

Ich will direkt ankündigen, dass eine umfassende und eindeutige Einschätzung der relevanten Kosten in diesem Falle vor besonderen Schwierigkeiten steht und dass ich mich daher, anders als im obigen Falle der These (1), nicht einmal an einer ungefähren Schätzung versuchen werde. Es wird sich aber zeigen, dass dies für eine Anwendung auch unnötig ist.

Die besonderen Schwierigkeiten ergeben sich daraus, dass die relevanten Kosten nicht nur vielfältig sind. Hinzu kommt, dass viele der Kosten, die zunächst naheliegen und entsprechend oft angeführt werden, nicht in der einschlägigen Weise mit (2) verknüpft sind.

Zur Erklärung: Viele der relevanten Kosten, die in der Debatte völlig zu Recht ernst genommen werden, haben z. B. damit zu tun, dass bestimmte institutionelle Regeln Frauen Zugang zu Schutzräumen (Umkleiden, Frauengefängnissen, Frauenhäusern, Frauensaunen etc.) geben oder dass sie Frauen in bestimmten kompetitiven Kontexten

(Sport, berufliche Karriere) Schutz vor Benachteiligung gewähren. Wie genau wir den Begriff der Frau also zu verstehen haben, und ob z. B. (2) die korrekte Analyse dieses Begriffs ist, scheint daher direkte Implikationen für den Zugang zu solchen Schutzräumen, Nachteilsausgleichen etc. zu haben.

Aber tatsächlich ist es gar nicht klar, dass es sich so verhält. Selten wird in der Debatte bemerkt, dass nicht ausgemacht ist, ob die Kategorie der Frau überhaupt diejenige ist, um die sich diese institutionellen Regeln drehen *sollten*.[219] Was in vielen dieser Kontexte wichtig ist, ist ja womöglich zunächst einmal, biologisch weibliche Menschen vor Übergriffen durch biologisch männliche Menschen zu schützen, oder vor bestimmten kompetitiven Nachteilen, die mit diesem biologischen Unterschied einhergehen. Wenn nun die Kritiker:innen von (2) recht haben, so heißt das zuerst einmal nur, dass unsere Begriffe für *Geschlechter* diesen Unterschied womöglich nicht immer zuverlässig nachzeichnen. Das bedeutet aber natürlich gerade nicht, dass die rationale Handlungsweise (wenn (2) falsch ist) darin besteht, sich unbeeindruckt davon weiter an Geschlechterbegriffen zu orientieren und fortan einigen biologisch männlichen Menschen die fraglichen Zugänge und Schutzrechte einzuräumen.

Für die Anwendung meines Vorschlags gilt nun aber: Irrtumskosten und Nutzen bei Korrektheit werden dadurch bestimmt, welche Handlungen durch eine irrtümliche Annahme oder Zurückweisung einer These tatsächlich als *vernünftig* ausgewiesen werden. Daher können wir eben nicht voraussetzen, dass Kosten und Nutzen einer Akzeptanz oder Nichtakzeptanz von (2) darin bestehen

219 Vgl. dazu Juliane Jüngling und Geert Keil, »Wovon hängt ab, wer eine Frau ist?«, in: *Die Zeit* Nr. 51, 08. Dezember 2022, S. 67.

werden, all jene Rechte in unveränderter Form zu erhalten oder nicht.

Das gilt, wie mir scheint, besonders für den Faktor, den Verteidiger:innen von (2) (wie Stock oder Uwe Steinhoff) anführen: für den *Nutzen bei Korrektheit*, also für das, was wir *verspielen*, wenn wir (2) irrtümlich nicht akzeptieren. Genau dieser Nutzen bzw. diese Kosten sind nämlich potenziell von Geschlechterkategorien zu trennen. Wir können nicht einfach annehmen, dass die rationale Handlung, wenn wir These (2) nicht akzeptieren, darin besteht, allen Frauen (und das würde dann aus unserer Perspektive trans Frauen einschließen) all jene Schutzräume oder Nachteilsausgleiche zuteilwerden zu lassen, die wir bislang nur biologisch weiblichen Menschen zuerkennen. Rational könnte es vielmehr sein, zugleich jene Regeln so zu spezifizieren, dass sie sich explizit auf andere, relevantere Kategorien fokussieren. Wenn es z. B. stimmt, dass sexuelle Übergriffe meist nicht *per se* von Männern gegenüber Frauen ausgehen (so, wie wir diese Kategorien verstehen würden, wenn wir (2) ablehnen), sondern von biologisch männlichen gegenüber biologisch weiblichen Personen, dann wären bestimmte Schutzräume eben nach *diesen* Kategorien zu organisieren – nicht nach Frau oder Mann. Gleiches gilt für Sportwettkämpfe, für medizinische Behandlung und dergleichen.

Etwas Ähnliches ist auch über einige der *Irrtumskosten* zu sagen. Wir betrachten also nun den Fall, in dem wir (2) akzeptieren und darin falschliegen. Wenn wir also im Lichte von (2) trans Frauen (unter der jetzigen Annahme: fälschlich) als Männer kategorisieren, folgt nicht, dass sie in allen Kontexten so behandelt werden sollten, wie wir Männer aktuell behandeln. Es ist dann keineswegs die vernünftigste Handlung, trans Frauen ohne allen Schutz zu lassen. Vielmehr könnte es dann angemessen sein, Umkleiden, Toiletten, Gefängnisse in neuen Weisen und nach mehr Kategorien zu organisieren – biologisch weiblich und cis, biologisch männlich und cis, trans Frau, trans Mann, nicht-binär etc. Auch hier dürfen wir die Kosten nicht einfach an den Regeln der bestehenden Praxis abzulesen versuchen.

Etwas eindeutiger sind die Kosten, die von der Kategorie selbst *nicht* zu trennen sind – Kosten also, die mit Zugehörigkeit oder Nicht-Zugehörigkeit zur Kategorie der Frau *per se* einhergehen. Zu den Irrtumskosten von (2) zählt dann vor allem, dass wir trans Frauen (in diesem Falle: fälschlich) in ihrem Selbstverständnis widersprächen. Wir würden nicht nur anderer Meinung darüber sein als sie, ob sie Frauen sind, und darin falschliegen. Sondern wir würden ihr Selbstverständnis fälschlich als verfehlt beurteilen. Dieser Faktor wird von den Beteiligten in der Debatte oft radikal unterschiedlich dargestellt: Aktivist:innen setzen die Aussage, trans Frauen seien keine Frauen, mit dem Bestreiten der Existenz (oder gar des Existenzrechts[220]) der fraglichen Individuen gleich. Auf der Gegenseite wird hingegen lapidar abgewiegelt, es gebe kein Recht darauf, keine Kritik an der Selbstwahrnehmung zu erfahren.

Es ist sicher ein Stück weit vermessen, sich als cis Mann an einer Einschätzung zu versuchen – aber es führt schwerlich ein Weg daran vorbei, wenn ich nicht einer Seite des Konflikts *a priori* recht geben soll. Nun denn: Die obige Rhetorik der Aktivist:innen erscheint mir zwar überzogen, aber die Kosten dürfen dennoch nicht unterschätzt werden.

220 So unterstellt etwa Andrea Geier 2021 in einem Gespräch mit Deutschlandfunk Kultur, ⟨https://www.deutschlandfunkkultur.de/der-fall-kathleen-stock-wieso-eine-britische-100.html⟩.

Trans Menschen sind in einer besonderen Weise verletzbar. Sie sehen sich zum einen all denjenigen Formen von Missachtung, Spott und Bedrohung ausgesetzt, unter denen auch andere nicht-konforme Individuen zu leiden haben. Ein *coming out* ist für trans Menschen eine genauso traurige Notwendigkeit, wie es für homosexuelle Menschen immer noch gilt, mit ähnlich großen Ängsten und realen Gefahren der Zurückweisung auch durch engste Vertraute. Zum anderen geht diese »gewöhnliche« Zurückweisung aber oft mit etwas weiterem einher: mit einem *Bestreiten* dessen, was im *coming out* eröffnet wird. Trans Menschen gelten in den Augen mancher Mitmenschen nicht »nur« als unnormal oder pervers – sondern zudem als Menschen, die etwas verleugnen, das ihrer Mitwelt als eine offenkundige Tatsache über sie selbst gilt: das eigene Geschlecht. Sie ernten ungläubige Blicke oder gelten als *verrückt*. So schreibt Steinhoff in *Cicero*: »[B]iologische Männer, die sich auf diese Weise als weiblich deuten, [leiden] schlicht unter Wahnvorstellungen […]. Sie könnten sich ebenso gut als Hamster deuten.«[221] Sie werden in *rationaler* und *epistemischer* Hinsicht als defizitär behandelt.

Dieser Umstand macht eine irrtümliche Akzeptanz von (2) in der Tat kostspielig, denn der Status, als *glaubwürdige Quelle von Informationen* zu gelten, ist uns wichtig.[222] Die Akzeptanz von (2) aus der autoritativen Position der Wissenschaft gefährdet diesen Status.

Was ist mit dem Nutzen der Korrektheit? Auch dieser Faktor ist leichter zu benennen, wenn es um die Zugehörigkeit zur Kategorie *per se* geht. Und auch dieser Faktor ist nicht zu unterschätzen. Wie schon de Beauvoir ausführt, wird die Kategorie der Frau vor allem als »das Ande-

221 Steinhoff, »Das Gerede vom ›sozialen Geschlecht‹«.
222 Vgl. Fricker, *Epistemic Injustice*.

re« zur Kategorie des Mannes definiert. Gerade progressive Frauen werden es daher oft als zentralen Aspekt ihrer Identität verstehen, Teil einer Gruppe zu sein, die sich in einem langwierigen historischen Kampf gegen die Unterwerfung durch ihr »Anderes« zur Wehr setzt. Wenn wir nun aber (2) irrtümlich nicht akzeptieren, dann laufen wir Gefahr, diese Abgrenzung zu unterwandern. Wir öffnen dann die Grenzen dessen, was eine solidarische Gemeinschaft in einem historischen Kampf ist, unwillentlich für die *Gegner*.

8. Nachdem all dies gesagt ist, werde ich nicht den Versuch wagen, die genannten – vermeintlichen und wirklichen – Kosten gegeneinander aufzuwiegen. Das ist aber auch für eine Beurteilung nicht nötig. Die einzige Feststellung, die wir uns herausnehmen müssen, ist diese: Wir können es nicht als gegeben betrachten, dass Befürworter:innen von (2) *gewichtigere* praktische Interessen auf ihrer Seite haben. Wir dürfen also (insbesondere wegen der Tatsache, dass die Existenz von Schutzräumen etc. für biologisch weibliche Personen nicht daran hängt) nicht davon ausgehen, dass der *Nutzen bei Korrektheit überwiegt* – dass also *größere* Kosten für besonders Betroffene drohen, wenn wir (2) irrtümlicherweise nicht akzeptieren.

Schon wenn wir uns darauf beschränken, nicht einer Option *höhere* potenzielle Kosten zuzuschreiben, ergibt sich, dass (2) *nicht* als ausreichend begründet gelten kann. Denn, wie gesagt, die Belege für (2) wiegen *weniger schwer* als die für mindestens eine Alternative. Da jedoch die Standards für (2) – in Anbetracht der relativen pragmatischen Kosten – *nicht niedriger* liegen, so folgt, dass (2) im Lichte der Kosten nicht ausreichend gerechtfertigt ist. Mein Ansatz ergibt dann: Es ist zum jetzigen Stand nicht nur epistemisch ungerechtfertigt, sondern in Anbetracht der Kosten auch *moralisch fahrlässig*, (2) zu behaupten. Wer in der Öffentlichkeit die These vertritt, Frausein sei nur Sache der Biologie, missachtet, dass die Belege dafür nicht gut genug sind im Hinblick darauf, was für trans Menschen dabei auf dem Spiel steht. Und damit missachtet er die moralischen Ansprüche dieser Menschen selbst.

Kurzum: Die soeben vorgelegte Einschätzung der relativen Stärke der Belege für (2) ergibt, in Kombination mit der generellen Position dieses Buches, dass moralische Kritik an den Thesen von Kathleen Stock und Alex Byrne berechtigt ist. Damit ist freilich, wie zuvor erörtert, nicht automatisch gesagt, dass eine der anderen Analysen hinreichend gerechtfertigt ist und akzeptiert werden sollte. Zwar haben einige dieser Alternativen, wie ich dargestellt habe, im Vergleich die etwas besseren Belege für sich. Das ist aber vereinbar damit, dass vorderhand vielleicht eher eine Enthaltung in dieser Frage epistemisch angezeigt ist.

Wie es sich damit verhält, sollte einer eingehenderen Diskussion der Belege und der relevanten Kosten überlassen bleiben, als sie hier möglich ist. Gegenstand dieses Kapitels ist die spezielle These (2) und die – wie sich nun zeigt – berechtigte moralische Kritik an ihr.

9. Ich möchte an dieser Stelle noch eine letzte Anmerkung machen. Mein Vorschlag erlaubt uns, wie ich darlegen wollte, nicht nur eine Einschätzung der speziellen These (2). Er kann uns auch etwas darüber lehren, wie die Debatte in der Öffentlichkeit geführt wird.

Einige Teilnehmer:innen der Debatte stellen dieselbe nämlich in einer Weise dar, die ihren jeweiligen Gegner:innen gegenüber unfair ist und die eine Art von *epistemischer Ungerechtigkeit* oder *silencing* darstellt. Deutlich ist dies im Falle einiger Verfechter:innen von (2). Sie präsentieren sich in der öffentlichen Debatte gerne so, als würden sie sich ausschließlich auf Tatsachen und *evidence* stützen, während die Gegenseite mit Emotionen, Moralisieren und Ideologie reagierte. Diese Darstellung nutzt verschiedene Kunstgriffe. Mitunter plump – etwa dann, wenn sich Verfechter:innen von (2) als *gender realists* bezeichnen[223] oder wenn sie sich unter Hashtags wie #*TeamRealität* zusammentun. Das gilt auch für Stock, die für ihr Buch den Untertitel *Why Reality Matters for Feminism* wählt (oder für Helen Joyce, deren Streitschrift *Trans* den Untertitel *When Ideology Meets Reality* trägt[224]). Es sei betont: Nichts an den Alternativen bestreitet in *irgendeiner* Weise die Bedeutung der Realität. Diese Unterstellung lässt sich kaum als ein harmloses rhetorisches Manöver verstehen. Sie passt zu anderen Formen, in denen trans Menschen epistemisch diskreditiert werden. (Ich erinnere an das obige Zitat von Steinhoff oder an die perfide Rede vom »Genderwahn«.)

Andere Schachzüge, die einen ähnlichen Effekt haben, sind subtiler, etwa dann, wenn die Gegenposition bevorzugt anhand von Texten postmodernistischer Autor:innen diskutiert wird, deren Beziehung zu Wahrheit und Fakten tatsächlich bisweilen ein wenig schillert – um es milde auszudrücken.

Entgegen solcher Darstellungen ist zu sagen: Wenn Kritiker:innen von (2) darauf abheben, welche praktischen Konsequenzen (2) für trans Menschen hat, so verlassen

223 Die Bezeichnung *gender realism* ist ursprünglich ein Terminus für die metaphysische Position, dass das Geschlecht (*gender*) wirklich ist. Erst seit kurzem wird sie auch für These (2) vereinnahmt, also für die These, dass das Geschlecht durch biologische Merkmale determiniert wird – vgl. etwa einen Artikel im *Economist*, der die Äußerungen des *comedian* Dave Chappelle als *gender realism* bezeichnet, ⟨https://www.economist.com/united-states/2021/10/14/dave-chappelle-for-gender-realism⟩ (letzter Zugriff 28. 11. 2023).

224 Helen Joyce, *Trans: When Ideology Meets Reality*, London 2021.

sie *nicht schon aus diesem Grunde* den Boden der rein epistemischen Beurteilung wissenschaftlicher Thesen. Sondern sie appellieren an genau die sozialen Kosten, die in einer epistemischen Beurteilung immer eine Rolle spielen – nicht, indem sie *evidence* ersetzen, sondern indem sie mitbestimmen, welche Schwelle *evidence* passieren muss, um die These (2) zu rechtfertigen.

Ich muss aber erwähnen, dass derselbe Schachzug auch auf der Gegenseite der Debatte zu finden ist. Namentlich gilt dies dort, wo die Verteidigung der These (2) nicht nur – wie gesagt, legitimerweise – epistemisch und moralisch kritisiert wird, sondern pauschal als *transphob* diskreditiert wird. Auch hier wird der Umstand, dass der Nutzen der Korrektheit von (2) in praktischen Begriffen (etwa des Schutzes vor Übergriffen) artikuliert werden muss, zum Anlass genommen, diese These als unsachlich zu diskreditieren.

In beiden Fällen zeigt mein Ansatz, dass praktische Erwägungen nichts damit zu tun haben, dass der Boden der Wissenschaft verlassen würde. Auf beiden Seiten handelt es sich daher um eine Form von *silencing*, die Feminist:innen nur allzu gut kennen: Denen, für die viel auf dem Spiel steht, wird eben darum Unsachlichkeit oder Hysterie vorgeworfen.

21. Der dritte Anwendungsfall: Behinderung und Infantizid

Wenden wir uns dem angekündigten dritten Anwendungsfall zu, nämlich Peter Singers These:

> (3) Neugeborene mit schweren Behinderungen haben keine Interessen, die ihre Tötung absolut verbieten.[225]

Ich rekapituliere auch hier kurz den Hintergrund der Position: Singer verteidigt einen präferenzbasierten Utilitarismus. Dieser kombiniert (a) eine Wertlehre, der zufolge das Gut eines Wesens darin besteht, dass seine Wünsche erfüllt werden, mit (b) der Vorschrift, dass diejenigen Handlungen richtig sind, die dieses Gut aller Wesen in der Bilanz maximieren.

Im Rahmen einer solchen Ethik bestimmt also die Natur unserer Präferenzen darüber, welche Form moralischer Berücksichtigung uns geschuldet wird. Im Falle von Personen schließt das Singer zufolge typischerweise ein, dass es moralisch falsch ist, sie zu töten – und zwar auch dann, wenn ihr Leben absehbar überwiegend leidvolle Erfahrungen bereithält. Das liegt daran, dass Personen – und dies versteht Singer als eine analytische Wahrheit – Wesen mit einem Bewusstsein einer eigenen Vergangenheit und Zukunft sind und die deshalb Wünsche in Bezug auf ihre Zukunft haben können. Mit einer Tötung einer Person würden wir alle diese Wünsche definitiv frustrieren; und da

225 Singer, *Practical Ethics*, S. 181ff.

diese Wünsche beileibe nicht nur Freude und Leid zum Gegenstand haben, gibt uns auch der Umstand, dass einer Person ein Übermaß an Leid droht, allein noch keinen Grund, dies durch die Tötung zu verhindern.

So erfasst der Präferenzutilitarismus, warum wir das Tötungsverbot für Personen als strikt auffassen. Allerdings sind nicht alle Lebewesen, nicht einmal alle Menschen, Personen in Singers Sinne. Neugeborene etwa haben keinen Begriff von sich selbst als Wesen mit einer Zukunft. Und Neugeborene, die besonders schwere Beeinträchtigungen haben, können absehbar niemals ein solches Bewusstsein entwickeln. Und das, so Singer, bedeutet, dass sie keine Präferenzen von der Art haben, die es strikt verbieten, sie zu töten. Es kann zulässig sein, sie zu töten, wenn wir davon ausgehen müssen, dass ihnen ein Übermaß an Leid droht.

Diese Position ist, wie in der Einleitung geschildert, Gegenstand scharfer Kritik und vehementer Proteste geworden. Wir sollten daher prüfen, ob dieser Fall ähnlich zu behandeln ist wie die beiden vorhergehenden Beispielfälle. Können wir also argumentieren, dass moralische Kritik legitim ist, weil Singers Gründe den Irrtumskosten nicht gerecht werden?

Es gibt einen zusätzlichen Anlass, diese These zu prüfen. In der aktuellen Debatte um Wissenschaftsfreiheit und Moralismus wähnen einige Teilnehmer:innen nämlich gerade im Falle Singer eine ausgeprägte Form der Doppelmoral am Werke. Ich denke vor allem an die ausführliche Diskussion bei Dieter Schönecker.[226] Er vergleicht die öf-

226 Dieter Schönecker, »Singer und Sarrazin. Eine vergleichende Studie zur Wissenschaftsfreiheit«, in: Elif Özmen (Hrsg.), *Wissenschaftsfreiheit im Konflikt*, Stuttgart 2021, S. 123-140.

fentlichen Reaktionen auf Einladungen Singers an deutsche Universitäten mit den Reaktionen, die eine Einladung Thilo Sarrazins an die Universität Siegen (die Schönecker selbst veranlasst hat) hervorgerufen hat.

Beide Einladungen wurden dabei von Kolleg:innen und von beteiligten Institutionen kritisiert. Und während die Siegener Veranstaltung mit Sarrazin stattgefunden hat, wurden einige Vorträge Singers in Deutschland in der Tat abgesagt, zuletzt auf der Phil.Cologne im Jahr 2014. Dennoch, so Schönecker, haben sich Fachkolleg:innen und insbesondere die zwei großen Fachgesellschaften in den zwei Fällen unterschiedlich positioniert. Die Widerstände gegen die Einladung Sarrazins haben weder die Deutsche Gesellschaft für Philosophie (DGPhil) noch die Gesellschaft für analytische Philosophie (GAP) zu einer Stellungnahme motiviert, die die Freiheit der Forschung verteidigt. Die Ausladung Singers hingegen hat sehr wohl zu einer kritischen Stellungnahme der GAP geführt. (Tatsächlich haben frühere Anti-Singer-Proteste in Deutschland, wie Schönecker bemerkt, gar eine Rolle in der Gründung der GAP gespielt.)

Darin nun sieht Schönecker die besagte Doppelmoral. Die Fachgesellschaften hätten keinen Grund, die Fälle Singer und Sarrazin unterschiedlich zu behandeln: »Wer Singer sagt, muss auch Sarrazin sagen; und wer Freiheit sagt, muss Freiheit für alle sagen.«[227]

Auch mit Blick auf diesen Vorwurf Schöneckers ist es daher angezeigt, den Fall (3) zu behandeln. Dabei wird sich interessanterweise zeigen, dass es sehr wohl einen Unterschied zwischen den Fällen gibt – und zwar einen Unterschied, der zeigt, warum moralische Kritik an Sarra-

227 Schönecker, »Singer und Sarrazin«, S. 125.

zin und an Thesen wie (1) bzw. an Singer und These (3) verschieden funktioniert.[228]

Zunächst aber, und das muss sofort zugestanden werden, fallen vor allem die Ähnlichkeiten der Fälle Singer und Sarrazin ins Auge. Auf den ersten Blick dürfte es sogar den Anschein haben, dass Singers Position noch problematischer dasteht, als es im Falle der These (1) der Fall war. Die Irrtumskosten für These (3) scheinen ja immens zu sein. Und darüber hinaus gilt, dass es mehrere Komponenten der These (3) gibt, die im Prinzip angreifbar und daher begründungspflichtig sind. *Erstens* ist da die empirische, deskriptive These, dass Neugeborene keinen Begriff von der eigenen Zukunft und daher auch keine Präferenzen bezüglich derselben vorzuweisen haben. *Zweitens* gibt es die philosophische, normative These des Präferenzutilitarismus, der zufolge nur solche Präferenzen uns moralische Gründe geben. Liegt nicht der Verdacht nahe, dass die Gründe für zumindest *eine* dieser zwei Teilansichten kaum das Gewicht haben werden, das sie angesichts der Kosten benötigen?

Es ist hilfreich, die Teilthesen der Position Singers explizit zu unterschieden:

(3a) Wenn ein Wesen keinen Begriff von der eigenen Zukunft und daher keine Präferenzen in Bezug auf so eine Zukunft hat, gilt kein striktes Tötungsverbot für es.

228 *Full disclosure:* Ich sollte an dieser Stelle erneut offenlegen, dass ich nicht nur Mitglied beider Fachgesellschaften bin, sondern dass dieses Buch auf einen Vortrag zurückgeht, zu dem die GAP mich eingeladen hat. Ob dies meine Argumentation diskreditiert, muss ich dem Urteil der Leser:in überlassen.

(3b) Neugeborene mit schweren Behinderungen haben keinen Begriff von der eigenen Zukunft und daher auch keine Präferenzen in Bezug auf so eine Zukunft.

(3b) ist eine deskriptive These über die kognitive Ausstattung bestimmter Menschen, (3a) ist die moralische, präferenzutilitaristische These, die diese Fähigkeiten mit Moral verknüpft.

Ich selbst bin bezüglich der relativen Stärke der Gründe für den Präferenzutilitarismus, ergo (3a), nicht optimistisch. Mir scheint, dass es konkurrierende Ansätze in der Ethik gibt, die mindestens ähnlich überzeugende Gründe auf ihrer Seite haben.[229] Was die deskriptive These über das Bewusstsein von der eigenen Zukunft, also (3b) angeht, so erscheint sie mir zwar plausibel – aber ich kann schwerlich behaupten, in dieser Frage Expertise zu besitzen.

Glücklicherweise ist es aber an dieser Stelle nicht notwendig, die Gründe für und wider diese Thesen abzuwägen. Denn Singers Position hat Merkmale, die sie im Lichte meiner Theorie zu einem Sonderfall machen. Diese Besonderheiten lassen sich identifizieren, ohne dass wir dazu Festlegungen in den zuvor genannten strittigen Fragen eingehen müssten.

Ich erinnere dazu zuerst an die Überlegungen zur These (1). Kapitel 4 hatte darauf hingewiesen, dass gerade diese These – eine deskriptive These über den Zusammenhang von Hautfarbe, Genetik und Intelligenz – von ihren Urheber:innen zur Diskussion gestellt wird und dass dabei bestimmte Annahmen über Gerechtigkeit den Hintergrund dieser Diskussion bilden. Deswegen erschien es in diesem Falle richtig, die Irrtumskosten der Position speziell an die

229 Für ausführlichere Diskussionen siehe Tim Henning, *Allgemeine Ethik*, Paderborn 2019.

Wahrheit und Falschheit dieser empirischen These zu binden. In dieser Hinsicht nun verhält sich der vorliegende Fall anders: Die Position, die Singer (als Moralphilosoph) zur *Diskussion* stellt, ist die moralphilosophische These (3a), der Präferenzutilitarismus. Die empirischen Annahmen über die Kompetenzen und Präferenzen bestimmter Menschen sind hingegen genau dies – *Annahmen*, die Singer als unstrittig voraussetzt und nicht zu verteidigen behauptet. Wir sollten seine Position folglich so lesen: *Unterstellt*, dass Neugeborene mit schweren Behinderungen keinen Begriff von einer eigenen Zukunft haben, und *unterstellt*, dass sie daher auch keine entsprechenden Präferenzen haben, so haben sie keine Interessen, die ihre Tötung strikt verbieten. Diese Formulierung erfasst die Ansprüche, die Singer erhebt.

Ich gestehe bereitwillig, dass Singer seine empirischen Annahmen über die kognitiven Fähigkeiten von Neugeborenen, Tieren etc. mit sehr großer Bestimmtheit vorbringt. Es wäre gewiss ein Gebot der theoretischen Redlichkeit und Transparenz gewesen, diese Annahmen explizit *als Annahmen* zu deklarieren, die in seinem Text nicht selbst verteidigt werden sollen.

Gleichwohl: Die Gefahr, dass Leser:innen Singers Arbeit mit einer empirischen Studie über die kognitiven Fähigkeiten bestimmter Menschen verwechseln, ist sicher gering. Und tatsächlich haben – soweit ich erkennen kann – nur wenige Kritiker:innen Singers an seiner empirischen Annahme über die begrifflichen Kompetenzen und die Präferenzen Neugeborener Anstoß genommen. Kontrovers scheint vielmehr die moralphilosophische Sichtweise zu sein, die ihnen auf dieser Basis das Recht, nicht getötet zu werden, abspricht.

Es erscheint daher als fair, sich auf die Frage der Rechtfertigung *dieser* Teilthese zu konzentrieren. Was, wenn wir den Präferenzutilitarismus akzeptieren und uns irren? Welche Irrtumskosten resultieren aus den Handlungen, die uns dann als rational gelten müssten?

Angenommen, wir würden es dann in der Tat als zulässig behandeln, Neugeborene mit schweren Behinderungen zu töten, wenn ihnen ein Übermaß an Leid droht. Was sind die Irrtumskosten in diesem Falle? Hier ist es wichtig, sich zu erinnern, dass wir die *moralische* Bewertung der fraglichen Konsequenzen noch nicht in die *epistemische* Bewertung einfließen lassen sollten. Wie in Kapitel 17 erklärt, macht das Argument dieses Buches es erforderlich, keine *direkten* Formen von *Moral Encroachment* zu unterstellen, also nicht etwa auf der Basis einer moralischen Bewertung zu einer epistemischen Bewertung zu gelangen. Stattdessen müssen die Irrtumskosten, auf die wir zielen, sich unabhängig von moralischen Evaluationen beziffern lassen. Sie müssen rein *prudentiell* bewertet werden, also im Lichte des aufgeklärten Eigeninteresses der Betroffenen. *Diese* Kosten jedoch sind, wenn wir Singers *empirischer* Annahme über die Interessen der Betroffenen folgen, gerade *nicht* sehr hoch. Immerhin besagt jene Annahme ja, dass die Betroffenen genau diejenigen Interessen nicht aufweisen, deren Erfüllung wir durch eine Tötung vereiteln würden. Vielmehr haben sie dieser Annahme nach nur Interessen (Vermeidung von Leid etc.), denen damit gedient wäre.

Das offenbart zwar, wie viel an Singers empirischer Annahme (3b) hängt. Aber sein Argument wird dadurch nicht geschwächt. Es zeigt lediglich, dass hohe Anforderungen für die Arbeiten gelten, die beanspruchen, jene empirische These wissenschaftlich zu bestätigen.

Natürlich liegt es nahe, stattdessen an *moralische* Irrtumskosten zu denken. Was, wenn wir uns irren in der These, dass Präferenzen und *nur* Präferenzen bestimmen, welche Art Berücksichtigung wir Lebewesen schulden? Was, wenn es stattdessen um eine inhärente Würde ginge, die auch Neugeborenen mit schweren Behinderungen zukäme? Wenn wir uns dergestalt im Präferenzutilitarismus irrten, wäre entsprechendes Handeln schlicht monströs.

Allerdings können solche Appelle an die moralische Signifikanz der Kosten, meiner Theorie zufolge, ja nur dann als Basis an der Kritik der Rechtfertigung von (3a) fungieren, wenn sie auch *unabhängig* von moralischen Überlegungen als rein epistemische Kritik bestehen können. Und dazu, wie gesagt, müssen die Kosten auch als prudentielle gelten. Und eben dies scheint in diesem Falle, aus den besagten Gründen, keine Option zu sein. Daher gibt es, kurzum, keine Möglichkeit, den Standard für Rechtfertigung mit Appell an die moralischen Kosten anzuheben. Denn dies würde nicht mehr als eine interne Kritik gelten. Es wäre damit hier wie in anderen Fällen mit der Idee *Autonomie der Wissenschaft* inkompatibel.

Aber kann das denn heißen, dass wir Singers Thesen nicht moralisch kritisieren dürfen? Ganz im Gegenteil – hierin liegt eine weitere und noch wichtigere Erklärung für die besondere Natur des Falles: Singers strittige These (3a) *ist* ja selbst eine moralische These. Und gegen eine *solche* These ist ein moralischer Einwand ohnehin und ohne weiteres zulässig!

Eine weitere kurze Erinnerung dazu: Kapitel 5 hatte gezeigt, warum moralische Einwände in typischen Fällen nicht als Belege gelten können. Der Grund ist, dass moralische Einwände, die angeblich die Falschheit einer *deskriptiven* These belegen sollen, in Wahrheit nur zu moralistischen Fehlschlüssen einladen. Aber dabei ist es natürlich wesentlich, dass es sich wirklich um einen Schluss auf eine deskriptive These handelt – und darum geht es hier *nicht*. Wir können den Schluss, der hier zu diskutieren ist, in folgender Weise rekonstruieren:

(3a) Wenn ein Wesen keinen Begriff von der eigenen Zukunft und daher keine Präferenzen in Bezug auf so eine Zukunft hat, gilt kein striktes Tötungsverbot für es.

(3b) Neugeborene mit schweren Behinderungen haben keinen Begriff von der eigenen Zukunft und daher auch keine Präferenzen in Bezug auf so eine Zukunft.

---

(3) Es gilt kein striktes Tötungsverbot für Neugeborene mit schweren Behinderungen.

Hier ist die Prämisse (3a) das, was im obigen Kapitel 5 als ein Verknüpfungsprinzip bezeichnet wurde. Sie folgt aus dem Präferenzutilitarismus (der durch ein philosophisches *a priori* Argument gestützt wird) und bindet ein deskriptives Merkmal (bestimmte Begriffe und Präferenzen nicht zu haben) an einen moralischen Status (kein striktes Tötungsverbot). These (3b) hingegen ist die deskriptive Prämisse, die empirisch zu begründen ist.

Nun verhielt es sich, wie gesagt, im früheren Falle so, dass die *strittige* These (also (1)) als die zweite, deskriptive Prämisse in so einem Schluss fungierte. Deshalb war moralischer Widerspruch gegen die moralischen Implikationen dieser These kein zulässiger Grund, diese These zu bestreiten. Wie in Kapitel 5 gesagt: Wenn wir unsere Ablehnung der Konklusion zum Anlass nehmen, in Form eines *modus tollens* die deskriptive Prämisse zurückzuweisen, tun wir dies um den Preis des moralistischen Fehlschlusses.

Genau darin verhält sich dieser Fall eben anders. Was Singer zur Diskussion stellt, ist das Pendant zur *anderen, ersten* Prämisse. Wenn wir die Konklusion in einem Kontext ablehnen, in dem nur diese moralische Prämisse zur Diskussion steht, liegt ein anderer Umkehrschluss nahe. Dieser Schluss hätte die folgende Struktur:

Neugeborene mit schweren Behinderungen haben keinen Begriff von der eigenen Zukunft und daher auch keine Präferenzen in Bezug auf so eine Zukunft.

Es gilt ein striktes Tötungsverbot für Neugeborene mit schweren Behinderungen.

Ergo ist Folgendes nicht der Fall: Wenn ein Wesen keinen Begriff von der eigenen Zukunft und daher keine Präferenzen in Bezug auf so eine Zukunft hat, gilt kein striktes Tötungsverbot für es.

Die Konklusion ist in dieser Form natürlich extrem ungelenk formuliert. Aber dafür zeigt sie klar an, dass sie eine direkte Verneinung der utilitaristischen Prämisse im vorigen Schluss ist. Dieser Umkehrschluss ist freilich kein *modus tollens*, aber dennoch aussagenlogisch gültig:

P
T

$\neg(P \rightarrow \neg T)$

Nicht nur ist dieser Schluss formal gültig. Es muss auch ansonsten kein Fehlschluss sein, eine *moralische* These zu verneinen, wenn ihre Implikation weiteren *moralischen* Überzeugungen widerspricht! Im Falle Singers können wir unsere moralischen Vorbehalte also viel einfacher verstehen, als es im Falle einer Kritik an deskriptiven Thesen erforderlich war. Unsere Vorbehalte können die direkte Rolle von Einwänden spielen – von *Belegen gegen* die These, nicht bloß von Erwägungen, die die Schwelle für Rechtfertigung bestimmen. Und das bedeutet: Eine hitzige moralische Debatte und deutliche moralische Kritik sind im

Falle Singers sehr wohl möglich, und zwar in weniger indirekter und subtiler Form.

Allerdings bekommt die Auseinandersetzung damit auch einen anderen Charakter, und auch das ist von Bedeutung. Moralische Einwände gegen Thesen wie (1) und (2), die meiner Theorie entsprechen, *beruhen* auf einer Einschätzung der Stärke aller vorliegenden Belege. Sie können also erst in einer Phase der Debatte aufkommen, in der alle verfügbaren Belege vorliegen und wir urteilen können, ob diese Belege den Irrtumskosten gerecht werden.

Im jetzt betrachteten Falle verhält es sich anders. Hier sind die moralischen Vorbehalte angesichts der Implikationen von (3) selbst *Belege* oder *Gegengründe*. Und wenn wir solche Belege oder Gründe vorbringen, dann gehen wir *ipso facto* nicht davon aus, dass bereits alle relevanten Belege auf dem Tisch liegen. Wir behandeln die These (3) mithin als eine, über deren Rechtfertigung noch nicht abschließend zu urteilen ist und über die wir genau deshalb noch Gründe und Gegengründe auszutauschen haben. Pragmatisch bedeutet das, dass wir nicht zugleich so tun können, als könnten wir über den epistemischen Status der These Singers bereits abschließend befinden. Durch unsere moralischen Einwände lassen wir uns auf die Diskussion mit Singer ein und behandeln seine These *ipso facto* als eine, die Diskussion und ein fortgesetztes, ernsthaftes Abwägen von Gründen verdient.

Kurz gesagt: Auch im Falle Singers ist eine moralische Kritik im Sinne einer *internen* Konzeption möglich. Das liegt daran, dass moralische Einwände in einer Debatte um eine moralische These als *Belege* fungieren können. Damit erhalten diese Einwände jedoch einen anderen Charakter. Anders als die Einwände gegen die Thesen (1) und (2) basieren sie nicht darauf, dass wir bereits abschließend (oder zumindest vorläufig abschließend) einen Mangel in der Rechtfertigung der These festgestellt *haben*. Sondern wir behandeln (3) als eine These, für die der Prozess des Abwägens von Gründen und Gegengründen unabgeschlossen ist.

Das, so werde ich im letzten und abschließenden Kapitel zeigen, hat auch praktische Implikationen. Da die moralische Kritik an These (1), und damit auch an Sarrazin, mit der Diagnose eines erheblichen epistemischen Mangels verknüpft ist, kann sie ein Grund sein, die Einladung an eine Universität zu kritisieren. Moralische Kritik an Singers These hingegen muss so verstanden werden, dass sie diese These als eine ernst zu nehmende Hypothese behandelt – eine, die Gegengründe verdient. Gerade wer Singer moralisch widerspricht, kann ihn daher *nicht* zugleich akademisch diskreditieren, und kann daher auch keine Ausladung rechtfertigen. Es gilt, *contra* Schönecker: Wer Singer sagt, muss keineswegs Sarrazin sagen.

VII. PRAKTISCHE KONSEQUENZEN

22. Wem wir in der Wissenschaft ein Forum verweigern dürfen

Dieses Buch hat eine interne Konzeption moralischer Kritik an der Wissenschaft entwickelt. Kritik im Sinne dieser Konzeption kann stichhaltig sein, und sie zu äußern ist mit Respekt vor der Autonomie der Wissenschaft und vor dem Wert der Wissenschaftsfreiheit vereinbar.

Es ist jedoch eines, bestimmte moralische Einwände als legitim auszuweisen, ein anderes aber ist es, zu entscheiden, wozu diese Einwände in praktischer Hinsicht berechtigen. Gewiss, öffentliche kritische *Äußerungen* sind nach Obigem legitim. Aber was ist mit den weiteren Aktivitäten, mit denen solche Kritik aktuell bisweilen einhergeht – mit Protesten, Unterschriftkampagnen, offenen Briefen, Störungen, Drohungen oder Handgreiflichkeiten?

Ohne derlei Praktiken im Detail zu differenzieren, können einige Unterschiede als besonders bedeutsam festgehalten werden: Einige Formen des Protests dienen lediglich dazu, der Äußerung der kritisierten wissenschaftlichen Thesen zu *widersprechen* und die Kritik öffentlich zum Ausdruck zu bringen, ohne die kritisierten Wissenschaftler:innen aber *hindern* zu wollen, ihre Thesen an der Universität zu vertreten. Andere Formen haben in der Tat das Ziel, diese Äußerungen zu verhindern, und zwar ohne die freie Zustimmung der fraglichen Wissenschaftler:innen. Dies sind etwa Praktiken, die darauf zielen, Veranstaltungen nicht durchzuführen, Einladungen nicht auszusprechen oder sie gar zurückzuziehen. Wir können solche Praktiken *exkludierend* nennen. Einige dieser exkludierenden

Praktiken sind *gewaltfrei*, etwa wenn Unterschriften gesammelt werden, um eine Universitätsleitung dazu zu bewegen, eine Einladung zurückzuziehen. Andere sind *gewaltsam*, etwa wenn jemand physisch davon abgehalten wird, einen Raum zu betreten, oder wenn Gewalt angedroht oder ausgeübt wird. Einige Beispiele exkludierender Praktiken sind meines Erachtens nicht eindeutig als gewaltsam oder gewaltfrei zu klassifizieren – beispielsweise denke ich an Sitzblockaden, die Wege versperren.

Im Lichte der bisherigen Diskussion erscheint es mir nun als ausgemacht, dass meine Argumente nicht-exkludierende Formen des Protests in jedem Falle als zulässig ausweisen. Da moralische Kritik berechtigt sein kann, dürfte wenig dafürsprechen, ihre gewaltfreie und nicht-exkludierende Äußerung für unzulässig zu erklären. Ebenso werde ich im Folgenden nicht weiter diskutieren, ob die eindeutig gewaltsamen Formen exkludierender Praktiken zulässig sind. Nichts an meiner Argumentation spricht dafür, sie für zulässig zu halten. Ohne gewichtige Gegengründe werde ich daher davon ausgehen, dass ein Gewaltverbot besteht.

Die für mein Projekt aufschlussreichsten Formen dürften die der mittleren Kategorie sein: jene, die zwar exkludierenden Charakter haben, also verhindern sollen, dass bestimmte Positionen ein akademisches Forum erhalten, die dies aber auf Weisen tun, die nicht bereits wegen ihrer gewaltsamen Natur unzulässig sind. Dürfen wir durch Demonstrationen, Unterschriftenaktionen und offene Briefe etc. Druck im Sinne eines *No Platforming* ausüben? Und dürfen Universitäten nachgeben – etwa Einladungen zurückziehen, Mittel verweigern?

Diese Frage wird oftmals unter der Rubrik des *Rechts auf freie Meinungsäußerung* behandelt. Dieses Recht, so der Gedanke, schütze die Äußerung der kritisierten wissenschaftlichen Thesen. Wissenschaftler:innen müssten zwar ihrerseits auch mit moralischer Kritik leben, aber exkludierende Praktiken würden das relevante Recht, eben das Recht auf freie Meinungsäußerung, unzulässig beschneiden.

Viele Teilnehmer:innen an der einschlägigen Debatte scheinen diese Perspektive auf das Problem zu teilen. Das zeigt sich darin, dass sie die Zulässigkeit exkludierender Praktiken daran knüpfen, ob die kritisierten Positionen den geschützten Bereich der Meinungsfreiheit überschreiten. Das gilt nach einer verbreiteten, auf John Stuart Mill zurückgehenden Auffassung dann, wenn von der Äußerung dieser Positionen eine *Schädigung für Andere* (oder die Gefahr einer solchen) ausgeht.[230] Viele Diskussionen drehen sich daher um die Frage, ob von bestimmten wissenschaftlichen Äußerungen eine Art von Schädigung oder Gewalt ausgeht, oder ob sich bestimmte Gruppen durch sie in der Öffentlichkeit unsicher fühlen müssen.

Ich will nicht in Abrede stellen, dass bestimmte wissenschaftliche Beiträge solche Effekte haben, und dies womöglich in so absehbarer Weise, dass Mills Nicht-Schädigungs-Prinzip sie miterfasst. Doch ich stimme Robert Mark Simpson und Amia Srinivasan darin zu, dass die Existenz solcher Effekte im typischen Falle zwischen den Streitparteien umstritten ist und sich nicht eignet, Streit um die Zulässigkeit einer These und des Protests gegen sie zu lösen.[231]

Aber: Dieser ganzen Sicht des Problems liegt ohnehin ein Fehler zugrunde, wie Simpson und Srinivasan aufzei-

230 Vgl. John Stuart Mill, *On Liberty, Utilitarianism, and Other Essays*, hrsg. von Mark Philip und Frederick Rosen, Oxford 1991, S. 12f.

231 Robert Mark Simpson und Amia Srinivasan, »No Platforming«, in: Jennifer Lackey (Hrsg.), *Academic Freedom*, Oxford 2018, S. 190ff.

gen. Was in den relevanten Fällen auf dem Spiel steht, ist nicht das *Recht auf freie Meinungsäußerung*, sondern die *akademische Freiheit* – das Recht auf Freiheit der Forschung und Lehre in der Universität und anderen akademischen Instituten.[232]

Und darin liegt ein ganz erheblicher Unterschied. Wie etwa der US-amerikanische Rechtswissenschaftler Robert C. Post ausführt, hat die akademische Freiheit eine andere Struktur und Zielsetzung als die Meinungsfreiheit. Die letztere ist ein fundamental *egalitäres* Recht. Sie sichert das gleiche Recht aller Bürger:innen, ihre Meinungen frei von Repressionen äußern zu können. Die akademische Freiheit hingegen hat einen Charakter, der »der egalitären Toleranz, die den Marktplatz der Ideen definiert, geradezu widerspricht«.[233] Die Wissenschaftsfreiheit, so Post, schützt nicht jedwede Meinung, nur weil sie irgendjemand hat. Vielmehr beruht sie auf der Überzeugung, dass die Äußerungen *einiger* Menschen von besonderem Interesse sind, weil sie in einer Weise qualifiziert sind, die diesen Äußerungen einen besonders hohen epistemischen Wert verleiht. Akademische Institutionen machen Informationen verfügbar, die von fachlichen Expert:innen zertifiziert sind. Und die Freiheit der Forschung schützt *diese Expert:innen* vor äußerer Einflussnahme. Da uns als Öffentlichkeit dabei oft sogar das Mindestmaß an Expertise fehlt, das es erlaubt, die Expert:innen als solche zu identifizieren, ist es gleichzeitig ein dringendes Gebot, innerhalb der wissenschaftlichen Gemeinschaft eine Art des *epistemischen Gatekeeping* zu unterhalten. Um als Gesellschaft

232 Vgl. Simpson und Srinivasan, »No Platforming«, S. 195 ff.

233 Robert C. Post, *Democracy, Expertise, Academic Freedom: A First Amendment Jurisprudence for the Modern State*, New Haven 2013, S. xii, Übers. T. H.

in den Genuss der Vorteile der freien Forschung der Expert:innen zu gelangen, ist es also nötig, eine inegalitäre institutionelle Struktur zu erlauben und befördern.

Diese inegalitäre Natur des wissenschaftlichen Diskurses ist uns selbstverständlich. Simpson und Srinivasan schreiben:

> Die Professoren entscheiden, welche Kandidaten den Status eines Doktors oder einer Doktorin verdient haben. Herausgeber von Zeitschriften und akademischen Buchverlagen üben ihr Urteilsvermögen in der Entscheidung aus, wessen Arbeit veröffentlicht wird. Die Lehrpläne werden von Professoren gemacht – nicht von Politikern oder der Öffentlichkeit –, und die Studierenden arbeiten in ihrem Rahmen.[234]

Im gleichen Sinne bemerkt Post:

> Wer jemals einen Artikel bei einem professionellen Spitzen-Journal eingereicht hat, wird erkennen, dass die disziplinären Praktiken ebenso viel Rede ausschließen, wie sie zulassen. Wenn ein freier-Markt-der-Ideen-Modell auf *Nature* oder die *American Economic Review* oder *The Lancet* angewendet würde, würden wir sehr bald jegliche Expertise, die wir in Bezug auf die Wirklichkeit haben, aus den Augen verlieren.[235]

Es ist nicht zu bestreiten, dass der exkludierende Charakter wissenschaftlicher Foren auch ein Problem sein kann – zu Missbrauch einlädt, Trends unterliegt und mitunter zu viel exkludiert. Dennoch argumentieren Simpson und Srinivasan, ebenso wie Post, dass dieses *epistemische Gatekeeping* im Allgemeinen schützenswert ist:

234 Simpson und Srinivasan, »No Platforming«, S. 196, Übers. T. H.
235 Post, *Democracy, Expertise, Academic Freedom*, S. xii, Übers. T. H.

> Im öffentlichen Bereich tolerieren wir die Rede von Die-Erde-ist-eine-Scheibe-Spinnern, bezahlten Meinungsmachern, die die Klimaforschung verleumden, oder revisionistischen Historikern, die Verschwörungstheorien vorbringen. Solange sie niemanden belästigen, lassen wir sie ihre Sachen sagen. Aber solche Leute haben keinen Anspruch, die *Einführung in die Geschichtswissenschaft* zu unterrichten oder in Fachzeitschriften zu publizieren [...]. Fachliche Torwächter dürfen Meinungsmacher und Spinner von wertvollen Kommunikationsplattformen im akademischen Bereich exkludieren, weil funktionierende Lehre und Forschung es erfordern, dass einige kommunikative Privilegien haben und andere nicht, aufgrund ihrer fachlichen Kompetenz.[236]

Und das heißt: *Dass im akademischen Betrieb nicht jeder alles sagen darf, ist überhaupt nichts Neues, geschweige denn Skandalöses.* Insbesondere sollte es nicht dazu verleiten, eine Verletzung des Rechts auf freie Meinungsäußerung zu beklagen, denn dieses Recht ist in keiner Weise einschlägig. Niemand ohne entsprechende, von akademischen *peers* anerkannte Qualifikation darf verlangen, an Hochschulen zu lehren, auf Konferenzen vorzutragen, in Fachzeitschriften zu veröffentlichen oder Fördermittel zu erhalten.

Das wird auch von denen akzeptiert, die sonst eine zunehmende moralische Beschneidung der akademischen Freiheit kritisieren. Dieter Schönecker, ein wichtiger Vertreter des *Netzwerk Wissenschaftsfreiheit*, unterscheidet etwa zwischen *moralischen Grenzen* und *Grenzen der Wissenschaftlichkeit*. Und er stimmt zu, dass die letzteren Grenzen zu exkludierenden Praktiken berechtigen:

236 Simpson und Srinivasan, »No Platforming«, S. 195 f., Übers. T. H.

> [S]ie exkludieren (durchaus legitim) bestimmte Formen der Forschung und Wissenschaft insofern aus der wissenschaftlichen Gemeinschaft, als ihre Vertreter nicht die Realisierungsmöglichkeiten für ihre Forschung und Wissenschaft erhalten, die den inkludierten Mitgliedern zugesprochen werden (Mittel, Stellen, Publikationsmöglichkeiten, Öffentlichkeitsforen, Anerkennung und dergleichen); ein Astrologe wird sich erfolglos auf Lehrstühle für Astronomie bewerben.[237]

Diese Einstimmigkeit unter den Streitparteien in der Moralisierungsdebatte hat freilich nicht zuletzt darin ihren Grund, dass es hier zunächst nicht um *Moral* geht. Schönecker dürfte die Möglichkeit *wissenschaftlicher* Grenzen der Wissenschaftsfreiheit wohl deshalb so freimütig zugestehen, *weil* sie von *moralischen* Grenzen so klar unterschieden zu sein scheinen. Er gesteht zwar die Möglichkeit zu, dass dieselbe Forschung zugleich Grenzen der Wissenschaftlichkeit und moralische Grenzen verletzen kann, sieht die Grenzen aber doch als unabhängig.

An diesem Punkte hat meine interne Konzeption moralischer Kritik eine besondere Pointe. Ich habe argumentiert, dass es eine systematische Verbindung zwischen wissenschaftlichen und moralischen Defiziten gibt. Genauer: Es gibt eine Klasse von Faktoren, die einerseits über die epistemische Rechtfertigung und damit über die wissenschaftliche Haltbarkeit einer These mitbestimmen, und die andererseits in vielen Fällen (etwa einigen unserer Beispiele) Gründe für moralische Kritik an derselben darstellen.

237 Dieter Schönecker, »Rassismus, Rasse und Wissenschaftsfreiheit. Eine Fallstudie«, in: *Philosophisches Jahrbuch* 127 (2020), S. 248-273, hier S. 254.

Diese interne Konzeption erklärt, wieso ein moralisches *No Platforming* legitim sein kann, wieso also im akademischen Bereich mit moralischen Gründen (gewaltfrei) eine Exklusion erwirkt werden darf. Wieso? Wir können uns zunächst darauf berufen, dass die immanenten Ziele wissenschaftlicher Institutionen ihrer Natur nach exkludierende Praktiken zulassen und sogar nahelegen, wenn bestimmte fachliche Standards unterschritten werden. In einem zweiten Schritt können wir im Lichte meiner Argumentation darauf hinweisen, dass die Möglichkeit besteht, dass eine These aus einer und derselben Menge von Gründen sowohl fachliche Standards der Rechtfertigung als auch moralische Standards unterschreitet. Wir können also die akzeptablen Mechanismen der akademischen Exklusion mit moralischen Gründen nutzen, *weil* diese moralischen Gründe zugleich fachliche Gründe sind.

Um einen fiktiven Fall zu bemühen: Angenommen, eine Wissenschaftler:in bestreitet, dass der beobachtete Klimawandel anthropogen ist, und nimmt dabei wesentliche Resultate der Forschung der vergangenen Jahrzehnte in offensichtlicher Weise nicht zur Kenntnis. In diesem Falle können wir an die Irrtumskosten appellieren, um *erstens* den Grad ihrer epistemischen Verfehlung deutlich zu machen, und um *zweitens* die moralische Fahrlässigkeit ihrer Behauptung zu benennen. Je deutlicher dabei die fachlichen Defizite sind, desto stärker auch der Vorwurf der Fahrlässigkeit. Und es ist nicht ausgeschlossen, dass dieser Faktor so ausgeprägt erscheint, dass diese Person sich für diese fachliche Diskussion diskreditiert, dass sie also von Kolleg:innen nicht mehr ernst genommen und nicht mehr eingeladen wird etc. Da es sich bei dem fraglichen Faktor eben zugleich um einen solchen handelt, der ihre Aussagen verwerflich macht, wird sie also exkludiert aus Gründen, die auch moralische sind. Und es besteht keine Notwendigkeit, in der Begründung der exkludierenden Maßnahmen die moralische Signifikanz der relevanten Gründe nicht zu benennen oder sie gar zu leugnen.

Wichtig ist allerdings, dass diese Argumentation es nicht zulässt, *Personen* insgesamt zu »canceln«. Auch eine Forscher:in, deren Beiträge zu einem bestimmten Thema fachliche Standards unterschreiten, kann ja ohne weiteres in anderen Bereichen ihrer Wissenschaft qualitativ einwandfreie Forschung betreiben. Keineswegs lässt sich also begründen, warum jemand wie etwa Charles Murray generell eine *persona non grata* sein sollte, also *überhaupt* nicht zu wissenschaftlichen Veranstaltungen irgendeines Themas eingeladen werden dürfte. Nur dort, wo es um die These (1) geht und begründet zu erwarten ist, dass er seine wissenschaftlich ungenügenden Thesen wiederholt, ist eine Exklusion vom Diskurs legitim.

Es bleibt ganz offensichtlich eine schwierige Aufgabe, zu bestimmen, wann die Grenzen der Wissenschaftlichkeit unterschritten sind. Wir haben keine Skrupel, Astrologie und Kreationismus als Scharlatanerie auszuschließen. Aber wie in nahezu jeder wichtigen Unterscheidung gibt es neben klaren Fällen eine große Zone der Unsicherheit. Überall dort, wo diese Unsicherheit beträchtlich ist, spricht sicherlich vieles dafür, lieber entgegen der Exklusion zu entscheiden. Und speziell unklare Fälle müssen dabei, aus den hier benannten Gründen, auf das fachliche Urteil der Expert:innen vertrauen. Im Falle der These (2) (von Stock, Byrne u.a.) bin ich selbst Teil der Gemeinschaft der Expert:innen – denn es geht (wie in Kapitel 20 betont) um eine begriffliche These. Und mir scheint, dass die These (2) zwar zu schwach begründet ist, um als gerechtfertigt zu gelten. Zugleich würde ich jedoch nicht behaupten, dass dieses Begründungsdefizit so beträchtlich ist, dass damit die *Grenzen der Wissenschaftlichkeit* verlassen werden. Mir scheint also: Proteste gegen Stock und Byrne sind zulässig (und gut begründet), *No Platforming* (auch in gewaltfreier Form) ist es jedoch nicht.

Anders könnte es sich im Falle von (1) verhalten: Hier sind die Begründungen, wie ich dargelegt habe, mit erheblichen und prinzipiellen Einwänden konfrontiert. Diese Einwände betreffen keine kontingenten Schwächen einiger Überlegungen, sondern die Kerngedanken – und sie sind seit langer Zeit gut bekannt. Autor:innen wie Murray, Sarrazin oder Zimmer nehmen sie zur Kenntnis, beharren aber trotzdem auf ihren Thesen. Hier scheint mir, dass die kritischen Kolleg:innen, die diese These nicht nur als ungerechtfertigt, sondern als unseriös auffassen, gute Gründe auf ihrer Seite haben. Wenn sie recht haben, sind Murrray und andere als Teilnehmer am Diskurs zu dieser Frage vorerst diskreditiert, und es wäre mithin zulässig, auf ihren Ausschluss hinzuwirken. *No Platforming* (gewaltfrei) wäre in Bezug auf Verfechter:innen von (1) zulässig.

Schluss

Ich habe dieses Buch mit Johann Gottlieb Fichtes Antimoralismus begonnen – also mit seinem Bestehen darauf, dass es keine »materiale Subordination« unserer Erkenntnis unter die Moral geben dürfe. Die hinter uns liegende Argumentation hat ihm recht gegeben: Moralische Vorbehalte sind keine Gründe, den Inhalt bestimmter wissenschaftlicher Thesen zu bejahen oder zu verneinen. »Materiale Subordination« widerspricht der Autonomie der Wissenschaft, und also dem Eigenwert, den wir der vernünftigen Wahrheitssuche zuschreiben.

Gleichwohl, so habe ich gezeigt, muss die kritische Diskussion wissenschaftlicher Thesen keineswegs moralfrei sein. Nicht jedes Anführen moralischer Einwände ist ein unzulässiges, ideologisches Moralisieren. Vielmehr reichen die eigenen Kriterien der vernünftigen Wahrheitssuche in Bereiche hinein, die zugleich moralisches Territorium sind. In diesem Bereich begegnen sich epistemische und moralische Rechtfertigung. Und hier erweist sich, dass die Vernunft auch in ihrer theoretischen Rolle nicht davon absehen darf, was in praktischer Hinsicht auf dem Spiel steht, und zwar insbesondere für gefährdete Gruppen.

Wenn also Wissenschaftler:innen Positionen vertreten, die in Anbetracht solcher Interessen ungenügend bestätigt sind, ist es die richtige epistemische *und* die richtige moralische Reaktion, ihre Thesen zu bezweifeln. Und mitunter kann es in solchen Fällen gute wissenschaftliche *und* gute moralische Praxis sein, ihnen eine Plattform zu verweigern.

Appendix I: Kosten und epistemische Standards – eine formale Analyse

Wie genau hängen der Standard für epistemische Rechtfertigung und die Irrtumskosten zusammen? Dieser Appendix entwickelt eine Antwort und tut dies mit einiger Genauigkeit. Das beinhaltet zwar eine (kurze) formale Darstellung. Aber dies ist der beste Weg, den allfälligen Einwand zu parieren, der Hinweis auf Irrtumskosten sei hoffnungslos unpräzise.

Ich wage dabei einen schriftstellerischen Balanceakt. Weder möchte ich die Geduld der Leser:in überstrapazieren, noch sollen wichtige Details ganz unerwähnt bleiben. Einige der Hinweise und Nebenbemerkungen, die im Folgenden gegeben werden, dürften daher in der gebotenen Kürze nur für Spezialist:innen direkt verständlich sein. Ich habe aber die Hoffnung, dass die zentralen Schritte des Arguments für alle hinlänglich deutlich werden.

Die folgende Herleitung basiert auf einer Idee von Jeffrey Russell.[238] Ich bediene mich einer Standardauffassung rationalen Entscheidens – der Entscheidungstheorie von Leonard Savage, die das Verhältnis zwischen Belegen und Kosten sehr transparent zu machen erlaubt.[239]

Eine allgemeine Bemerkung dazu: In der Philosophie, und in der deutschsprachigen Tradition zumal, begegnet

238 Jeffrey Sanford Russell, »How Much is at Stake for the Pragmatic Encroacher«, in: *Oxford Studies in Epistemology* 6 (2019), S. 279-285.

239 Leonard Savage, *The Foundations of Statistics*, Hoboken 1954.

die Entscheidungstheorie oft scharfer Kritik. Diese Kritik geht bis hin zum ideologiekritischen Vorwurf, die Theorie würde eine historisch bedingte, »instrumentell halbierte« Vorstellung von Vernunft zu mathematischen Gesetzmäßigkeiten verdinglichen.[240] Ich selbst halte diese Kritik in vielen Punkten für überzogen. An dieser Stelle genügt es jedoch, auf die sehr bescheidene Rolle der Theorie von Savage in meiner Argumentation zu verweisen. Ich schlage keineswegs vor, sie als »die« Theorie der Vernunft zu verstehen. Sie eignet sich einfach gut für die spezifische Aufgabe, die wenigen Annahmen über praktische Rationalität, die das vorliegende Argument benötigt, präzise zu formulieren.

Vielleicht ist noch eine Bemerkung angeraten: Wenn Begriffe und Zusammenhänge mit formalen Mitteln präzisiert werden, entsteht vielfach der Verdacht, die Autor:in halte Präzision für das Maß aller philosophisch relevanten Dinge. Doch meist, und so auch hier, ist das nicht der Fall. Im Gegenteil: Die Präzisierung soll nicht zuletzt das hervortreten lassen, was sich ihr widersetzt. Indem wir präzise sagen, was sich präzise sagen lässt, profilieren wir auch das, dessen Unschärfe sich nicht leichthin wegformalisieren lässt.

Wir beginnen mit einer einfachen Frage: Wie gut müssen die Belege für *p* sein, damit es praktisch rational ist,

240 Eine klassische Form dieser Kritik, wenn auch nicht spezifisch auf die Entscheidungstheorie gerichtet, ist Max Horkheimer, *Zur Kritik der instrumentellen Vernunft*, in: ders., *Gesammelte Schriften*, Bd. 6, hrsg. v. Alfred Schmidt, Frankfurt a. M. 1991. Die Rede von der »halbierten« Vernunft ist ein beliebter *topos* der kritischen Theorie. Das erste mir bekannte Vorkommnis ist Jürgen Habermas (1964), »Gegen einen positivistisch halbierten Rationalismus«, in: Theodor W. Adorno et al. (Hrsg.), *Der Positivismusstreit in der deutschen Soziologie*, Neuwied und Berlin 1972, S. 235-266.

sich auf sie zu verlassen?[241] Nun, was heißt es denn, sich auf diese Belege zu verlassen? Es heißt, zu handeln, als ob *p* wahr wäre – und das wiederum bedeutet, die Handlung zu vollziehen, die die beste Wahl wäre, wenn es gewiss wäre, dass *p*. Schon diese Ideen liefern ein Kriterium: Die Belege für *p* sind *praktisch ausreichend* in einer Situation, wenn es in ihrem Lichte praktisch rational ist, diejenige Handlung zu vollziehen, die tatsächlich die beste Wahl wäre, wenn wir ganz sicher wären, dass *p*. Wenn unsere Belege in diesem Sinne praktisch ausreichend sind, dann wissen wir es sozusagen gut genug. Größere Sicherheit bezüglich *p* würde für die Rationalität unserer Entscheidung nichts mehr ändern. Der »Nexus«, den das Kapitel 11 dargestellt hat, besteht dann darin, dass Belege, wenn sie für epistemische Rechtfertigung ausreichen, auch in diesem praktischen Sinne ausreichen.

Ich möchte zeigen, dass mit diesen Überlegungen bereits alles gesagt ist, was für eine präzise Bestimmung des Standards für Rechtfertigung im Lichte der Kosten erforderlich ist.

Ich führe also das Instrumentarium von Savage ein. Ein Entscheidungsproblem wird definiert durch eine Menge von Handlungsalternativen (*acts*) und Umständen (*states*) (wobei die letzteren probabilistisch unabhängig von den ersteren sind). Resultate (*outcomes*) sind Kombinationen von *acts* und *states*. (Dabei sei erwähnt, dass wir – der Terminologie zum Trotz – nicht nur an kausale Konsequenzen denken müssen. Es geht um die generelle Frage, wie

241 Die Kategorie des praktischen Ausreichens, die ich nun vorstelle, entwickeln Charity Anderson und John Hawthorne, »Knowledge, Practical Adequacy, and Stakes«, in: *Oxford Studies in Epistemology* 6 (2019), S. 234-257.

es ist, wenn eine bestimmte Handlung in einem bestimmten Umstand vollzogen wird.)

Weiter benötigen wir eine Repräsentation für *Wert* – also dafür, wie gut es ist, wenn eine gegebene Handlungsalternative in einem gegebenen Umstand vollzogen wird. Der Inhalt dieser Werturteile (was macht Resultate gut, und gut *für wen* genau?) bleibt in der formalen Darstellung unspezifiziert. Ich unterstelle allerdings, dass es um *prudentiellen* Wert geht. Gefragt wird also, ob bestimmte Alternativen in dem Sinne gut für Individuen oder Gruppen sind, der mit ihrem aufgeklärten Eigeninteresse zu tun hat. Das ist, wie gesagt, nicht zwingend. Nichts hindert uns, an gehaltvollere Ideen des guten Lebens, des Lebenssinnes oder auch des moralischen Werts zu denken. Aber es ist für die Überzeugungskraft meines Arguments wichtig, den Weg zur Moral an dieser Stelle nicht allzu kurz zu machen. Gerade *weil* ich letztendlich für die moralische Signifikanz der Irrtumskosten argumentieren will, ist es ratsam, hier erst einmal Abstand zu ethisch aufgeladenen Ideen von Wert zu wahren.

Wert wird dabei formal repräsentiert durch eine Funktion v, die auf der Menge von *act-state*-Kombinationen (also Resultaten) definiert ist und sie auf reelle Zahlen abbildet. $v(i, j)$ beziffert den Wert, den es hätte, Handlungsalternative i im Umstand j zu vollziehen. Wie aussagekräftig sollen diese Zahlen sein? Welchen Grad an Eindeutigkeit muss die quantitative Darstellung von Wert beanspruchen?[242] Um es zunächst technisch zu sagen: Die Bezifferung ist eindeutig zum Grad einer positiven linearen Transformation; v ist also eine *Intervallskala* für Wert. Was bedeu-

242 Ein guter Überblick zur formalen Theorie des Guten und des Wohlergehens ist Matthew Adler, *Measuring Social Welfare. An Introduction*, Oxford 2019.

tet das? Es heißt, dass die Funktion *Wertvergleiche* erlauben soll. Abstände der Zahlen sollen Differenzen im Wert erfassen– aber nicht mehr. Wenn z.B. der Wert von A mit 5, der Wert von B mit 10 und der von C mit 20 bemessen wird, so heißt das, dass der *Wertabstand* zwischen B und C doppelt so hoch ist wie der zwischen A und B. Es heißt aber *nicht*, dass C doppelt so gut wie B oder viermal so gut wie A wäre. Dieselbe Wertinformation bliebe erhalten, wenn wir den Wert von A mit 110, den von B mit 120 und den von C mit 140 bezifferten – und vieles andere mehr.

Schließlich sei P ein Wahrscheinlichkeitsmaß, definiert auf der Menge der Umstände, und genauer ein Maß für *epistemische* Wahrscheinlichkeiten (i.e. für die Stärke unserer Belege). Ich betrachte Vergleiche zwischen zwei Handlungen, schematisch: ϕ und ψ. Da es um den epistemischen Status der Proposition p geht, genügen die Umstände: p und $\neg p$.

Mit diesen Instrumenten können wir unsere obigen Überlegungen präzisieren. Zur Erinnerung: Wir hatten gesagt, dass die Belege für *p praktisch ausreichen*, wenn es in ihrem Lichte rational ist, zu handeln, als ob p. Und zu handeln, als ob p, bedeutete dabei, die Handlung zu vollziehen, die tatsächlich das beste Resultat hätte, wenn p der Fall ist. Daraus können wir nun die beiden folgenden Bedingungen machen:

Annahme:
ϕ ist die beste Option, wenn tatsächlich p der Fall ist.
$v(\phi, p) > v(\psi, p)$

Forderung:
ϕ ist die rationale Option im Lichte der Belege (repräsentiert durch P).
$\mathrm{v}(\phi, p) \times \mathrm{P}(p) + v(\phi, \neg p) \times P(\neg p) \geq v(\psi, p) \times P(p) + v(\psi, \neg p) \times P(\neg p)$

Diese *Forderung* ergibt sich aus dem entscheidungstheoretischen Kriterium dafür, dass die Handlung ϕ die *rationale Entscheidung im Lichte der Belege ist*. Dieses Kriterium besagt speziell, dass diese Handlung einen mindestens so hohen *erwarteten Wert* hat wie die Alternative.

Die Herleitung des Standards ist dann überaus einfach. Wir beginnen mit der *Forderung*:

$$v(\phi, p) \times P(p) + v(\phi, \neg p) \times P(\neg p) \geq v(\psi, p) \times P(p) + v(\psi, \neg p) \times P(\neg p)$$

In einem ersten Schritt wird zweifach subtrahiert, und wir erhalten:

$$v(\phi, p) \times P(p) - v(\psi, p) \times P(p) \geq v(\psi, \neg p) \times P(\neg p) - v(\phi, \neg p) \times P(\neg p)$$

Der zweite Schritt ist dann ein Ausklammern auf beiden Seiten:

$$(v(\phi, p) - v(\psi, p)) \times P(p) \geq (v(\psi, \neg p) - v(\phi, \neg p)) \times P(\neg p)$$

Der dritte und letzte Schritt, eine zweifache Division,[243] führt bereits auf unser Resultat:

Belege-Kosten-Verhältnis:

$$\frac{\mathrm{P}(p)}{\mathrm{P}(\neg p)} \geq \frac{v(\psi, \neg p) - v(\phi, \neg p)}{v(\phi, p) - v(\psi, p)}$$

243 Weil es sich um eine Division handelt, müssen wir verlangen, dass die beiden *Divisoren* nicht den Wert 0 haben. Das ist in beiden Fällen eine legitime Forderung. Dividiert wird in einem Falle durch den Term $\mathrm{P}(\neg p)$. Wenn wir von einer regulären Wahrscheinlichkeitsfunktion ausgehen, wäre dieser Wert nur dann 0, wenn $\neg p$ eine logische Unmöglichkeit wäre. Diesen Fall können wir getrost beiseitelassen. Der andere Term ist die Wertdifferenz $v(\phi, p) - v(\psi, p)$. Hier stellt unsere *Annahme* sicher, dass der Wert nicht 0 ist.

Diese Gleichung zeigt auf der linken Seite das relative Verhältnis der *Stärke der Belege für p und ¬p*. Für dieses Verhältnis stellt die rechte Seite eine Bedingung, und zwar durch *rein evaluative Terme*, i.e. ein *Verhältnis des Werts von Resultaten*. Das heißt: Wenn wir sagen können, wie gut diese Handlungen in diesen Umständen sind, so wissen wir, wie stark die Belege für *p* sein müssen, damit es rational ist, so zu handeln, als ob *p*. Wir haben *praktisches Ausreichen* definiert.

Genauer ist der Quotient auf der rechten Seite so zu verstehen: Im Zähler stehen die Kosten, die entstehen, wenn wir irrtümlich so handeln, als ob *p* (und also ϕ tun). Diese Kosten ergeben sich aus dem Mehrwert, den die alternative Handlung ψ unter den tatsächlichen Gegebenheiten ($\neg p$) vor ϕ gehabt hätte. Nennen wir dies die *Kosten bei Irrtum*. Der Nenner gibt den *Nutzen bei Korrektheit*, wenn wir mit *p* richtigliegen und ϕ statt ψ tun.

Also:

a) Angenommen, $\neg p$. Wie viel verlieren wir, wenn wir ϕ statt ψ tun? (Zähler)
→ *Kosten bei Irrtum*

b) Angenommen, *p*. Wie viel gewinnen wir, wenn wir ϕ statt ψ tun? (Nenner)
→ *Nutzen bei Korrektheit*

Die Belege für *p* reichen praktisch, wenn sie zu den Belegen für $\neg p$ mindestens in demselben quantitativen Verhältnis stehen wie die Kosten des Irrtums zum Gewinn bei Korrektheit. *Pragmatic Encroachment* ist dann zu präzisieren:

Pragmatic Encroachment (präzisiert)
Eine Überzeugung, dass *p*, ist nur dann *epistemisch gerechtfertigt* relativ zu einer Entscheidungssituation, wenn die Belege für *p* in dieser Situation *praktisch ausreichen*.

Um unsere Resultate nun anzuwenden und etwas Definitives über den Standard der epistemischen Rechtfertigung zu sagen, bedürfte es präziser Urteile darüber, wie gut oder schlecht verschiedene Handlungen in verschiedenen Umständen wären. Genauer brauchen wir, wie gesagt, Werturteile mit der Eindeutigkeit eines intervallskalierten Maßes. Angenommen also, wir sähen uns in der Lage, Unterschiede des Werts von Handlungen-in-Umständen in dieser Weise zu vergleichen. Wir könnten dann Zahlen zuweisen, die diese Vergleiche erfassen. Unser Resultat lautet, dass es nicht mehr braucht als dies, um eine präzise Schwelle für Belege anzugeben. Natürlich ist offensichtlich, dass wir dazu eigentlich nie in der Lage sind. Aber dies ist ein Punkt, wo das Bemühen um Präzision dasjenige, was sich der Präzisierung widersetzt, immerhin identifizierbar macht und eingrenzt. Unser Resultat zeigt, dass uns neben der vertrauten Vagheit unserer Werturteile keine weiteren begrifflichen Unsicherheiten davon abhalten, den epistemischen Standard zu bestimmen.

Zur Erprobung nehmen wir uns die Freiheit, anzunehmen, die nötigen Wertvergleiche seien uns in der Tat ohne Unbestimmtheit möglich. Betrachten wir ein Beispiel, in dem es zwei Alternativen A und B gibt und in dem die relativen Werte sich so beziffern lassen:

	p	$\neg p$
A	6	−10
B	−3	2

Hier gilt: A ist die beste Wahl, wenn es klar ist, dass p. Und das bedeutet, dass unsere Belege für p praktisch ausreichen, wenn A im Lichte dieser Belege den höheren erwarteten Wert hat. Wenn wir das obige Resultat anwenden und unsere Zahlen einsetzen, erhalten wir Folgendes:

$$\frac{P(p)}{P(\neg p)} \geq \frac{2-(-10)}{6-(-3)}$$

$$\frac{P(p)}{P(\neg p)} \geq \frac{4}{3}$$

$$P(p) \geq \frac{4}{3} \cdot P(\neg p)$$

In dieser Entscheidung sind Belege für p also *praktisch ausreichend* (und ergo ausreichend für epistemische Rechtfertigung), wenn ihre Stärke die der Konkurrenz um den Faktor 1,33 übertrifft. Weil gilt, dass $P(p)+P(\neg p)=1$, können wir sogar einen absoluten Wert bestimmen:

$$P(p) \geq \frac{4}{3} \cdot (1-P(p))$$

$$\frac{7}{3} \cdot P(p) \geq \frac{4}{3}$$

$$P(p) \geq \frac{4}{7}$$

Unsere Belege für p rechtfertigen die Überzeugung, dass p, nur dann, wenn gilt $P(p) \geq 0{,}57$. Wir sehen: Wo wir Werte präzise vergleichen können, ergibt sich auch ein präziser Standard.

In diesem Beispiel geht es um eine dyadische Entscheidung. Das hat Implikationen für die epistemischen Forderungen, die sich ergeben. Es ist leicht, auf demselben Weg zu zeigen, dass die Belege für $\neg p$ dann praktisch und epistemisch ausreichend sind, wenn ihre Stärke mindestens 0,75 mal die Stärke der p -Belege hat – absolut gesprochen, wenn $P(\neg p) \geq 0{,}43$. In diesem Beispiel stützen unsere Belege in jedem Falle p oder $\neg p$ (bei Gleichstand: beides).

Wir können das Beispiel ändern, indem wir eine dritte Wahlalternative ergänzen, etwa:

	p	$\neg p$
A	6	−10
B	−3	2
C	1	1

Wann sind die Belege für p in diesem Beispiel praktisch ausreichend? Wie zuvor ist dies dann der Fall, wenn A einen mindestens ebenso hohen erwarteten Wert hat wie die Alternativen – nur, dass es dieses Mal zwei Alternativen sind. Den Vergleich zu B kennen wir bereits; zu prüfen bleibt der Vergleich A versus C. Es zeigt sich, dass die Verfügbarkeit von C zur Folge hat, dass die Belege für p nur dann praktisch ausreichen, wenn: $P(p) \geq 2{,}2 \times P(\neg p)$. Das wäre eine absolute Schwelle von $P(p) \geq 0{,}68$. Ebenso zeigt sich, dass die Belege für $\neg p$ nur noch dann ausreichen, wenn $P(\neg p) \geq 4 \times P(p)$. Dies wäre eine absolute Schwelle von $P(\neg p) \geq 0{,}8$.

Die Verfügbarkeit von C erhöht also den Standard für Rechtfertigung sowohl für p als auch für $\neg p$. In diesem Falle ergibt sich demnach ein breiter Bereich, innerhalb dessen weder unsere Belege für p noch unsere Belege für $\neg p$ praktisch ausreichend sind, und folglich auch nicht für epistemisch gerechtfertigte Überzeugungen. Um es genau zu sagen: In allen Fällen, in denen gilt: $0{,}2 < P(p) < 0{,}68$, ist nur eine Enthaltung zulässig.

Auch dieser Befund ist wichtig. Das erste, dyadische Beispiel hätte nämlich einen Einwand provozieren können. Ich war ja Mark Schroeder darin gefolgt, *Pragmatic Encroachment* durch nicht-evidentielle, praktische Gründe für Enthaltungen zu erklären (siehe oben, Kapitel 10 und 11). Nun schien aber das erste Beispiel dagegen zu sprechen, denn es handelte sich ja um einen Fall, in dem entweder die Belege für p oder die für $\neg p$ praktisch ausreichen, Enthaltung also nicht erforderlich ist, aber die epistemische Schwelle *dennoch* durch Kosten festgelegt wird!

Doch darauf lässt sich antworten: In einem Fall, in dem es wirklich nur *zwei* praktische Optionen gibt, können nicht alle *drei* doxastischen Alternativen (die Überzeugung, dass p, die Überzeugung, dass $\neg p$, und die Enthaltung) jeweils eine eigene praktische Relevanz haben. Vielmehr wird eine der praktischen Optionen zu *zwei* der doxastischen Alternativen passen. Im ersten Beispiel sollten wir rationalerweise A tun, wenn $P(p) \geq 0{,}57$, und in allen anderen Fällen sollten wir B tun. Da ist es dann egal, ob wir B bloß tun, weil wir nicht glauben, dass p, oder weil wir es tun, weil wir sogar glauben, dass $\neg p$. Die dyadische Entscheidungssituation differenziert also nicht zwischen einer Enthaltung und der Überzeugung, dass $\neg p$. Und das bedeutet: Die Kosten können zwar weiterhin die Rechtfertigung der Enthaltung betreffen, allerdings verhält es sich in diesem speziellen Falle so, dass die negative Überzeugung ebenso angemessen ist, weil sie keinen praktischen Unterschied für die Entscheidung mehr macht.

Diese Beispiele zeigen, dass unsere eingangs formulierte Frage nach dem praktischen Ausreichen es erlaubt, den Zusammenhang von Kosten und Rechtfertigung zu bestimmen.

Eine wichtige Beobachtung: Unsere Herleitung impliziert nicht, dass die praktischen Kosten allein die absolute Höhe des Standards für epistemische Rechtfertigung definieren. Sie besagt nur, dass praktische Kosten eine Schwelle für Belege bestimmen, die für epistemische Rechtfertigung *mindestens* erforderlich ist. Es ist jedoch gut möglich, dass der epistemische Standard noch höher liegt – zum Beispiel dann, wenn es neben den praktischen Kosten weitere positive Gründe für eine Enthaltung gibt. Dies passt auch zur Argumentation im Kapitel 11: Das Prinzip *Nexus* verlangt ja nur, dass epistemische Rechtfertigung *hinreichend* ist für praktisches Ausreichen (wie es oben definiert wurde). Was also nicht vorkommen kann, ist, dass eine bestimmte Proposition epistemisch gerechtfertigt ist, dass sie aber nicht gut genug bestätigt ist für praktische Belange. Das alles heißt aber nicht, dass praktisches Ausreichen umgekehrt auch hinreichend für epistemische Rechtfertigung ist.

Dies zu erwähnen ist nicht zuletzt deshalb wichtig, weil die Schwelle für praktisches Ausreichen unter Umständen extrem niedrig liegen kann. Das geschieht, wenn es eine entsprechend große Disparität zwischen kleinen Irrtumskosten und enormem Nutzen bei Korrektheit gibt. In solchen Fällen kann es kontraintuitiv sein, von einer gerechtfertigten Überzeugung zu sprechen. Doch das ist kein Einwand gegen meinen Vorschlag, da dieser eben nicht besagt, dass die praktische Schwelle für epistemische Rechtfertigung hinreicht.

Ich füge vor dem Ende dieses Appendix eine letzte Überlegung an. Einige Autor:innen sehen in *Pragmatic Encroachment* auch einen Schlüssel zu der Frage, wie das Verhältnis von graduellen und nicht-graduellen Überzeugungen zu verstehen ist.[244] Das lässt sich nun leicht veranschaulichen. Kurz zur Terminologie: Ich sage (weiterhin), dass eine Person handelt, *als ob p*, wenn sie diejenige Handlung vollzieht, die die beste Wahl wäre, wenn *p* gewiss wäre. Dann können wir über das letzte Beispiel sagen: Wenn eine Person zu einem Grad von 0,68 oder mehr überzeugt ist, dass *p*, so *ist sie in einem Zustand, der es vernünftig macht, zu handeln, als ob p.* (Analog: Wenn sie zu einem

244 So etwa Weatherson, »Can we do without Pragmatic Encroachment?« und Dorit Ganson, »Evidentialism and Pragmatic Constraints on Outright Belief«, in: *Philosophical Studies* 139 (2008), S. 441-458.

Grad von 0,2 oder weniger überzeugt ist, dass *p*, ist sie in einem Zustand, der es vernünftig macht, zu handeln, als ob ¬*p*.) Wir können des Weiteren vorschlagen: Die nicht-graduelle Überzeugung zu haben, dass *p*, ist *nichts anderes, als* in einem Zustand zu sein, der es vernünftig macht, zu handeln, als ob *p*. Wir hätten somit eine variable, kontextabhängige Schwelle (in diesem Falle von 0,68) definiert, oberhalb derer ein bestimmter Überzeugungsgrad als eine Überzeugung *simpliciter* gelten darf.

Dieser Idee zufolge beruht unsere Rede von nicht-graduellen Überzeugungszuständen letztlich darauf, dass *praktische* Entscheidungen nur bestimmten Schwellenwerten in den Überzeugungsgraden Signifikanz verleihen. Wenn in unserem Beispiel der Grad, zu dem wir von *p* überzeugt sind, 0,68 übersteigt, ist es egal, welcher Grad es genau ist. Wir sind dann (und nur dann) überzeugt *genug*, um zu handeln, als ob *p* – und das heißt einfach: überzeugt.

Dieser Vorschlag scheint mir nicht nur von eigenständigem Interesse zu sein. Er ist außerdem bedeutsam in der Frage, ob Wissenschaftler:innen überhaupt so etwas wie Überzeugungen, Thesen oder Positionen vertreten, und ob sie also überhaupt einem *Pragmatic Encroachment* unterliegen. Dieser Frage geht Kapitel 12 nach.

Appendix II: Einige Überlegungen zur Präzisierung des Prinzips *Stakeholder*

Unsere Überlegungen zur sozialen Rolle der Wissenschaften besagen, dass sich ihre Standards an den Interessen aller Betroffenen orientieren sollten. Diese Interessen können repräsentiert werden durch ein Maß, das die Kosten verschiedener Gruppen und Individuen, gewichtet nach ihrer Schwere, *aggregiert*. Dazu wird jedem Individuum a einer Gemeinschaft G eine eigene individuelle Wertfunktion v_a zugeordnet, die angibt, wie sich Handlungen in Umständen auf ihre Interessen auswirken. (Diese individuellen Funktionen müssen zwischen Personen intervallvergleichbar sein.) $v_a(i,j)$ gibt also an, wie gut es *für a* wäre, Handlungsalternative *i* im Umstand *j* zu vollziehen. Ein *aggregiertes* Maß wäre dann folgendes:

Soziale Kostenfunktion:

$$v(i, j) = \sum_{a \in G} v_a(i, j)$$

Dies ist ein naheliegender Kandidat für die praktische Größe, die im Kontext der Wissenschaft als *default*-Wert für den Rechtfertigungsstandard gelten sollte. Es wäre demnach diese aggregative Funktion, die wir im Belege-Kosten-Quotienten verwenden sollten.

Nun besagt *Stakeholder* jedoch weiter, dass besonders Betroffene besonderes Gewicht erhalten sollen. Ein erster Schritt in diese Richtung besteht darin, eine Form der *Priorisierung für Schlechtergestellte* in die Aggregation aufzunehmen.[245] (Die zu aggregierenden individuellen Wohlfahrtsfunktionen müssen dazu so skaliert werden, dass sie erstens Ebenen-vergleichbar sind und zweitens keine negativen Werte annehmen.) Wir aggregieren dann nicht die individuellen Wohlfahrtswerte, sondern eine *konkave Funktion* derselben, beispielsweise so:[246]

Priorisierte soziale Kostenfunktion:

$$v_{priorisiert}(i, j) = \sum_{a \in G} \sqrt[2]{v_a(i, j)}$$

Wir können noch einen Schritt weitergehen und fordern, dass außerordentlich hohe Kosten für partikulare Individuen ein individuelles Maß verlangen. Wir fragen dazu nach derjenigen individuellen Wertfunktion v_a, bei welcher der obige Kostenquotient maximal ist, bei der also die Divergenz von Irrtumskosten und Nutzen bei Korrektheit am größten ist. Betrachten wir wieder den Fall zweier Optionen ϕ und ψ und den Umstand p. Dann ist dieser maximale individuelle Kostenquotient dieser:

Maximaler individueller Kostenquotient:

$$\max_{a \in G} \left(\frac{v_{a*}(\psi, \neg p) - v_{a*}(\phi, \neg p)}{v_{a*}(\phi, p) - v_{a*}(\psi, p)} \right)$$

Auch hierbei sollte die Priorisierung der Schlechtergestellten berücksichtigt werden. (Um den Ausdruck nicht weiter zu verkomplizieren, steht v_{a*} für die konkave Transformation von v_a.) Die Idee ist dann: Wenn der Wert dieses letzteren Quotienten deutlich höher ist als der Wert des

245 Für den Grundgedanken vgl. Parfit, »Gleichheit oder Vorrangigkeit«.

246 Die Quadratwurzelfunktion ist eine Standardoption für die konkave Transformation der individuellen Wohlfahrtsfunktionen. Ich folge hier Adler, *Measuring Social Welfare. An Introduction.*

Quotienten, der mit der priorisierten aggregierten Kostenfunktion berechnet wird, dann haben einige Individuen im Irrtumsfalle besonders hohe Kosten zu tragen. Diese Interessen sollten dann den epistemischen Standard über den *default*-Wert erheben. Wir müssten diese individuelle Wertfunktion für den Kosten-Belege-Quotienten verwenden.

Literatur

Peter Achinstein, *The Book of Evidence*, New York und Oxford 2001.

Jonathan Adler, *Belief's own Ethics*, Cambridge, Mass. 2002.

Matthew Adler, *Measuring Social Welfare. An Introduction*, Oxford 2019.

Charity Anderson und John Hawthorne, »Knowledge, Practical Adequacy, and Stakes«, in: *Oxford Studies in Epistemology* 6 (2019), S. 234-257.

Luvell Anderson und Ernest Lepore, »Slurring Words«, in: *Noûs* 47 (2013), S. 25-48.

Aristoteles, *Nikomachische Ethik*, übersetzt von Eugen Rolfes, hrsg. v. Günther Bien, Hamburg [4]1985.

Ásta, *Categories We Live By. The Construction of Sex, Gender, Race, and Other Social Categories*, New York, Oxford 2018.

Elizabeth Barnes, »Gender and Gender Terms«, in: *Noûs* 54 (2020), S. 704-730.

Rima Basu und Mark Schroeder, »Doxastic Wronging«, in: Brian Kim und Matthew McGrath (Hrsg.), *Pragmatic Encroachment in Epistemology*, New York 2019, S. 181-205.

Rima Basu, »Radical moral encroachment: The moral stakes of racist beliefs«, in: *Philosophical Issues* 29 (2019), S. 9-23.

Simone de Beauvoir, *Das andere Geschlecht. Sexus und Sitte der Frau*, aus dem Französischen von Uli Aumüller und Grete Osterwald, Reinbek 1992 (Original: 1949).

C. Glenn Begley und Lee M. Ellis, »Raise Standards for Clinical Cancer Research«, in: *Nature* 483 (2012), S. 531-533.

Walter Benjamin, »Robert Walser«, in: ders., *Gesammelte Schriften Band II.1: Literarische und ästhetische Essays*, Frankfurt a. M. 1977, S. 326.

Talia Mae Bettcher, »Trans Women and the Meaning of ›Wom-

an‹«, in: A. Soble et al. (Hrsg.), *Philosophy of Sex: Contemporary Readings*, Lanham [6]2013, S. 233-250.
Ned Block, »How heritability misleads about race«, in: *Cognition* 56 (1995), S. 99-128.
Renée Jorgensen Bolinger, »The rational impermissibility of accepting (some) racial generalizations«, in: *Synthèse* 197 (2018), S. 2415-2431.
Renée Jorgensen Bolinger, »Varieties of Moral Encroachment«, in: *Philosophical Perspectives* 34 (2020), S. 5-26.
Bertolt Brecht, *Leben des Galilei*, Frankfurt a. M. 1963.
John Broome, »Is Incommensurability Vagueness?«, in: Ruth Chang (Hrsg.), *Incommensurability, Incomparability, and Practical Reason*, Cambridge, Mass. 1997, S. 67-89.
Alexis Burgess, Herman Cappelen, David Plunkett (Hrsg.), *Conceptual Engineering and Conceptual Ethics*, Oxford 2020.
Judith Butler, »Burning Acts: Injurious Speech«, in: *The University of Chicago Law School Roundtable* 3 (1996), S. 199-221.
Alex Byrne, »Are Women Adult Human Females?«, in: *Philosophical Studies* 177 (2020), S. 3783-3803.
Herman Cappelen und Ernest Lepore, *Insensitive Semantics. A Defense of Semantic Minimalism and Speech Act Pluralism*, Malden 2005.
Herman Cappelen, *Fixing Language: An Essay on Conceptual Engineering*, Oxford 2018.
Ruth Chang, »The Possibility of Parity«, in: *Ethics* 112 (2002), S. 659-688.
William Kingdon Clifford, »The Ethics of Belief«, in: *The Contemporary Review* 29 (1876), S. 289-309.
Patricia Hill Collins, *Intersectionality as Critical Social Theory*, Durham 2019.
Earl Conee und Richard Feldman, *Evidentialism. Essays in epistemology*, Oxford 2004.
Edward Craig, *Knowledge and the State of Nature*, Oxford 1990.
Edward Craig, *Was wir wissen können. Pragmatische Untersuchungen zum Wissensbegriff*, Frankfurt a. M. 1993.
Kimberlee Crenshaw, »Mapping the Margins: Intersectionality,

Identity Politics, and Violence Against Women of Color«, in: *Stanford Law Review* 43 (1991), S. 1241-1299.
Jonathan Dancy, *Ethics Without Principles*, Oxford 2005.
Robin Dembroff, »Real Talk on the Metaphysics of Gender«, in: *Philosophical Topics* 46 (2018), S. 21-50.
Michael DePaul und Amelia Hicks, »A Priorism in Moral Epistemology«, in: *The Stanford Encyclopedia of Philosophy* (Sommer 2021), hg. von Edward N. Zalta, ⟨https://plato.stanford.edu/archives/sum/entries/moral-epistemology-a-priori/⟩.
Keith DeRose, »Solving the Skeptical Problem«, in: *Philosophical Review* 104 (1995), S. 1-52.
Keith DeRose, *The Case for Contextualism: Knowledge, Skepticism, and Context*, Bd. 1, Oxford 2009.
Cian Dorr, »Noncognitivism and Wishful Thinking«, in: *Noûs* 36 (2002), S. 97-103.
Heather E. Douglas, »Inductive Risk and Values in Science«, in: *Philosophy of Science* 67 (2000), S. 559-579.
Heather E. Douglas, *Science, Policy, and the Value-Free Ideal*, Pittsburgh 2009.
Ronald Dworkin, *Sovereign Virtue. The Theory and Practice of Equality*, Cambridge, Mass. 2000.
Ronald Dworkin, *Was ist Gleichheit?*, Berlin 2002.
Benjamin Eidelson, *Discrimination and Disrespect*, Oxford 2015.
Douglas S. Falconer und Trudy F. Mackay, *Introduction to Quantitative Genetics*, Essex [4]1998.
Jeremy Fantl und Matthew McGrath, »Evidence, Pragmatics, and Justification«, in: *Philosophical Review* 11 (2002), S. 67-94.
Jeremy Fantl und Matthew McGrath, *Knowledge in an uncertain world*, New York 2009.
Karl-Friedrich Fischbach und Martin Niggeschmidt, *Erblichkeit der Intelligenz. Eine Klarstellung aus biologischer Sicht*, Wiesbaden 2016.
Johann Gottlieb Fichte, *Johann Gottlieb Fichtes Sämmtliche Werke*, Bd. IV, *Zur Rechts- und Sittenlehre 2*, Berlin 1845.
James R. Flynn, »Massive IQ gains in 14 nations: What IQ tests really measure«, in: *Psychological Bulletin* 101 (1987), S. 171-191.

Harry G. Frankfurt, *On Bullshit*, Princeton 2005.
Miranda Fricker, *Epistemic injustice. Power and the Ethics of Knowing*, New York, Oxford 2007.
Jane Friedman, »Why Suspend Judging?«, in: *Noûs* 51 (2017), S. 302-326.
Jane Friedman, »The Epistemic and the Zetetic«, in: *Philosophical Review* 129 (2020), S. 501-536.
James Fritz, »Pragmatic encroachment and moral encroachment«, in: *Pacific Philosophical Quarterly* 98 (2017), S. 643-661.
Dorit Ganson, »Evidentialism and Pragmatic Constraints on Outright Belief«, in: *Philosophical Studies* 139 (2008), S. 441-458.
Jan Gertken und Benjamin Kiesewetter, »The right and the wrong kind of reasons«, in: *Philosophy Compass* 12 (2017), e12412.
Allan Gibbard, *Thinking How to Live*, Cambridge, Mass. 2003.
Mitchell S. Green und John N. Williams (Hrsg.), *Moore's Paradox. New Essays on Belief, Rationality, and the First-Person*, New York, Oxford 2007.
Ulrike Guérot und Hauke Ritz, *Endspiel Europa. Warum das politische Projekt Europa gescheitert ist und wie wir wieder davon träumen können*, Frankfurt a. M. 2022.
Jürgen Habermas, »Gegen einen positivistisch halbierten Rationalismus«, in: Theodor W. Adorno et al. (Hrsg.), *Der Positivismusstreit in der deutschen Soziologie*, Neuwied und Berlin 1972, S. 235-266.
Bjørn G. Hallsson und Klemens Kappel, »Disagreement and the division of epistemic labor«, in: *Synthèse* 197 (2020), S. 2823-2847.
Michael Hannon, »The Practical Origins of Epistemic Contextualism«, in: *Erkenntnis* 78 (2013), S. 899-919.
Michael Hannon, »Stabilizing Knowledge«, in: *Pacific Philosophical Quarterly* 96 (2015), S. 116-139.
Michael Hannon, »A Solution to Knowledge's Threshold Problem«, in: *Philosophical Studies* 174 (2017), S. 607-629.
Michael Hannon, *What's the Point of Knowledge? A Function-First Epistemology*, New York, Oxford 2019.

Sandra Harding (Hrsg.), *The Feminist Standpoint Theory Reader*, New York, London 2004.
Richard M. Hare, *The Language of Morals*, Oxford 1952.
Richard M. Hare, *Freedom and Reason*, Oxford 1963.
Richard M. Hare, *Die Sprache der Moral*, Frankfurt a.M. 1983.
Richard M. Hare, *Freiheit und Vernunft*, Frankfurt a.M. 1983.
Gilbert Harman, »Practical Aspects of Theoretical Reasoning«, in: Alfred Mele et al. (Hrsg.), *Oxford Handbook of Rationality*, Oxford 2002, S. 45-56.
Nicolai Hartmann, *Ethik*, Berlin 1926.
Sally Haslanger, *Resisting Reality*, Oxford 2012.
Sally Haslanger, *Der Wirklichkeit widerstehen. Soziale Konstruktion und Sozialkritik*, Berlin 2021.
John Hawthorne, *Knowledge and Lotteries*, Oxford 2004.
Eliran Haziza, »Norms of Inquiry«, in: *Philosophy Compass* (2023, *online first*), e12952.
Deborah Hellman, *When is Discrimination Wrong?*, Cambridge, Mass. 2008.
Carl G. Hempel, *Aspects of scientific explanation*, New York 1965.
David Henderson, »Motivated Contextualism«, in: *Philosophical Studies* 142 (2009), S. 119-131.
David Henderson, »Gate-Keeping Contextualism«, in: *Episteme* 8 (2001), S. 83-98.
Tim Henning, *Kants Ethik. Eine Einführung*, Stuttgart 2016.
Tim Henning, *From a Rational Point of View. How We Represent Subjective Perspectives in Practical Discourse*, Oxford 2018.
Tim Henning, *Allgemeine Ethik*, Paderborn 2019.
Tim Henning, »An Epistemic Modal Norm of Practical Reasoning«, in: *Synthèse* 199 (2021), S. 6665-6686.
Tim Henning, »Es ist schlechte Wissenschaft, weil es schlecht belegt ist«. Interview vom 4.11.2022 auf *Zeit Online*, ⟨https://www.zeit.de/campus/2022-11/ulrike-guerot-forschungsfreiheit-universitaet-bonn-tim-henning-interview⟩.
Tim Henning, Nikola Kompa, Christian Nimtz, *Die dunkle Seite der Sprache*, München, in Vorbereitung.
Richard J. Herrnstein, Charles Murray, *The Bell Curve. Intelligence and Class Structure in American Life*, New York 1994.

Colin Howson, »A Logic of Induction«, in: *Philosophy of Science* 64 (1997), S. 268-290.
Max Horkheimer, »Zur Kritik der instrumentellen Vernunft«, in: ders., *Gesammelte Schriften*, Bd. 6, hrsg. v. A. Schmidt, Frankfurt a. M. 1991, S. 21-186.
John Horty, *Reasons as Defaults*, Oxford 2012.
David Hume, *A Treatise of Human Nature: Being an Attempt to Introduce the Experimental Method of Reasoning into Moral Subjects*, hrsg. v. D. F. und M. J. Norton, Oxford 2000 (Original: 1739).
David Hume, *Ein Traktat über die menschliche Vernunft*, 2 Bde., übers. v. Theodor Lipps, Hamburg 2013.
David Hume, *An Enquiry concerning Human Understanding*, hrsg. v. Peter Millican, Oxford 2007 (Original: 1748).
David Hume, *Eine Untersuchung über den menschlichen Verstand*, übersetzt von Paul Richter, Hamburg 2015 (Original: 1748).
William James, *The Meaning of Truth: A Sequel to »Pragmatism«*, New York, London 1909.
Romy Jaster und Geert Keil, »Wen sollte man nicht an die Universität einladen?«, in: Elif Özmen (Hrsg.), *Wissenschaftsfreiheit im Konflikt*, Stuttgart 2021, S. 141-159.
Romy Jaster und David Lanius, »Wenn Wahrheit wertlos wird: Demonstrativer Bullshit in der digitalisierten Öffentlichkeit«, in: Manuel Hubacher und Monika Waldis (Hrsg.), *Politische Bildung für die »neue« Öffentlichkeit?*, Wiesbaden 2021, S. 175-195.
Richard Jeffrey, »Valuation and acceptance of scientific hypotheses«, in: *Philosophy of Science* 22 (1956), S. 237-46.
Katharine Jenkins, »Amelioration and Inclusion: Gender Identity and the Concept of Woman«, in: *Ethics* 126 (2016), S. 394-421.
Katharine Jenkins, *Ontology and Oppression: Race, Gender, and Social Reality*, Oxford 2023.
Arthur R. Jensen, »How Much Can We Boost IQ and Scholastic Achievement?«, in: *Harvard Educational Review* 39 (1969), S. 1-123.

Helen Joyce, *Trans: When Ideology Meets Reality*, London 2021.
Juliane Jüngling und Geert Keil, »Wovon hängt ab, wer eine Frau ist?«, in: *Die Zeit* Nr. 51, 08. Dez. 2022, S. 67.
Mark Eli Kalderon, *Moral Fictionalism*, Oxford 2005.
Immanuel Kant, *Werke. Ausgabe der Königlich Preussischen Akademie*, Berlin 1903 ff.
Klemens Kappel, »Science as Public Reason and the Controversiality Assumption«, in: *Res Publica* 27 (2021), S. 619-639.
Philip Kitcher, *Science, Truth, and Democracy*, Oxford 2001.
Niko Kolodny, *The Pecking Order. Social Hierarchy as a Philosophical Problem*, Cambridge, Mass. 2023.
Christine Korsgaard, *The Sources of Normativity*, Cambridge 1996.
Walter Krämer, »Kommentar zur Diskussion zum Aufsatz von B. Klauk«, in: *Wirtschaftspsychologie* 2 (2020), S. 25-26.
Walter Krämer und Gerd Gigerenzer, »How to Confuse with Statistics or: The Use and Misuse of Conditional Probabilities« in: *Statistical Science* 20 (2005), S. 223-230.
Saul A. Kripke, *Naming and Necessity: Lectures Given to the Princeton University Philosophy Colloquium*, Cambridge, Mass. 1980.
Saul A. Kripke, *Name und Notwendigkeit*, übersetzt von Ursula Wolf, Frankfurt a. M. 1993.
Thomas Kuhn, *The Structure of Scientific Revolutions*, Chicago 1962.
Martin Kusch, »Knowledge and Certainties in the Epistemic State of Nature«, in: *Episteme* 8 (2011), S. 6-23.
Jonathan Kvanvig, »Pointless Truth«, in: *Midwest Studies in Philosophy* 32 (2008), S. 199-212.
Hugh Lacey, *Is science value-free? Values and scientific understanding*, New York 1999.
Kristina Lepold und Marina Martinez Mateo (Hrsg.), *Critical Philosophy of Race. Ein Reader*, Berlin 2022.
Sarah-Jane Leslie, »›Hillary Clinton is the Only Man in the Obama Administration‹: Dual Character Concepts, Generics, and Gender«, in: *Analytic Philosophy* 56 (2015), S. 111-141.

Isaac Levi, »Must the scientist make value judgments?«, in: *Journal of Philosophy* 57 (1960), S. 345-357.
David Lewis, »General Semantics«, in: *Synthèse* 22 (1970), S. 18-67.
Richard C. Lewontin, »Race and Intelligence«, in: *Bulletin of the Atomic Scientists* 26 (1970), S. 2-8.
Kasper Lippert-Rasmussen, *Born Free and Equal? A Philosophical Inquiry Into the Nature of Discrimination*, New York 2013.
Clayton Littlejohn, *Justification and the Truth-Connection*, Cambridge 2012.
Clayton Littlejohn und John Turri, *Epistemic Norms. New Essays on Action, Belief, and Assertion*, Oxford 2014.
Clayton Littlejohn und J. Adam Carter, *This is Epistemology*, Hoboken 2021.
Michael Lynch, »The Values of Truth and the Truth of Values«, in: Adrian Haddocket et al. (Hrsg.), *Epistemic Value*, Oxford 2009, S. 225-242.
John MacFarlane, *Assessment Sensitivity: Relative Truth and its Applications*, Oxford 2014.
John Mackie, *Ethics: Inventing Right and Wrong*, Harmondsworth, New York 1977.
John McDowell, »Virtue and Reason«, in: *The Monist* 62 (1979), S. 331-350.
Jennifer McKitrick, »A Dispositional Account of Gender«, in: *Philosophical Studies* 172 (2015), S. 2575-2589.
John Stuart Mill, *On Liberty, Utilitarianism, and Other Essays*, hrsg. v. Mark Philip und Frederick Rosen, Oxford 1991 (Original: 1859).
Julia D. Monk, Erin Giglio, Ambika Kamath et al., »An alternative hypothesis for the evolution of same-sex sexual behaviour in animals«, in: *Nature Ecology & Evolution* 3 (2019), S. 1622-1631.
Ashley Montagu, *Race and IQ, Expanded Edition*, Oxford 1999.
David S. Moore und David Shenk, »The Heritability Fallacy«, in: *Wiley Interdisciplinary Reviews. Cognitive science* 8 (2017), e1400, ⟨https://doi.org/10.1002/wcs.1400⟩.

George E. Moore, *Principia Ethica*, Cambridge 1903.
George E. Moore, »Moore's Paradox«, in: Thomas Baldwin (Hrsg.), *G. E. Moore: Selected Writings*, London 1993.
Cherríe Moraga und Gloria Anzaldúa (Hrsg.), *This Bridge Called My Back. Writings by Radical Women of Colour*, Albany [4]2015.
Sarah Moss, »Moral Encroachment«, in: *Proceedings of the Aristotelian Society* 118 (2018), S. 177-205.
Sarah Moss, *Probabilistic Knowledge*, Oxford 2018.
Ernest Nagel, *The Structure of Science. Problems in the Logic of Scientific Explanation*, New York 1961.
Thomas Nagel, »Justice and Nature«, in: *Oxford Journal of Legal Studies* 17 (1997), S. 303-321.
Armin Nassehi, »Die Biologie spricht gegen Biologismus«, in: *Frankfurter Allgemeine Zeitung* vom 13. 10. 2013, Natur und Wissenschaft, S. N3.
Charles R. Nesson, »Reasonable Doubt and Permissive Inferences: the Value of Complexity«, in: *Harvard Law Review* 92 (1979), S. 1187-1225.
Netzwerk Wissenschaftsfreiheit, *Manifest*, ⟨https://www.netzwerk-wissenschaftsfreiheit.de/ueber-uns/manifest/⟩, veröffentlicht 2021 (letzter Zugriff: 5. 10. 2023).
Raymond S. Nickerson, »Null Hypothesis Significance Testing: A Review of an Old and Continuing Controversy«, in: *Psychological Methods* 5 (2000), S. 241-301.
Regina Nuzzo, »Statistical Errors: P values, the ›gold standard‹ of statistical validity, are not as reliable as many scientists assume«, in: *Nature* 506 (2014), S. 150-152.
John Ogbu, »The consequences of the American caste system«, in: Ulric Neisser (Hrsg.), *The School Achievement of Minority Children: New Perspectives*, Hillsdale 1986, S. 19-56.
Elif Özmen, »Einleitung«, in: Elif Özmen (Hrsg.), *Wissenschaftsfreiheit im Konflikt*, Stuttgart 2021.
Derek Parfit, *Reasons and Persons*, Oxford 1984.
Derek Parfit, *On What Matters*, Bd. 1, Oxford 2011.
Derek Parfit, *Personen, Normativität, Moral. Ausgewählte Aufsätze*, Berlin 2017.

Blaise Pascal, *Gedanken*, mit Kommentar v. Eduard Zwierlein, Berlin 2012 (Original: 1670).
Philip Pettit, *Republicanism. A Theory of Freedom and Government*, Oxford 1997.
Robert C. Post, *Democracy, Expertise, Academic Freedom: A First Amendment Jurisprudence for the Modern State*, New Haven 2013.
Matthieu Queloz, *The Practical Origins of Ideas: Genealogy as Conceptual Reverse-Engineering*, Oxford 2021.
John Rawls, *A Theory of Justice*, Cambridge, Mass. 1971.
John Rawls, *Eine Theorie der Gerechtigkeit*, Frankfurt a.M. 1979.
John Rawls, *Political Liberalism*, New York 1993.
John Rawls, *Politischer Liberalismus*, Frankfurt a.M. 2003.
Joseph Raz, »Incommensurability and Agency«, in: *Engaging Reason: On the Theory of Value and Action*, Oxford 1998.
Craige Roberts, »Information Structure in Discourse: Towards an Integrated Formal Theory of Pragmatics«, in: *Semantics and Pragmatics* 5 (2012), S. 1-69.
William D. Ross, *The Right and the Good*, Oxford 2002 (Original: 1930).
Richard Rudner, »The scientist *qua* scientist makes value judgments«, in: *Philosophy of Science* 20 (1953), S. 1-6.
Jeffrey Sanford Russell, »How Much is at Stake for the Pragmatic Encroacher«, in: *Oxford Studies in Epistemology* 6 (2019), S. 279-285.
Thilo Sarrazin, *Deutschland schafft sich ab. Wie wir unser Land aufs Spiel setzen*, München 2010.
Thilo Sarrazin, *Die Vernunft und ihre Feinde. Irrtümer und Illusionen ideologischen Denkens*, München 2022.
Jennifer Saul, *Lying, Misleading, and What Is Said*, Oxford 2012.
Jennifer Saul, »Politically Significant Terms and Philosophy of Language: Methodological Issues«, in: Sharon L. Crasnow und Anita M. Superson (Hrsg.), *Out from the Shadows: Analytical Feminist Contributions to Traditional Philosophy*, Oxford 2012, S. 197-216.
Leonard Savage, *The Foundations of Statistics*, Hoboken 1954.

Thomas M. Scanlon, *What We Owe to Each Other*, Cambridge, Mass. 1996.
Thomas M. Scanlon, *Being Realistic about Reasons*, Oxford 2014.
Max Scheler, *Der Formalismus in der Ethik und die materiale Wertethik*, hrsg. v. Christian Bermes, Hamburg 2014 (Original: 1916).
Eva Schmidt, »Reasons, Attenuators, and Virtue: A Novel Account of Pragmatic Encroachment«, in: *Analytic Philosophy* 2023, S. 1-23 (*online first*).
Dieter Schönecker, »Rassismus, Rasse und Wissenschaftsfreiheit. Eine Fallstudie«, in: *Philosophisches Jahrbuch* 127 (2020), S. 248-273.
Dieter Schönecker, »Singer und Sarrazin. Eine vergleichende Studie zur Wissenschaftsfreiheit«, in: Elif Özmen (Hrsg.), *Wissenschaftsfreiheit im Konflikt*, Stuttgart 2021, S. 123-140.
Mark Schroeder, »Stakes, withholding, and pragmatic encroachment on knowledge«, in: *Philosophical Studies* 160 (2012), S. 265-285.
Mark Schroeder, *Reasons First*, Oxford 2021.
Gerhard Schurz, *The Is-Ought Problem: An Investigation in Philosophical Logic*, Dordrecht 1997.
John R. Searle, *The Construction of Social Reality*, New York 1995.
Wilfrid Sellars, *Empiricism and the Philosophy of Mind. With a Study Guide by Robert Brandom*, Cambridge, Mass. 1997 (Original: 1956).
Nishi Shah, »How truth governs belief«, in: *Philosophical Review* 112 (2003), S. 447-482.
Nishi Shah, »A new argument for evidentialism«, in: *Philosophical Quarterly* 56 (2006), S. 481-498.
Nishi Shah und David Velleman, »Doxastic deliberation«, in: *Philosophical Review* 114 (2005), S. 497-534.
Henry Sidgwick, *The Methods of Ethics*, London [7]1907.
Karri Silventoinen et al., »Heritability of Adult Body Height: A Comparative Study of Twin Cohorts in Eight Countries«, in: *Twin Research and Human Genetics* 6 (2003), S. 399-408.

Mona Simion, »Testimonial Contractarianism: A Knowledge-First Social Epistemology«, in: *Noûs* 55 (2020), S. 891-916.
Mandy Simons, David Beaver, Judith Tonhauser und Craige Roberts, »What Projects and Why«, in: *Proceedings of SALT* 20 (2010), S. 309-327.
Robert Mark Simpson und Amia Srinivasan, »No Platforming«, in: Jennifer Lackey (Hrsg.), *Academic Freedom*, Oxford 2018.
Peter Singer, *Practical Ethics*, Cambridge ²1993.
Holly M. Smith, *Making Morality Work*, Oxford 2018.
David Sosa (Hrsg.), *Bad Words. Philosophical Perspectives on Slurs*, Oxford 2018.
Robert Stalnaker, *Context and Content: Essays on Intentionality in Speech and Thought*, Oxford 1999.
Jason Stanley, *Knowledge and Practical Interests*, Oxford 2005.
Uwe Steinhoff, »Das Gerede vom ›sozialen Geschlecht‹«, in: *Cicero online* vom 7. November 2022 ⟨https://www.cicero.de/kultur/gender-ideologie-das-gerede-vom-sozialen-geschlecht⟩.
Kathleen Stock, *Material Girls. Why Reality Matters for Feminism*, London 2021.
Andreas Stokke, *Lying and Insincerity*, Oxford 2018.
Christine Tappolet, *Emotions, Values, and Agency*, Oxford 2016.
Michael Titelbaum, *Fundamentals of Bayesian Epistemology*, 2 Bde., Oxford 2022.
David Velleman, »On the aim of belief«, in: ders., *The Possibility of Practical Reason*, New York, Oxford 2000.
Emanuel Viebahn, *Lying & Misleading. On the Language and Ethics of Insincere Communication*, bislang unveröffentlicht.
Ronald L. Wasserstein und Nicole A. Lazar, »The ASA Statement on p-Values: Context, Process, and Purpose«, in: *The American Statistician* 70 (2016), S. 129-133.
Brian Weatherson, »Can we do without Pragmatic Encroachment?«, in: *Philosophical Perspectives* 19 (2005), S. 417-443.
Ralph Wedgwood, »The aim of belief«, in: *Philosophical Perspectives* 16 (2002), S. 267-97.
Torsten Wilholt, *Die Freiheit der Forschung. Begründungen und Begrenzungen*, Frankfurt a. M. 2012.

Bernard Williams, »Deciding to believe«, in: ders., *Problems of the Self*, Cambridge 1973, S. 136-151.
Bernard Williams, »Internal and External Reasons«, in: ders., *Moral Luck*, Cambridge 1981.
Bernard Williams, *Truth and Truthfulness: An Essay in Genealogy*, Princeton 2002.
Timothy Williamson, *Knowledge and its Limits*, Oxford 2000.
Timothy Williamson, »Contextualism, subject-sensitive invariantism, and knowledge of knowledge«, in: *Philosophical Quarterly* 55 (2005), S. 213-235.
Charlotte Witt, *The Metaphysics of Gender*, Oxford 2011.
Barbara Zehnpfennig, »Bedrohung der Wissenschaftsfreiheit – eine Chimäre? Ein Appell, zur Sache zurückzukehren«, in: *Forschung und Lehre* 7/21 (2021), S. 544-546.
Stephen T. Ziliak und Deirdre N. McCloskey, *The Cult of Statistical Significance: How the Standard Error Costs Us Jobs, Justice, and Lives*, Ann Arbor 2008.
Dieter E. Zimmer, *Ist Intelligenz erblich? Eine Klarstellung*, Reinbek 2012.

Sachregister

Personenregister